POESÍA

231

DEVOCIONES

Poesía reunida

Mary Oliver

*Poemas seleccionados
por Mary Oliver*

*Traducción y prólogo
de Andreu Jaume*

LUMEN

Papel certificado por el Forest Stewardship Council®

MIXTO
Papel | Apoyando la
silvicultura responsable
FSC® C117695

Penguin
Random House
Grupo Editorial

Título original: *Devotions. The selected poems of Mary Oliver*

Primera edición: marzo de 2025

© 2017, Mary Oliver
Las pp. 735-738 constituyen una ampliación de esta página de créditos
La autora agradece a Beacon Press la autorización para reimprimir muchas de sus primeras obras
© 2025, Penguin Random House Grupo Editorial, S. A. U.
Travessera de Gràcia, 47-49. 08021 Barcelona
© 2025, Andreu Jaume, por la traducción y el prólogo

Printed in Spain – Impreso en España

ISBN: 978-84-264-3194-3
Depósito legal: B-569-2025

Compuesto en M. I. Maquetación, S. L.

Impreso en Unigraf, S. L., Móstoles (Madrid)

H431943

CANCIONES MÁS ALLÁ DE LA HUMANIDAD

Pocos poetas han revelado tan poco de sí mismos sin dejar de ser al mismo tiempo tan transparentes en su obra como Mary Oliver. Su voz está hecha de una extrema intimidad que sin embargo reprime una y otra vez la invasión de la subjetividad para dar espacio a todo lo que queda fuera del ego. Es la suya una poesía de la atención en un sentido radical. La atención, escribió ella misma en sus ensayos, es «el principio de la devoción». Y como dijo Walter Benjamin recordando a Malebranche, la atención es «la oración natural del alma». Por eso los poemas de Oliver, sin adscribirse a ningún credo ortodoxo, transmiten una intensa espiritualidad que se va acendrando en el lector sin imposiciones dogmáticas, abriendo su propia percepción a un sentido más alto y como sobrevenido de la naturaleza, apartando el discurso humano, poniéndolo en cuarentena, como quien pide una tregua y reclama otra forma de contemplación.

La vida de Mary Oliver (1935-2019) puede resumirse con las pocas pinceladas que ella misma ofreció en las escasas entrevistas que concedió. Nacida en un entorno rural de Ohio, perteneció a una familia «disfuncional» y sufrió de niña abusos sexuales que no logró superar hasta muy tarde, ya en la vejez. De muy joven, se hizo cargo del legado de la poeta Edna St. Vincent Millay, junto a la hermana de la autora. Estudió en la Universidad Estatal de Ohio y en el Vassar College, pero sin llegar a graduarse. A finales de la década de 1950, Oliver conoció a la fotógrafa Molly Mallone Cook, quien sería su pareja y agente literaria durante cuarenta años. Juntas vivieron en Provincetown (Massachusetts), paisaje habitual en la obra de la poeta. Oliver dio clases en distintas universidades e instituciones. En la década de 1980 empezó a ser reconocida, ganando primero el Pulitzer y luego el National Book Award. En 2005 murió su pareja y más tarde se mudó a Florida, donde falleció de un cáncer de pulmón a los ochenta y tres años.

Oliver logró hacerse un hueco muy particular en la tradición que Harold Bloom definió como *the American sublime*, esa genuina actualización de los presupuestos románticos en la literatura estadounidense. No en vano, la poeta siempre citó entre sus autores favoritos a Shelley, Keats,

Emerson o Walt Whitman, además de los medievales persas Rumi o Hafez. En uno de sus mejores ensayos, Oliver explicó su deuda con Emerson en estos términos:

El apego a lo Ideal, sin la participación en el mundo de hombres y mujeres, era la tarea de zorros y flores, no de los hombres ni de las mujeres. Esto era, para el propio Emerson, difícil. Por fuera, él se mostraba sereno, razonable, paciente. Toda su locura estaba en su cabeza; ¡qué buen lugar para ella! Mas su certeza de que el pensamiento, aunque pudiera fortalecerse más en el reposo de la mente, se recibía y tenía sentido para la participación en el mundo, nunca se alteró ni cedió. Hay, para mí misma, cien razones por las que veía mi vida –no solo la vida literaria y pensativa sino también la emocional y sensible– empobrecida con la ausencia de Emerson, pero ninguna es mayor que esta apertura del pensamiento al brillante y peligroso presente del mundo. Pienso en él siempre que me pongo a trabajar en algo importante.*

De Emerson, Oliver aprendió pues que la atención a la naturaleza no es una huida del mundo sino otra forma distinta de acción política, otra manera de participar en la colectividad desplazando las personales preocupaciones a un ámbito olvidado, cuyo redescubrimiento puede ayudar a sanar todo aquello que ha quedado vulnerado en el espacio desquiciado de la civilización. Quizá por ello, los poemas de Oliver no son nunca evidentes ni militantes en ninguna diferencia ideológica, social o sexual, algo que le valió la crítica de corrientes más reivindicativas. Ni siquiera su total entrega a la observación de la fauna y la flora se olvida de la brutalidad que ahí anida o del papel inquietante que la humanidad juega en su seno. En el poema «Zona agrícola» dice, por ejemplo:

> He afilado mis cuchillos, me he puesto
> el pesado mandil.
>
> Quizá creáis que la vida es sopa de pollo, servida
> en cuencos azules de estilo chino.
>
> Me he puesto las botas y he abierto
> la puerta de la cocina y he salido

---

* Mary Oliver, «Emerson: An Introduction», en *Upstream. Selected Essays*, Nueva York, Penguin Press, 2016. [Hay traducción española: *La escritura indómita*, Madrid, Errata Naturae, 2021].

a la luz del sol. He cruzado el césped,
he entrado

en el gallinero.*

Esa autenticidad es también posible por la aguda conciencia de fisicidad que Oliver tiene siempre en su particular forma de atención. El cuerpo, antes que la inteligencia o el espíritu, es el principal receptor de la vida, como se evidencia por ejemplo en el poema «El pez»:

El primer pez
que cogí
no se estaba
quieto en el cubo
sino que se agitaba y boqueaba
en el ardiente
asombro del aire
y murió
en el lento drenaje
de arcoíris. Luego
le abrí el cuerpo y separé
la carne de las espinas
y me lo comí. Ahora el mar
está en mí: soy el pez, el pez
brilla en mí; se nos
saca, entremezclados, seguros de caer
de nuevo al mar. Con dolor
y dolor, y más dolor
nutrimos la trama febril, nos alimenta
el misterio.**

La forma de componer de Oliver, por otra parte, también debe mucho a Walt Whitman. Pero más que imitar un determinado tono, ella aprendió de él a concebir el poema como un espacio habitable:

Los poemas de Whitman se me presentaron como un modelo de entrega cuando empecé a escribir poesía. Me refiero al poder oceánico y el estruendo que recorre un poema de Whitman, la sintaxis hechizante, la inagotable afirmación.

* Véase la p. 705 de este volumen.
** Véase la p. 633 de este volumen.

Pero, ante todo, aprendí de Whitman que el poema es un templo –o un campo verde–, un lugar en el que entrar y sentir. Solo de un modo secundario es un objeto intelectual –un artefacto, un momento de apropiada y robusta palabrería–, maravilloso también en esa dimensión. Aprendí que el poema se hacía no solo para existir sino también para hablar, para hacer compañía.*

De ahí, probablemente, que Mary Oliver demostrara siempre una particular y genuina concepción de la forma. En sus poemas, a diferencia de lo que ocurre en buena parte de la poesía moderna, determinada por el peso de la teoría y de la especulación, hay siempre mucho aire. Como ocurre también en la mejor música clásica del siglo XX –pensemos por ejemplo en Arvo Pärt, un compositor con quien se le podría encontrar más de una concomitancia, al igual que con Sibelius–, el oyente no se ve obligado a seguir un determinado relato, una línea discursiva y narrativa, sino que es invitado a entrar en un espacio amplio donde la propia conciencia sufre una especie de transferencia a algo que está más allá de sí mismo y de la limitada percepción del mundo que de ello se deriva. La forma es para ella certeza y por eso una adecuada atención a las formas de la naturaleza devuelve una seguridad y una integridad que se habían extraviado en la dispersión.

Los poemas de Mary Oliver están poblados de todo tipo de plantas, árboles, flores, tubérculos, pájaros, serpientes, roedores, peces, minerales, tormentas, fenómenos lumínicos, descritos siempre con una extraordinaria precisión casi científica. Pero la relación que la autora establece con ese cosmos natural no es, al modo romántico, de reflexión subjetiva o de sentimiento de pérdida sino más bien de fusión, hasta el punto de que la contemplación absoluta permite suspender las tradicionales búsquedas de sentido y finalidad que suelen gobernar los ejercicios intelectuales. Muchas veces, la naturaleza le sirve incluso a Oliver para olvidarse de la moral, la expiación y la culpa, bendecida por la aceptación de la mudable e inagotable existencia:

> No tienes que ser buena.
> No tienes que andar de rodillas
> cientos de millas a través del desierto lamentándote.
> Tan solo tienes que dejar al suave animal de tu cuerpo
>   amar lo que ama.
> Háblame de la desesperación, la tuya, y yo te hablaré de la mía.
> Entre tanto el mundo continúa.

* Mary Oliver, «Some thoughts on Whitman», en *Upstream, op. cit.*

Entre tanto el sol y la clara gravilla de la lluvia
se van moviendo a través de los paisajes,
sobre las praderas y los hondos árboles,
las montañas y los ríos.
Entre tanto los gansos salvajes, elevados en el límpido aire azul,
están volviendo a casa otra vez.
Quienquiera que seas, sin importar lo sola que estés,
el mundo se ofrece a tu imaginación,
te reclama como los gansos salvajes, severos y excitantes;
anunciando una y otra vez tu lugar
en la familia de las cosas.*

En una parte del poema «A veces» se encuentra sintetizada del mejor modo toda su filosofía: «Instrucciones para vivir una vida: / *Presta atención. / Asómbrate. / Cuéntalo*».** Esa cadena de atención, asombro y expresión es lo que hace de Mary Oliver una poeta religiosa en un sentido hondo y ecuménico, de estirpe lucreciana, capaz incluso de reformular la idea de resurrección cristiana de un modo inesperado:

Todo el día
su oscuro, resbaladizo bronce se empapa
en un lugar musgoso,
sus dientes,

una multitud
dispuesta
para la comedia
que nunca llega

su cola
nudosa y brillante,
y con un punzón pesado
metido en torno al hueso.

En la bella Florida
él es el rey
de su propia parte
del río negro,

* Véase el poema «Gansos salvajes», en la p. 581 de este volumen.
** Véase la p. 191 de este volumen.

y de su siesta
despertará
a la cálida oscuridad
para estallar e impulsarse,

paralizando
al ágil pez de cintura fina
o al pájaro
con su túnica blanca de volantes

que se ha zambullido
desde el cielo de hojas
una última vez,
para beber.

No creáis
que no tengo miedo.
Hay un tal despliegue
de horror.

Luego recuerdo:
la muerte llega antes
que el rodar
de la piedra.*

Para ella, la escritura es una forma de acceso al infinito que está más allá de la conciencia humana, una oportunidad para trascender los límites de la propia inteligencia –los imperativos de la razón–, y ver nuestra existencia, al modo spinozista, *sub specie aeternitatis*:

En esto no cabe discusión alguna; la labor creativa requiere una lealtad tan completa como la del agua a la fuerza de la gravedad. Una persona atravesando la infinidad de la creación que no sea consciente de esto –que no se lo trague– está perdida. Aquel que no anhela ese espacio sin techo, la eternidad, debería quedarse en casa. Una persona así es perfectamente digna, y útil, e incluso bella, pero no es un artista.**

---

* Véase el poema «En Black River», en las pp. 321 y 323 de este volumen.
** Mary Oliver, «Of Power and Time», en *Upstream, op. cit.*

Así es como Mary Oliver entró a formar parte de la restringida familia de artistas que en el siglo XX –pensemos en Paul Klee, Rilke, los citados Sibelius y Pärt– trataron de superar la negatividad característica de la modernidad, intentando hacer del arte una fuerza al servicio de la comunidad, espiritualmente sana, más cerca incluso de la educación que de la cultura y capaz de tutear a la humanidad. De hecho, *Devociones* parece cumplir el mandato que, desde el más negro horror, dejó pendiente un poeta como Paul Celan: «Es sind noch Lieder zu singen jenseits der Menschen» («Hay aún canciones por cantar más allá de la humanidad»).*

ANDREU JAUME

* En el poema «Fadensonnen».

NOTA DE EDICIÓN

La presente edición y traducción de la poesía de Mary Oliver reproduce la antología que la propia autora preparó de su obra poco antes de morir con el título de *Devotions*, Nueva York, Penguin Press, 2019. La selección abarca toda la poesía de Oliver, desde el primer libro, *No Voyage and Other Poems*, publicado en 1963, cuando la poeta contaba veintiocho años, hasta el último, *Felicity*, aparecido en 2015.

A. J.

Para Anne Taylor

DEVOCIONES

DE

ALEGRÍA
(2015)

Why do people keep asking to see
God's identity papers
when the darkness opening into morning
is more than enough?
Certainly any god might turn away in disgust.
Think of Sheba approaching
the kingdom of Solomon.
Do you think she had to ask,
"Is this the place?"

ME DESPIERTO CASI DE MAÑANA

¿Por qué la gente insiste en ver
        las credenciales de Dios
cuando la tiniebla abriéndose al alba
        es más que suficiente?
Cualquier Dios se iría enfadado.
Pensad en Saba acercándose
        al reino de Salomón.
¿Creéis que iba a preguntar
        «es este el sitio»?

THIS MORNING

This morning the redbirds' eggs
have hatched and already the chicks
are chirping for food. They don't
know where it's coming from, they
just keep shouting, "More! More!"
As to anything else, they haven't
had a single thought. Their eyes
haven't yet opened, they know nothing
about the sky that's waiting. Or
the thousands, the millions of trees.
They don't even know they have wings.

And just like that, like a simple
neighborhood event, a miracle is
taking place.

ESTA MAÑANA

Esta mañana los huevos del cardenal
han roto y ya pían los polluelos
pidiendo comida. No saben de dónde
viene, tan solo siguen gritando «¡más!, ¡más!».
Igual que en todo, no han tenido
ni un solo pensamiento. Sus ojos
aún no se han abierto ni conocen
el cielo que ahí les aguarda.
O esos miles, millones de árboles.
Ni tan siquiera saben que tienen alas.

Y así, cual un simple acaecer
vecinal, un milagro
está teniendo lugar.

I have refused to live
locked in the orderly house of
       reasons and proofs.
The world I live in and believe in
is wider than that. And anyway,
   what's wrong with Maybe?

You wouldn't believe what once or
twice I have seen. I'll just
       tell you this:
only if there are angels in your head will you
     ever, possibly, see one.

EL MUNDO EN EL QUE VIVO

Me he negado a vivir
encerrada en la pulcra casa
    de las razones y las pruebas.
El mundo en el que creo y vivo
es más amplio que eso. Y en fin,
    ¿qué hay de malo en *quizás*?

Nadie creería lo que yo he visto
una vez o dos. Os diré
    esto nada más:
solo si hay ángeles en tu mente
    podrás ver uno algún día.

WHISTLING SWANS

Do you bow your head when you pray or do you look
*   up into that blue space?*
Take your choice, prayers fly from all directions.
And don't worry about what language you use,
God no doubt understands them all.
Even when the swans are flying north and making
such a ruckus of noise, God is surely listening
*   and understanding.*
Rumi said, There is no proof of the soul.
But isn't the return of spring and how it
springs up in our hearts a pretty good hint?
Yes, I know, God's silence never breaks, but is
*   that really a problem?*
There are thousands of voices, after all.
And furthermore, don't you imagine (I just suggest it)
that the swans know about as much as we do about
*   the whole business?*
So listen to them and watch them, singing as they fly.
Take from it what you can.

CISNES SILBADORES

¿Bajas la cabeza cuando rezas o miras
    en ese azul allá en lo alto?
Elige, vuelan de todas partes las plegarias.
Y no te preocupes por qué lengua usas,
sin duda Dios las entiende todas.
Incluso cuando los cisnes vuelan al norte
y arman ese alboroto, Dios escucha
    y lo entiende, seguro.
Rumi dijo, no hay prueba alguna del alma.
¿Mas no es el regreso de la primavera
y cómo nos brota adentro un buen indicio?
Sí, lo sé, Dios nunca rompe su silencio,
    ¿pero de verdad es eso un problema?
Hay miles de voces, después de todo.
Y además, ¿no veis (es solo una idea)
que los cisnes saben tanto como nosotros
    acerca de todo el tinglado?
Así que escuchadles, miradles cantar y volar.
Tomad de ello lo que podáis.

STORAGE

When I moved from one house to another
there were many things I had no room
for. What does one do? I rented a storage
space. And filled it. Years passed.
Occasionally I went there and looked in,
but nothing happened, not a single
twinge of the heart.
As I grew older the things I cared
about grew fewer, but were more
important. So one day I undid the lock
and called the trash man. He took
everything.
I felt like the little donkey when
his burden is finally lifted. Things!
Burn them, burn them! Make a beautiful
fire! More room in your heart for love,
for the trees! For the birds who own
nothing–the reason they can fly.

ALMACÉN

Cuando me mudé de una casa a otra
no tenía espacio para muchas cosas.
¿Qué se hace? Alquilé el espacio
de un almacén. Y lo llené. Pasaron años.
De vez en cuando iba y miraba,
pero nada sucedía, ni tan siquiera
un pinchazo en el corazón.
A medida que envejecía las cosas
queridas eran menos, pero de mayor
importancia. Así que un día abrí
el candado y llamé al trapero.
Se lo llevó todo.
Me sentí cual burro por fin
aliviado de su carga. ¡Cosas!
¡Que ardan, que ardan! ¡Haced
un buen fuego! ¡Más sitio adentro
para el amor, los árboles! Las aves
sin pertenencias, que por eso vuelan.

FOR TOM SHAW S.S.J.E. (1945-2014)

Where has this cold come from?
"It comes from the death of your friend."

Will I always, from now on, be this cold?
"No, it will diminish. But always
it will be with you."

What is the reason for it?
"Wasn't your friendship always as beautiful
as a flame?"

PARA TOM SHAW S. S. J. E. (1945-2014)

¿De dónde viene este frío?
«Viene de la muerte de tu amigo».

¿Y seré ya para siempre este frío?
«No, menguará. Mas siempre
    estará contigo».

¿Por qué razón?
«¿No fue siempre vuestra amistad
    bella como una llama?».

I KNOW SOMEONE

*I know someone who kisses the way
a flower opens, but more rapidly.
Flowers are sweet. They have
short, beatific lives. They offer
much pleasure. There is
nothing in the world that can be said
against them.
Sad, isn't it, that all they can kiss
is the air.*

Yes, yes! We are the lucky ones.

SÉ DE ALGUIEN

Sé de alguien que besa
como se abre una flor, pero más rápido.
Son dulces las flores. Tienen vidas
breves, beatíficas. Procuran
mucho placer. Nada en el mundo
se puede decir contra ellas.
Qué pena, verdad, que solo puedan
besar el aire.

¡Sí, sí! Somos las afortunadas.

THAT LITTLE BEAST

That pretty little beast, a poem,
*   has a mind of its own.*
Sometimes I want it to crave apples
*   but it wants red meat.*
Sometimes I want to walk peacefully
*   on the shore*
and it wants to take off all its clothes
*   and dive in.*

Sometimes I want to use small words
*   and make them important*
and it starts shouting the dictionary,
*   the opportunities.*

Sometimes I want to sum up and give thanks,
*   putting things in order*
and it starts dancing around the room
*   on its four furry legs, laughing*
*   and calling me outrageous.*

But sometimes, when I'm thinking about you,
*   and no doubt smiling,*
it sits down quietly, one paw under its chin,
*   and just listens.*

ESA BESTEZUELA

Esa preciosa bestezuela, un poema,
    tiene criterio propio.
A veces busco que dé manzanas,
    pero prefiere carne roja.
A veces quiero pasear tranquila
    a lo largo de la orilla
pero prefiere quitarse toda la ropa
    y zambullirse.

A veces quiero usar palabras simples
    y hacerlas importantes
pero empieza a gritar el diccionario,
    las posibilidades.

Quiero a veces resumir y agradecer,
    poniendo las cosas en orden
pero empieza a bailar en la estancia
    con sus cuatro patas peludas, riéndose
    y llamándome extravagante.

Pero a veces, cuando pienso en ti,
    sonriendo sin duda,
se sienta con calma, una garra bajo el mentón,
    y se limita a escuchar.

THE POND

August of another summer, and once again
I am drinking the sun
and the lilies again are spread across the water.
I know now what they want is to touch each other.
I have not been here for many years
during which time I kept living my life.
Like the heron, who can only croak, who wishes he
    could sing,
I wish I could sing.
A little thanks from every throat would be appropriate.
This is how it has been, and this is how it is:
All my life I have been able to feel happiness,
except whatever was not happiness,
which I also remember.
Each of us wears a shadow.
But just now it is summer again
and I am watching the lilies bow to each other,
then slide on the wind and the tug of desire,
close, close to one another.
Soon now, I'll turn and start for home.
And who knows, maybe I'll be singing.

EL ESTANQUE

Agosto de otro verano, y de nuevo
me bebo el sol
y los lirios se extienden en el agua.
Ahora sé que buscan tocarse.
Hacía mucho que no venía por aquí
y durante este tiempo he hecho mi vida.
Como la garza que solo grazna y cantar
    quisiera,
ojalá pudiera yo cantar.
Un solo gracias en cada cuello sería lo justo.
Esto es lo que ha habido y es lo que hay:
toda mi vida he sabido sentir felicidad
aunque aquello que no lo era
también lo recuerde.
Todos llevamos una sombra.
Pero ahora mismo es verano otra vez
y estoy mirando cómo se encorvan los lirios
para luego deslizarse en el viento y el tirón del deseo,
juntos, juntos unos con otros.
Pronto me daré la vuelta y me iré a casa.
Y quién sabe, quizá vaya cantando.

I HAVE JUST SAID

I have just said
  something
ridiculous to you
  and in response,

your glorious laughter.
  These are the days
the sun
  is swimming back

to the east
  and the light on the water
gleams
  as never, it seems, before.

I can't remember
  every spring,
I can't remember
  everything—

so many years!
  Are the morning kisses
the sweetest
  or the evenings

or the inbetweens?
  All I know
is that "thank you" should appear
  somewhere.

So, just in case
  I can't find
the perfect place—
  "Thank you, thank you."

ACABO DE DECIRTE

Acabo de decirte
    algo
ridículo
    y en respuesta

tu gloriosa risa.
    Son los días
en que el sol
    vuelve nadando

al este
    y la luz sobre el agua
brilla
    como nunca antes, parece.

No puedo recordar
    cada primavera,
no puedo recordarlo
    todo...

¡tantos años!
    ¿Son los besos de mañana
los más dulces
    o los de atardecida

o los de entremedio?
    Solo sé
que un «gracias» debería salir
    en algún sitio.

Así que por si acaso
    no encuentro
el lugar perfecto...
    «Gracias, gracias».

THE GIFT

Be still, my soul, and steadfast.
Earth and heaven both are still watching
though time is draining from the clock
and your walk, that was confident and quick,
has become slow.

So, be slow if you must, but let
the heart still play its true part.
Love still as once you loved, deeply
and without patience. Let God and the world
know you are grateful.
That the gift has been given.

EL DON

Calma, alma mía, sé firme.
Tanto la tierra como el cielo aún miran
aunque el tiempo se desagüe en el reloj,
y tu paso, que era seguro y rápido,
sea de pronto lento.

Bien está que vayas lenta, mas deja
al corazón jugar aún su auténtico papel.
Ama aún como solías, hondamente
y sin paciencia. Que Dios y el mundo
conozcan tu gratitud.
Sepan que el don se ha concedido.

DE

CABALLOS AZULES

(2014)

AFTER READING LUCRETIUS,
I GO TO THE POND

The slippery green frog
that went to his death
in the heron's pink throat
was my small brother,

and the heron
with the white plumes
like a crown on his head
who is washing now his great sword-beak
in the shining pond
is my tall thin brother.

My heart dresses in black
and dances.

TRAS LEER A LUCRECIO
ME VOY AL ESTANQUE

El sapo verde y escurridizo
que halló la muerte
en el gaznate rosa de la garza
era mi hermano pequeño,

y la garza
con las blancas plumas
como una corona en la cabeza
que se lava ahora su gran pico espada
en el estanque de luz
es mi hermano alto y delgado.

Mi corazón se viste de negro
y baila.

I DON'T WANT TO BE DEMURE
OR RESPECTABLE

I don't want to be demure or respectable.
I was that way, asleep, for years.
That way, you forget too many important things.
How the little stones, even if you can't hear them,
    are singing.
How the river can't wait to get to the ocean and
    the sky, it's been there before.
What traveling is that!
It is a joy to imagine such distances.
I could skip sleep for the next hundred years.
There is a fire in the lashes of my eyes.
It doesn't matter where I am, it could be a small room.
The glimmer of gold Böhme saw on the kitchen pot
    was missed by everyone else in the house.

Maybe the fire in my lashes is a reflection of that.
Why do I have so many thoughts, they are driving me
    crazy.
Why am I always going anywhere, instead of
    somewhere?
Listen to me or not, it hardly matters.
I'm not trying to be wise, that would be foolish.
I'm just chattering.

NO QUIERO SER MODESTA
NI RESPETABLE

No quiero ser modesta ni respetable.
Estuve así, dormida, durante años.
Y así solo se olvidan demasiadas cosas importantes.
Cómo las piedrecillas, aunque no las oigas,
    cantan.
Cómo el río se apresura a llegar al océano
    y el cielo ha estado ahí antes.
¡Qué viaje!
Es un placer imaginar esas distancias.
Podría ahorrarme el sueño los próximos cien años.
Hay fuego en las pestañas de mis ojos.
No importa dónde esté, podría ser un cuartito.
El destello de oro que Böhme vio en la cacerola
    pasó desapercibido a todos en la casa.

Quizá el fuego de mis pestañas es un reflejo de eso.
Por qué tengo tantos pensamientos, me vuelven
    loca.
¿Por qué siempre voy a donde sea en lugar de a
    algún sitio?
Si se me escucha o no, apenas importa.
No intento ser sabia, eso sería ridículo.
Puro parloteo.

STEBBIN'S GULCH

by the randomness
of the way
the rocks tumbled
ages ago

the water pours
it pours
it pours
ever along the slant

of downgrade
dashing its silver thumbs
against the rocks
or pausing to carve

a sudden curled space
where the flashing fish
splash or drowse
while the kingfisher overhead

rattles and stares
and so it continues for miles
this bolt of light,
its only industry

to descend
and to be beautiful
while it does so;
as for purpose

there is none,
it is simply
one of those gorgeous things
that was made

LA QUEBRADA DE STEBBIN

por el desorden
con que
las rocas cayeron
hace siglos

el agua fluye
y fluye
y fluye
sin cesar por la vertiente

de la bajada
estallando sus pulgares de plata
contra las rocas
o parándose a tallar

un súbito espacio en remolino
donde el brillo del pez
salpica o dormita
mientras arriba el martín pescador

revolotea y observa
y así sigue durante millas
este rayo de luz,
su sola labor

es descender
y ser bello
mientras lo sea;
en cuanto a finalidad,

pues no la hay,
es tan solo
una de esas maravillas
que fue creada

to do what it does perfectly
and to last,
as almost nothing does,
almost forever.

para hacer eso perfecto
y durar,
como casi nada lo hace,
casi para siempre.

FRANZ MARC'S BLUE HORSES

I step into the painting of the four blue horses.
I am not even surprised that I can do this.

One of the horses walks toward me.
His blue nose noses me lightly. I put my arm
over his blue mane, not holding on, just
    commingling.
He allows me my pleasure.
Franz Marc died a young man, shrapnel in his brain.
I would rather die than try to explain to the blue horses
    what war is.
They would either faint in horror, or simply
    find it impossible to believe.
I do not know how to thank you, Franz Marc.
Maybe our world will grow kinder eventually.
Maybe the desire to make something beautiful
    is the piece of God that is inside each of us.
Now all four horses have come closer,
    are bending their faces toward me
        as if they have secrets to tell.
I don't expect them to speak, and they don't.
If being so beautiful isn't enough, what
    could they possibly say?

LOS CABALLOS AZULES DE FRANZ MARC

Entro en la pintura de los cuatro caballos azules.
Ni siquiera me sorprende poder hacerlo.

Uno de los caballos viene hacia mí.
Sus ollares azules me olfatean un poco. Pongo el brazo
sobre sus crines azules, no para resistir sino
        mezclándome tan solo.
Él me concede el placer.
Franz Marc murió joven, metralla en el cerebro.
Preferiría morir antes que explicarles a los caballos azules
        qué es la guerra.
Se desmayarían de horror o simplemente
        les parecería imposible de creer.
No sé cómo darte las gracias, Franz Marc.
Quizá nuestro mundo se vuelva más amable algún día.
Quizá el deseo de hacer algo bello
        es el pedazo de Dios que llevamos dentro.
Ya se han acercado los cuatro caballos
        inclinando las cabezas,
                como si tuvieran secretos que contarme.
No espero que me hablen, y no lo hacen.
Si siendo tan bellos no es suficiente, ¿qué
        más podrían decir?

ON MEDITATING, SORT OF

Meditation, so I've heard, is best accomplished
if you entertain a certain strict posture.
Frankly, I prefer just to lounge under a tree.
So why should I think I could ever be successful?

Some days I fall asleep, or land in that
even better place—half-asleep—where the world,
spring, summer, autumn, winter—
flies through my mind in its
hardy ascent and its uncompromising descent.

So I just lie like that, while distance and time
reveal their true attitudes: they never
heard of me, and never will, or ever need to.

Of course I wake up finally
thinking, how wonderful to be who I am,
made out of earth and water,
my own thoughts, my own fingerprints—
all that glorious, temporary stuff.

SOBRE LA MEDITACIÓN, MÁS O MENOS

La meditación, según dicen, se alcanza mejor
si adquieres una determinada postura fija.
Francamente, prefiero holgazanear bajo un árbol.
¿Así que por qué debería creer que algún día triunfaré?

Algunos días me duermo o aterrizo
en ese lugar aún mejor, medio dormida, donde el mundo,
primavera, verano, otoño, invierno,
vuela a través de mi mente con su
duro ascenso y su inflexible descenso.

Así es como me tumbo, pues, mientras distancia y tiempo
revelan sus verdaderas actitudes: nunca
han oído hablar de mí ni nunca lo harán ni lo necesitan.

Por supuesto me despierto finalmente
pensando qué maravilla ser quien soy,
hecha de tierra y agua,
mis propias ideas, mis huellas dactilares,
todas esas cosas temporales, gloriosas.

LONELINESS

I too have known loneliness.
I too have known what it is to feel
    misunderstood,
    rejected, and suddenly
not at all beautiful.
Oh, mother earth,
    your comfort is great, your arms never withhold.
It has saved my life to know this.
Your rivers flowing, your roses opening in the morning.
Oh, motions of tenderness!

SOLEDAD

Yo también he conocido la soledad.
Yo también he sabido qué es sentirse
    incomprendida,
    rechazada, y de pronto
ya en absoluto bella.
Oh, madre tierra,
    grande es tu acomodo, tus brazos nunca retienen.
Saber eso me ha salvado la vida.
Tus ríos fluyen, tus rosas se abren al alba.
¡Oh señales de ternura!

DO STONES FEEL?

Do stones feel?
Do they love their life?
Or does their patience drown out everything else?

When I walk on the beach I gather a few
*   white ones, dark ones, the multiple colors.*
Don't worry, I say, I'll bring you back, and I do.

Is the tree as it rises delighted with its many
*   branches,*
each one like a poem?

Are the clouds glad to unburden their bundles of rain?

Most of the world says no, no, it's not possible.

I refuse to think to such a conclusion.
Too terrible it would be, to be wrong.

¿SIENTEN LAS PIEDRAS?

¿Sienten las piedras?
¿Aman esa vida?
¿O ahoga su paciencia todo lo demás?

Cuando voy por la playa cojo unas cuantas
    de color blanco, negro, de múltiples colores.
No os preocupéis, digo, os traeré de vuelta, y lo hago.

¿Está el árbol encantado con sus muchas
    ramas,
cada una cual un poema?

¿Se alegran las nubes de descargar sus fardos de lluvia?

Casi todo el mundo dice no, no, es imposible.

Me niego a llegar a esa conclusión.
Sería demasiado terrible, equivocarse.

DRIFTING

I was enjoying everything: the rain, the path
 wherever it was taking me, the earth roots
 beginning to stir.
I didn't intend to start thinking about God,
 it just happened.
How God, or the gods, are invisible,
 quite understandable.
But holiness is visible, entirely.
It's wonderful to walk along like that,
 thought not the usual intention to reach an answer
 but merely drifting.
Like clouds that only seem weightless
 but of course are not.
Are really important.
I mean, terribly important.
Not decoration by any means.
By next week the violets will be blooming.
Anyway, this was my delicious walk in the rain.
What was it actually about?

Think about what it is that music is trying to say.
It was something like that.

A LA DERIVA

Lo estaba disfrutando todo: la lluvia, el camino
     a donde fuera que me llevaba, las raíces de la tierra
     empezando a avivarse.
No tenía intención de pensar en Dios,
     ocurrió nada más.
Cómo Dios o los dioses son invisibles,
     se entiende muy bien.
Pero lo sagrado es visible, por completo.
Es maravilloso caminar de esa manera,
     sin pensar en la intención habitual de obtener respuesta
     sino tan solo a la deriva.
Como nubes que parecen ingrávidas,
     pero no lo son, por supuesto.
Son realmente importantes.
Quiero decir, tremendamente importantes.
De ningún modo un simple ornamento.
La semana próxima las violetas florecerán.
En fin, ese fue mi delicioso paseo bajo la lluvia.
¿De qué se trataba en el fondo?

Pensad en lo que la música intenta decir.
Era algo parecido.

BLUEBERRIES

I'm living in a warm place now, where
you can purchase fresh blueberries all
year long. Labor free. From various
countries in South America. They're
as sweet as any, and compared with the
berries I used to pick in the fields
outside of Provincetown, they're
enormous. But berries are berries. They
don't speak any language I can't
understand. Neither do I find ticks or
small spiders crawling among them. So,
generally speaking, I'm very satisfied.

There are limits, however. What they
don't have is the field. The field they
belonged to and through the years I
began to feel I belonged to. Well,
there's life, and then there's later.
Maybe it's myself that I miss. The
field, and the sparrow singing at the
edge of the woods. And the doe that one
morning came upon me unaware, all
tense and gorgeous. She stamped her hoof
as you would to any intruder: Then gave
me a long look, as if to say, Okay, you
stay in your patch, I'll stay in mine.
Which is what we did. Try packing that
up, South America.

ARÁNDANOS

Ahora vivo en un lugar cálido, donde
se pueden comprar arándanos frescos
todo el año. Sin esfuerzo. De varios
países de Sudamérica. Son tan dulces
como cualquiera, y comparados con
las bayas que solía coger en los campos
de las afueras de Provincetown, son
enormes. Pero las bayas son bayas. No
hablan ninguna lengua que yo pueda
entender. Ni veo garrapatas o pequeñas
arañas arrastrándose entre ellas. Así pues,
estoy, en términos generales, bastante satisfecha.

Pero hay limitaciones. Lo que
no tienen es campo. El campo al que
pertenecían y que a lo largo de los años
empecé a sentir mío. En fin,
hay vida y luego un después.
Quizá me echo de menos a mí misma. El
campo, y el gorrión cantando al
filo de los bosques. Y esa corza una mañana
de pronto ante mí, sin aviso, tan
tensa y espléndida. Dio un golpe
de pezuña como haríamos con un intruso:
me dedicó luego una larga mirada, como
quien dice, está bien, quédate en tu sitio
y yo en el mío, tal y como hicimos. A ver
si sabes mandar eso, Sudamérica.

THE VULTURE'S WINGS

The vulture's
wings are
black death
color but
the underwings
as sunlight
flushes into
the feathers
are bright
are swamped
with light.
Just something
explainable by
the sun's
angle yet
I keep
looking I
keep wondering
standing so
far below
these high
floating birds
could this
as most
things do
be offering
something for
us to
think about
seriously?

LAS ALAS DEL BUITRE

Las alas
del buitre
son de color
negro muerte
pero bajo el ala
relumbran
las plumas
brillantes
anegadas
de luz.
Ello
se explica
por el ángulo
del sol
sigo
mirando
sigo pensando
ahí de pie
tan lejos abajo
de estas altas
aves flotantes
¿podría esto
como tantas
otras cosas
estar ofreciéndo-
nos
algo en que
pensar
muy en serio?

WHAT GORGEOUS THING

I do not know what gorgeous thing
the bluebird keeps saying,
his voice easing out of his throat,
beak, body into the pink air
of the early morning. I like it
whatever it is. Sometimes
it seems the only thing in the world
that is without dark thoughts.
Sometimes it seems the only thing
in the world that is without
questions that can't and probably
never will be answered, the
only thing that is entirely content
with the pink, then clear white
morning and, gratefully, says so.

QUÉ PRECIOSIDAD

No sé qué preciosidad
　está diciendo el azulejo,
la voz manándole del cuello,
　el pico, el cuerpo en el aire rosa
del alba. Sea lo que sea,
　me gusta. A veces me parece
lo único que hay en el mundo
　sin preguntas que no pueden
tener respuesta y quizá
　nunca la tengan, lo único
por completo a gusto
　con el alba rosa y luego
clara y que al decirlo
　sabe dar las gracias.

DE

CANCIONES DE PERRO
(2013)

THE STORM

Now through the white orchard my little dog
   romps, breaking the new snow
     with wild feet.
Running here running there, excited,
   hardly able to stop, he leaps, he spins
until the white snow is written upon
   in large, exuberant letters,
a long sentence, expressing
   the pleasures of the body in this world.

Oh, I could not have said it better
   myself.

LA TORMENTA

Ya en el huerto frutal mi perrito
    se revuelca, rompiendo la nieve joven
    con sus patas salvajes.
Corriendo de aquí allá, excitado,
    incapaz casi de parar, salta, gira,
hasta que sobre la blanca nieve
    se escriben grandes letras exuberantes,
una larga frase, expresión
    de los placeres del cuerpo en este mundo.

Oh, yo misma no lo hubiera dicho
    mejor.

PERCY (ONE)

Our new dog, named for the beloved poet,
ate a book which unfortunately we had
*   left unguarded.*
Fortunately it was the Bhagavad Gita,
of which many copies are available.
Every day now, as Percy grows
into the beauty of his life, we touch
his wild, curly head and say,

"Oh, wisest of little dogs."

PERCY (UNO)

Nuestro nuevo perro con nombre de amado poeta
se comió un libro que por desgracia
    dejamos sin guardar.
Por fortuna era el *Bhagavad Gita,*
del que se encuentran muchos ejemplares.
Cada día, mientras Percy crece
en la belleza de su vida, le tocamos
la cabeza salvaje y rizada y decimos

«Oh, el más sabio de los perritos».

LITTLE DOG'S RHAPSODY IN THE NIGHT
(PERCY THREE)

He puts his cheek against mine
and makes small, expressive sounds.
And when I'm awake, or awake enough

he turns upside down, his four paws
*   in the air*
and his eyes dark and fervent.

Tell me you love me, he says.

Tell me again.

Could there be a sweeter arrangement? Over and over
he gets to ask it.
I get to tell.

LA RAPSODIA DEL PERRITO EN LA NOCHE
(PERCY TRES)

Me pone la mejilla contra la mía
y hace ruiditos expresivos.
Y cuando me despierto, o solo un poco,

se pone boca abajo, las cuatro patas
    al aire
y los ojos negros y fervientes.

Dime que me amas, dice.

Dímelo otra vez.

¿Podría haber acuerdo más dulce? Una y otra vez
consigue preguntármelo.
Y yo consigo decirlo.

PERCY (NINE)

Your friend is coming I say
to Percy, and name a name

and he runs to the door, his
wide mouth in its laugh-shape,

and waves, since he has one, his tail.
Emerson, I am trying to live,

as you said we must, the examined life.
But there are days I wish

there was less in my head to examine,
not to speak of the busy heart. How

would it be to be Percy, I wonder, not
thinking, not weighing anything, just running forward.

PERCY (NUEVE)

Va a llegar tu amigo, le digo
a Percy, nombro un nombre

y él corre a la puerta, su
amplia boca en forma de risa,

y menea, pues la tiene, la cola.
Emerson, trato de vivir,

como mandaste, la vida examinada.
Pero hay días en que desearía

tener menos que examinar en la cabeza,
por no hablar del corazón movido. ¿Cómo

sería ser Percy, me pregunto, sin
pensar ni ponderar nada, corriendo tan solo?

BENJAMIN, WHO CAME FROM
WHO KNOWS WHERE

What shall I do?
When I pick up the broom
*   he leaves the room.*
When I fuss with kindling he
*   runs for the yard.*
Then he's back, and we
*   hug for a long time.*
In his low-to-the-ground chest
*   I can hear his heart slowing down.*
Then I rub his shoulders and
*   kiss his feet*
and fondle his long hound ears.
*   Benny, I say,*
don't worry. I also know the way
*   the old life haunts the new.*

BENJAMIN, QUE LLEGÓ
QUIÉN SABE DE DÓNDE

¿Qué voy a hacer?
Cuando cojo la escoba,
   sale del cuarto.
Cuando preparo el fuego,
   corre al jardín.
Luego vuelve y nos abrazamos
   un buen rato.
En su pecho bajo hasta el suelo
   oigo su corazón calmarse.
Le froto luego los hombros y
   le beso las patas
y le acaricio las largas orejas sabuesas.
   Benny, le digo,
no te preocupes. También yo sé cómo
   la antigua vida posee a la nueva.

THE DOG HAS RUN OFF AGAIN

and I should start shouting his name
and clapping my hands,
but it has been raining all night
and the narrow creek has risen
is a tawny turbulence is rushing along
over the mossy stones
is surging forward
with a sweet loopy music
and therefore I don't want to entangle it
with my own voice
calling summoning
my little dog to hurry back
look the sunlight and the shadows are chasing each other
listen how the wind swirls and leaps and dives up and down
who am I to summon his hard and happy body
his four white feet that love to wheel and pedal
through the dark leaves
to come back to walk by my side, obedient.

EL PERRO SE HA ESCAPADO OTRA VEZ

y yo debería gritar su nombre
y dar palmadas,
pero ha llovido toda la noche
y el angosto arroyo ha crecido
es una parda turbulencia está fluyendo
sobre las piedras musgosas
está manando
con dulce música rítmica
y por eso no quiero enredarlo
con mi propia voz
llamando instando
a mi perrito a que vuelva rápido
mirad el sol y las sombras se persiguen
escuchad cómo el viento gira y salta y sube y baja
quién soy yo para convocar su cuerpo duro y feliz
sus cuatro patas blancas que aman rodar y pisar
a través del follaje oscuro
para que vuelva y camine a mi lado, obediente.

BAZOUGEY

Where goes he now, that dark little dog
o used to come down the road barking and shining?
He's gone now, from the world of particulars,
the singular, the visible.

So, that deepest sting: sorrow. Still,
is he gone from us entirely, or is he
a part of that other world, everywhere?

Come with me into the woods where spring is
advancing, as it does, no matter what,
not being singular or particular, but one
of the forever gifts, and certainly visible.

See how the violets are opening, and the leaves
unfolding, the streams gleaming and the birds
singing. What does it make you think of?
His shining curls, his honest eyes, his
beautiful barking.

BAZOUGEY

¿A dónde va ese perrito oscuro
   que solía bajar la calle ladrando y refulgiendo?
Se fue ya del mundo de los detalles,
   de lo singular, lo visible.

Así pues ese aguijón profundo: el dolor. Aun así,
   ¿se ha ido del todo de nuestro lado, o es
parte de ese otro mundo, por doquier?

Ven conmigo a los bosques donde avanza
   la primavera, como lo hace, no importa qué,
pues no es singular ni único sino uno
   de los dones eternos, y en verdad visible.

Mira cómo se abren las violetas, y las hojas
   se despliegan, brillan los arroyos y las aves
   cantan. ¿A qué te recuerda?
A sus rizos destellantes, sus ojos honestos, su
   bello ladrido.

HER GRAVE

She would come back, dripping thick water, from the green bog.
She would fall at my feet, she would draw the black skin
from her gums, in a hideous and wonderful smile—
and I would rub my hands over her pricked ears and her
*   cunning elbows,*
and I would hug the barrel of her body, amazed at the unassuming
*   perfect arch of her neck.*

It took four of us to carry her into the woods.
We did not think of music,
but, anyway, it began to rain
slowly.

Her wolfish, invitational, half-pounce.

Her great and lordly satisfaction at having chased something.

My great and lordly satisfaction at her splash
of happiness as she barged
through the pitch pines swiping my face with her
wild, slightly mossy tongue.

Does the hummingbird think he himself invented his crimson throat?
He is wiser than that, I think.

A dog lives fifteen years, if you're lucky.

Do the cranes crying out in the high clouds
think it is all their own music?

SU TUMBA

Volvería ella, rezumando agua densa, del pantano verde.
Se tumbaría a mis pies, sacaría la piel negra
de sus encías con una horrible y maravillosa sonrisa—
y le frotaría con las manos las orejas en punta y los
    hombros afilados,
y abrazaría el barril de su cuerpo, fascinada con el sencillo
    arco perfecto de su cuello.

———✿———

La tuvimos que llevar entre cuatro a los bosques.
No pensamos en música,
pero, en cualquier caso, empezó a llover
poco a poco.

———✿———

Su medio salto lobuno y atrayente.

Su gran y señorial satisfacción al haber cazado algo.

Mi gran y señorial satisfacción con su ráfaga
de felicidad cuando corría
por el pinar lamiéndome la cara con su
lengua salvaje, un poquito musgosa.

———✿———

¿Cree el colibrí que él inventó su cuello carmesí?
Es más sabio que eso, creo yo.

Un perro vive quince años, con suerte.

¿Creen las grullas graznando en las altas nubes
que todo es su propia música?

*A dog comes to you and lives with you in your own house, but you
do not therefore own her, as you do not own the rain, or the
trees, or the laws which pertain to them.*

*Does the bear wandering in the autumn up the side of the hill
think all by herself she has imagined the refuge and the refreshment
of her long slumber?*

*A dog can never tell you what she knows from the
smells of the world, but you know, watching her, that you know
almost nothing.*

*Does the water snake with his backbone of diamonds think
the black tunnel on the bank of the pond is a palace
of his own making?*

---

*She roved ahead of me through the fields, yet would come back, or
wait for me, or be somewhere.*

Now she is buried under the pines.

*Nor will I argue it, or pray for anything but modesty, and
not to be angry.*

Through the trees there is the sound of the wind, palavering.

*The smell of the pine needles, what is it but a taste
of the infallible energies?*

*How strong was her dark body!
How apt is her grave place.*

How beautiful is her unshakable sleep.

---

*Finally,
the slick mountains of love break
over us.*

Una perra viene a ti y vive contigo en tu propia casa, pero no
por ello eres su dueña, como tampoco lo eres de la lluvia, o
de los árboles, o de las leyes que les pertenecen.

¿Cree la osa vagando en otoño por la ladera de la colina
que ella sola ha imaginado el refugio y el solaz
de su largo sueño?

Una perra nunca podrá decirte lo que sabe de los
olores del mundo, pero una sabe, mirándola, que apenas
sabe nada de nada.

¿Cree la serpiente de agua con su columna de diamantes
que el oscuro túnel en la orilla del estanque es un palacio
hecho por ella misma?

———

Correteaba por delante de mí a través de los campos, pero volvería, o
me esperaría, o estaría en algún sitio.

Ahora yace bajo los pinos.

No lo discutiré ni rezaré por nada salvo por la modestia, y
por no estar enfadada.

A través de los árboles se oye el viento, parloteando.

El olor de las agujas de pino, ¿qué es sino el sabor
de las energías infalibles?

¡Qué fuerte era su cuerpo oscuro!
Qué adecuado el lugar de su tumba.

Qué bello es su sueño impasible.

———

Finalmente,
las suaves montañas de amor despuntan
sobre nosotros.

THE POETRY TEACHER

*The university gave me a new, elegant
classroom to teach in. Only one thing,
they said. You can't bring your dog.
It's in my contract, I said. (I had
made sure of that.)*

*We bargained and I moved to an old
classroom in an old building. Propped
the door open. Kept a bowl of water
in the room. I could hear Ben among
other voices barking, howling in the
distance. Then they would all arrive—
Ben, his pals, maybe an unknown dog
or two, all of them thirsty and happy.
They drank, they flung themselves down
among the students. The students loved
it. They all wrote thirsty, happy poems.*

LA PROFESORA DE POESÍA

La universidad me dio una nueva y elegante
clase para enseñar. Solo una cosa,
dijeron. No puedes traer a tu perro.
Está en mi contrato, dije. (Me había
asegurado de eso).

Regateamos y me mudé a una vieja
clase en un viejo edificio. Acuñé
la puerta abierta. Puse un cuenco de agua
en el aula. Podía oír a Ben entre
otras voces ladrando, aullando en la
distancia. Luego llegarían todos–
Ben, sus colegas, uno o dos perros
extraños quizá, todos felices y sedientos.
Bebieron y se echaron ahí entre
los estudiantes. A ellos les encantó.
Escribieron todos poemas sedientos, felices.

THE FIRST TIME PERCY CAME BACK

The first time Percy came back
he was not sailing on a cloud.
He was loping along the sand as though
he had come a great way.
"Percy," I cried out, and reached to him—
those white curls—
but he was unreachable. As music
is present yet you can't touch it.
"Yes, it's all different," he said.
"You're going to be very surprised."
But I wasn't thinking of that. I only
wanted to hold him. "Listen," he said,
"I miss that too.
And now you'll be telling stories
of my coming back
and they won't be false, and they won't be true,
but they'll be real."
And then, as he used to, he said, "Let's go!"
And we walked down the beach together.

LA PRIMERA VEZ QUE PERCY VOLVIÓ

La primera vez que Percy volvió
no iba navegando en una nube.
Iba dando zancadas por la arena como si
hubiera llegado de un largo paseo.
«Percy», grité, alcanzándolo,
    esos rizos blancos,
pero era inalcanzable. Como está
presente la música sin poder tocarla.
«Sí, es todo distinto», dijo él.
«Te vas a llevar una sorpresa».
Pero no estaba pensando en eso. Solo
quería retenerlo. «Escucha», dijo él,
«Yo también lo echo de menos.
Y ahora irás contando historias
    acerca de mi regreso
y no serán falsas, tampoco verdaderas,
pero serán reales».
Y entonces, como solía, dijo, «¡Vamos!».
Y juntos bajamos a la playa.

DE

UN MILLAR
DE MAÑANAS
(2012)

I GO DOWN TO THE SHORE

I go down to the shore in the morning
and depending on the hour the waves
are rolling in or moving out,
and I say, oh, I am miserable,
what shall—
what should I do? And the sea says
in its lovely voice:
Excuse me, I have work to do.

BAJO A LA ORILLA

Bajo a la orilla por la mañana
y dependiendo de la hora las olas
rompen o rebotan,
y yo digo, oh, soy desgraciada,
¿qué haré…
qué debería hacer? Y el mar,
con su voz encantadora, dice:
Discúlpeme, tengo trabajo que hacer.

I HAPPENED TO BE STANDING

I don't know where prayers go,
*   or what they do.*
Do cats pray, while they sleep
*   half-asleep in the sun?*
Does the opossum pray as it
*   crosses the street?*
The sunflowers? The old black oak
*   growing older every year?*
I know I can walk through the world,
*   along the shore or under the trees,*
with my mind filled with things
*   of little importance, in full*
self-attendance. A condition I can't really
*   call being alive.*
Is a prayer a gift, or a petition,
*   or does it matter?*
The sunflowers blaze, maybe that's their way.
Maybe the cats are sound asleep. Maybe not.

While I was thinking this I happened to be standing
just outside my door, with my notebook open,
which is the way I begin every morning.
Then a wren in the privet began to sing.

He was positively drenched in enthusiasm,
I don't know why. And yet, why not.

I wouldn't persuade you from whatever you believe
or whatever you don't. That's your business.
But I thought, of the wren's singing, what could this be
*   if it isn't a prayer?*
So I just listened, my pen in the air.

OCURRIÓ QUE ESTABA

No sé a dónde van las plegarias
    o qué hacen.
¿Rezan los gatos mientras duermen
    atontados al sol?
¿Reza la zarigüeya cuando
    cruza la calle?
¿Los girasoles? ¿El viejo roble negro
    más viejo cada año?
Sé que puedo caminar por el mundo,
    a lo largo de la costa o bajo los árboles,
con la cabeza llena de cosas
    de poca importancia, con plena
conciencia de mí. Una condición que no puedo
    llamar de verdad estar viva.
¿Es la plegaria un don, o un ruego,
    o qué importa?
La llamarada de los girasoles, quizá sea su manera.
Quizá los gatos estén roque. O quizá no.

Mientras pensaba esto ocurrió que estaba
afuera en mi puerta, con mi libreta abierta,
que es mi manera de empezar el día.
Entonces empezó a cantar un chochín en la alheña.

Estaba por completo empapado de entusiasmo,
no sé bien por qué. Y bueno, por qué no.

No voy a tratar de persuadirte de lo que crees
o dejas de creer. Eso es asunto tuyo.
Pero del canto del pájaro pensé, ¿qué puede ser
    eso si no es plegaria?
Así que simplemente escuché, mi pluma al aire.

THREE THINGS TO REMEMBER

*As long as you're dancing, you can
    ak the rules.
Sometimes breaking the rules is just
    extending the rules.*

Sometimes there are no rules.

TRES COSAS QUE RECORDAR

Mientras estés bailando, puedes
    romper las reglas.
A veces romper las reglas supone
    solo prolongar las reglas.

A veces no hay reglas.

LINES WRITTEN IN THE DAYS
OF GROWING DARKNESS

Every year we have been
witness to it: how the
world descends

into a rich mash, in order that
it may resume.
And therefore
who would cry out

to the petals on the ground
to stay,
knowing as we must,
how the vivacity of what was *is married*

to the vitality of what will be?
I don't say
it's easy, but
what else will do

if the love one claims to have for the world
be true?

So let us go on, cheerfully enough,
this and every crisping day,

though the sun be swinging east,
and the ponds be cold and black,
and the sweets of the year be doomed.

VERSOS ESCRITOS EN LOS DÍAS
DE OSCURIDAD CRECIENTE

Cada año hemos sido
testigos de ello: cómo el
mundo desciende

a un denso amasijo para poder
empezar de nuevo.
Y por tanto
¿quién iba a gritarles

a los pétalos en la tierra
que se quedaran,
sabiendo, según se debe,
cómo la vivacidad de lo que fue

se esposa con la de lo que será?
No digo
que sea fácil, pero
¿qué más podría hacerse

si el amor que uno dice tener por el mundo
es verdad?

Así que sigamos, bien alegres,
hoy y cada día fresco,

aunque el sol vaya meciéndose hacia el este,
y estén los estanques fríos y oscuros,
y condenadas las dulzuras del año.

AN OLD STORY

Sleep comes its little while. Then I wake
in the valley of midnight or three a.m.
to the first fragrances of spring

which is coming, all by itself, no matter what.
My heart says, what you thought you have you do not have.
My body says, will this pounding ever stop?

My heart says: there, there, be a good student.
My body says: let me up and out, I want to fondle
those soft white flowers, open in the night.

UNA VIEJA HISTORIA

El sueño llega despacio. Luego despierto
en el valle de medianoche o a las tres a. m.
con la primera fragancia de la primavera

que está llegando, por sí sola, impasible.
Dice mi corazón, no tienes lo que creías tener.
Dice mi cuerpo, ¿cuándo terminará esta paliza?

Dice mi corazón: ahí, ahí, sé buena estudiante.
Dice mi cuerpo: déjame saltar y salir, quiero acariciar
esas suaves flores blancas, abiertas en la noche.

THE INSTANT

Today
one small snake lay, looped and
solitary
in the high grass, it

swirled to look, didn't
like what it saw
and was gone
in two pulses

forward and with no sound at all, only
two taps, in disarray, from
that other shy one,
my heart.

EL INSTANTE

Hoy
una culebra yacía, ovillada y
solitaria
en la alta yerba, se

giró para mirar, no
le gustó lo que vio
y se fue
con dos latidos

adelante y sin sonido alguno, solo
dos tacs, en desorden, lejos
de ese otro tímido,
mi corazón.

TIDES

Every day the sea
  blue gray green lavender
pulls away leaving the harbor's
dark-cobbled undercoat

slick and rutted and worm-riddled, the gulls
walk there among old whalebones, the white
    spines of fish blink from the strandy stew
as the hours tick over; and then

far out the faint, sheer
    line turns, rustling over the slack,
the outer bars, over the green-furred flats, over
the clam beds, slippery logs,

barnacle-studded stones, dragging
the shining sheets forward, deepening,
    pushing, wreathing together
wave and seaweed, their piled curvatures

spilling over themselves, lapping
    blue gray green lavender, never
resting, not ever but fashioning shore,
continent, everything.

And here you may find me
on almost any morning
walking along the shore so
    light-footed so casual.

MAREAS

Cada día el mar
   azul gris verde lavanda
se retira dejando la primera capa
de oscura piedra del puerto

lábil y surcada y filiforme, andan
las gaviotas ahí entre viejos huesos de ballena, blancos
   lomos de peces brillan en el caldo arenoso
mientras pasan las horas; y entonces

a lo lejos la leve, pura
   línea se vuelve, crepitando sobre
los vagos límites externos, los llanos de pelaje verde,
los lechos de conchas, los troncos resbaladizos,

las rocas tachonadas de percebes, arrastrando
las brillantes sábanas, hundiendo,
   oprimiendo, trenzando
ola y alga, sus curvaturas apiladas

desbordándose en sí mismas, lamiendo
   azul gris verde lavanda, sin
parar nunca, no eterna sino moviente costa,
continente, totalidad.

Y aquí se me puede encontrar
casi cualquier mañana
caminando a lo largo de la costa tan
   ligera de pies tan relajada.

THE POET COMPARES HUMAN NATURE
TO THE OCEAN FROM WHICH WE CAME

The sea can do craziness, it can do smooth,
it can lie down like silk breathing
or toss havoc shoreward; it can give

gifts or withhold all; it can rise, ebb, froth
like an incoming frenzy of fountains, or it can
sweet-talk entirely. As I can too,

and so, no doubt, can you, and you.

LA POETA COMPARA LA NATURALEZA HUMANA
CON EL OCÉANO DEL QUE VINIMOS

El mar puede hacer locuras, o estar en calma,
puede echarse cual seda exhalante
o crear caos en la costa; puede dar

regalos o retenerlo todo; se alza, refluye, hierve
como incipiente frenesí de fuentes, o puede
hablar con dulzura total. Igual que yo,

y lo mismo que tú, sin duda, y tú.

LIFE STORY

When I lived under the black oaks
I felt I was made of leaves.
When I lived by Little Sister Pond,
I dreamed I was the feather of the blue heron
left on the shore;
I was the pond lily, my root delicate as an artery,
my face like a star,
my happiness brimming.
Later I was the footsteps that follow the sea.
I knew the tides, I knew the ingredients of the wrack.
I knew the eider, the red-throated loon
with his uplifted beak and his smart eye.
I felt I was the tip of the wave,
the pearl of water on the eider's glossy back.
No, there's no escaping, nor would I want to escape
this outgo, this foot-loosening, thissolution
to gravity and a single shape.
Now I am here, later I will be there.
I will be that small cloud, staring down at the water,
the one that stalls, that lifts its white legs, that
      looks like a lamb.

HISTORIA DE VIDA

Cuando vivía bajo los negros robles
sentía que estaba hecha de hojas.
Cuando vivía frente a la Hermanita Estanque,
soñé que era la pluma de la garza azul
dejada en la costa;
era el lirio de agua, mi raíz delicada cual arteria,
como una estrella mi rostro,
mi felicidad rebosante.
Luego fui las huellas que siguen el mar.
Conocí las mareas, los elementos del alga.
Conocí el éider, el colimbo de pescuezo rojo
con el pico alzado y el ojo sagaz.
Sentí que era la punta de la ola,
la perla de agua en la lustrosa cola del éider.
No, no hay escapatoria ni quisiera rehuir
este gasto, esta laxitud de pies, esta solución
a la gravedad y una sola forma.
Estoy ahora aquí y luego ahí.
Seré esa nubecita, mirando el agua,
esa que se demora, que levanta blancas piernas, que
        parece un cordero.

VARANASI

Early in the morning we crossed the ghat,
where fires were still smoldering,
and gazed, with our Western minds, into the Ganges.
A woman was standing in the river up to her waist;
she was lifting handfuls of water and spilling it
over her body, slowly and many times,
as if until there came some moment
of inner satisfaction between her own life and the river's.
Then she dipped a vessel she had brought with her
and carried it filled with water back across the ghat,
no doubt to refresh some shrine near where she lives,
for this is the holy city of Shiva, maker
of the world, and this is his river.
I can't say much more, except that it all happened
in silence and peaceful simplicity, and something that felt
like the bliss of a certainty and a life lived
in accordance with that certainty.
I must remember this, I thought, as we fly back
to America.
Pray God I remember this.

VARANASI

Pronto por la mañana cruzamos el ghat,
donde los fuegos ardían aún,
y nos asomamos, con nuestras mentes occidentales, al Ganges.
Una mujer estaba de pie con el río hasta la cintura;
se estaba echando agua con las manos
en el cuerpo, despacio y muchas veces,
como si entre tanto se diera un instante
de interior satisfacción entre su propia vida y la del río.
Luego hundió una vasija que había traído con ella
y se la llevó llena de agua de vuelta por el ghat,
sin duda para refrescar algún santuario cerca de donde vive,
pues esta es la ciudad sagrada de Shiva, hacedor
del mundo, y este es su río.
No puedo decir mucho más, salvo que todo ocurrió
en silencio y pacífica simplicidad, y algo que era
como la dicha de una certeza y una vida vivida
de acuerdo con esa certeza.
Debo recordarlo, pensé, cuando volemos
de regreso a América.
Ruego a Dios recordarlo.

DE

CISNE
(2010)

I WORRIED

I worried a lot. Will the garden grow, will the rivers
flow in the right direction, will the earth turn
as it was taught, and if not, how shall
I correct it?

Was I right, was I wrong, will I be forgiven,
can I do better?

Will I ever be able to sing, even the sparrows
can do it and I am, well,
hopeless.

Is my eyesight fading or am I just imagining it,
am I going to get rheumatism,
lockjaw, dementia?

Finally I saw that worrying had come to nothing.
And gave it up. And took my old body
and went out into the morning,
and sang.

ME PREOCUPÉ

Me preocupé mucho. ¿Crecerá el jardín, fluirán los ríos
en la dirección correcta, girará la tierra
como se le enseñó, y si no, cómo voy yo
a enderezarlo?

¿Acerté, me equivoqué, se me perdonará,
puedo hacerlo mejor?

Podré cantar algún día, incluso los gorriones
lo hacen y yo, en fin,
no tengo remedio.

¿Estoy perdiendo vista o solo me lo imagino,
voy a tener reumatismo,
tétanos, demencia?

Finalmente la preocupación quedó en nada.
Y renuncié. Y cogí mi viejo cuerpo
y salí a la mañana,
y canté.

I OWN A HOUSE

*I own a house, small but comfortable. In it is a bed, a desk,
a kitchen, a closet, a telephone. And so forth—you know
how it is: things collect.*

*Outside the summer clouds are drifting by, all of them
with vague and beautiful faces. And there are the pines
that bush out spicy and ambitious, although they do not
even know their names. And there is the mockingbird;
over and over he rises from his thorn-tree and dances—
he actually dances, in the air. And there are days I wish I
owned nothing, like the grass.*

TENGO UNA CASA

Tengo una casa, pequeña pero confortable. Hay una cama, un escritorio, una cocina, un baño, un teléfono. Y todo lo demás, ya sabéis cómo va: las cosas reúnen.

Afuera las nubes de verano van a la deriva, todas con vagas y bellas caras. Y ahí están los pinos que crecen fragantes y ambiciosos, aunque ni siquiera conocen sus nombres. Y ahí está el cinzontle, una y otra vez alza el vuelo de su árbol de espinas y danza, realmente danza en el aire. Y hay días en que desearía no poseer nada, como la yerba.

If you suddenly and unexpectedly feel joy, don't hesitate. Give in to it. There are plenty of lives and whole towns destroyed or about to be. We are not wise, and not very often kind. And much can never be redeemed. Still, life has some possibility left. Perhaps this is its way of fighting back, that sometimes something happens better than all the riches or power in the world. It could be anything, but very likely you notice it in the instant when love begins. Anyway, that's often the case. Anyway, whatever it is, don't be afraid of its plenty. Joy is not made to be a crumb.

NO DUDES

Si de repente y sin esperarlo sientes alegría,
no dudes. Entrégate a ello. Hay muchas vi-
das y ciudades enteras destruidas o a pun-
to de serlo. No somos sabios y no muy a
menudo amables. Y demasiado no podrá
ser nunca redimido. Aun así, la vida aún
tiene alguna posibilidad. Quizás esta sea la
manera de combatirlo, que a veces algo
ocurre mejor que todas las riquezas o el
poder del mundo. Podría ser cualquier
cosa, pero muy probablemente lo percibes
en el momento en que el amor empieza.
Sea como sea, ese es a menudo el caso. De
todos modos, sea lo que fuere, no temas su
abundancia. La alegría no está hecha para
ser una migaja.

SWAN

Did you too see it, drifting, all night on the black river?
Did you see it in the morning, rising into the silvery air,
an armful of white blossoms,
a perfect commotion of silk and linen as it leaned
into the bondage of its wings: a snowbank, a bank of lilies,
biting the air with its black beak?
Did you hear it, fluting and whistling
a shrill dark music, like the rain pelting the trees,
    like a waterfall
knifing down the black ledges?
And did you see it, finally, just under the clouds—
a white cross streaming across the sky, its feet
like black leaves, its wings like the stretching light
    of the river?
And did you feel it, in your heart, how it pertained to everything?
And have you too finally figured out what beauty is for?
And have you changed your life?

CISNE

¿Lo viste, a la deriva, toda la noche en el negro río?
¿Lo viste por la mañana, alzándose en el aire plateado,
una brazada de blancas floraciones,
una conmoción perfecta de seda y lino mientras cedía
a la esclavitud de sus alas: un banco de nieve, una ribera de lirios,
mordiendo el aire con su negro pico?
¿Lo oíste, tocando y silbando
una estridente música oscura, como la lluvia cayendo en los árboles,
    cual una cascada
apuñalando los negros salientes?
¿Y lo viste, finalmente, ahí bajo las nubes,
una blanca cruz deslizándose por el cielo, las patas
como negras hojas, las alas como la dilatada luz
    del río?
¿Y no sentiste en tu corazón cómo pertenecía a todo?
¿Y ya has entendido finalmente por qué hay belleza?
¿Y has cambiado de vida?

Queen Anne's lace
is hardly
prized but
all the same it isn't
idle look
how it
stands straight on its
thin stems how it
scrubs its white faces
with the
rags of the sun how it
makes all the
loveliness
it can.

PASANDO POR UN TERRENO SIN CULTIVAR

La zanahoria silvestre
apenas
se aprecia pero
de todos modos no es
indigna de mirarse
cómo
se mantiene erguida
en sus finos tallos cómo
se frota las blancas caras
con los
trapos del sol cómo
crea todo el
encanto
que puede.

HOW I GO TO THE WOODS

Ordinarily I go to the woods alone, with not a single friend, for they are all smilers and talkers and therefore unsuitable.

I don't really want to be witnessed talking to the catbirds or hugging the old black oak tree. I have my way of praying, as you no doubt have yours.

Besides, when I am alone I can become invisible. I can sit on the top of a dune as motionless as an uprise of weeds, until the foxes run by unconcerned. I can hear the almost unhearable sound of the roses singing.

If you have ever gone to the woods with me, I must love you very much.

CÓMO VOY A LOS BOSQUES

Suelo ir a los bosques sola, sin amigos, porque son todos sonrisas y charla y por tanto inadecuados.

No quiero que se me vea hablando a los sisontes o abrazando el viejo roble negro. Tengo mi forma de rezar, como sin duda tenéis vosotros la vuestra.

Además, cuando estoy sola puedo volverme invisible. Puedo sentarme en lo alto de una duna tan quieta como una mata de yerba hasta que pasan corriendo los zorros inadvertidos. Puedo oír el casi inaudible sonido de las rosas cantando.

———✺———

Si alguna vez has ido a los bosques conmigo, debo de amarte mucho.

ON THE BEACH

On the beach, at dawn:
four small stones clearly
hugging each other.

How many kinds of love
might there be in the world,
and how many formations might they make

and who am I ever
to imagine I could know
such a marvelous business?

When the sun broke
it poured willingly its light
over the stones

that did not move, not at all,
just as, to its always generous term,
it shed its light on me,

my own body that loves,
equally, to hug another body.

EN LA PLAYA

En la playa, al alba:
cuatro piedrecitas
sin duda se abrazan.

Cuántos tipos de amor
podría haber en el mundo,
y cuántas formaciones podrían crear

¿y quién soy yo para siquiera
imaginar que podría conocer
un asunto tan prodigioso?

Cuando el sol salió
vertió con gusto su luz
sobre las piedras

que no se movieron, en absoluto,
tal y como, en sus términos siempre generosos,
vertió su luz sobre mí,

mi propio cuerpo que ama,
igual, abrazar otro cuerpo.

DE

EVIDENCIA

(2009)

VIOLETS

Down by the rumbling creek and the tall trees—
*   where I went truant from school three days a week*
*   and therefore broke the record—*
there were violets as easy in their lives
*   as anything you have ever seen*
*   or leaned down to intake the sweet breath of.*
Later, when the necessary houses were built
*   they were gone, and who would give significance*
*   to their absence.*
Oh, violets, you did signify, and what shall take
*   your place?*

VIOLETAS

Abajo por la estruendosa ensenada y los altos árboles,
    por donde me iba de la escuela tres veces por semana
        y donde por tanto batí el rércord,
había violetas tan simples en sus vidas
    como cualquier cosa que hayáis visto
        o a la que os hayáis inclinado para inhalar el dulce aroma.
Más tarde, cuando las casas necesarias se construyeron,
    desaparecieron, y quién iba a dar significado
        a su ausencia.
Oh, violetas, sí tenéis significado, ¿quién va a ocupar
    vuestro sitio?

WE SHAKE WITH JOY

We shake with joy, we shake with grief.
What a time they have, these two
housed as they are in the same body.

TEMBLAMOS DE ALEGRÍA

Temblamos de alegría, temblamos de pena.
Qué temporada pasan, esas dos
acogidas como están en el mismo cuerpo.

IT WAS EARLY

It was early,
which has always been my hour
to begin looking
at the world

and of course,
even in the darkness,
to begin
listening into it,

especially
under the pines
where the owl lives
and sometimes calls out

as I walk by,
as he did
on this morning.
So many gifts!

What do they mean?
In the marshes
where the pink light
was just arriving

the mink
with his bristle tail
was stalking
the soft-eared mice,

and in the pines
the cones were heavy,
each one
ordained to open.

ERA PRONTO

Era pronto,
    siempre ha sido mi hora
        de empezar a mirar
          el mundo

y por supuesto,
    aún en la oscuridad
        de empezar
          a escucharlo,

especialmente
    bajo los pinos
        donde vive el búho
          y a veces llama

cuando paso cerca.
    como hizo
        esta mañana.
          ¡Tantos dones!

¿Qué significan?
    En las ciénagas
        donde la luz rosa
          acababa de llegar

el visón
    con su cola erizada
        estaba acechando
          al ratón silencioso,

y en los pinos
    las piñas eran pesadas,
        cada una
          obligada a abrirse.

Sometimes I need
only to stand
wherever I am
to be blessed.

Little mink, let me watch you.
Little mice, run and run.
Dear pine cone, let me hold you
as you open.

A veces tan solo
necesito quedarme
donde quiera que esté
para sentirme bendecida.

Pequeño visón, déjame mirarte.
Pequeño ratón, corre y corre.
Querida piña, déjame tenerte
mientras te abres.

WITH THANKS TO THE FIELD SPARROW,
WHOSE VOICE IS SO DELICATE
AND HUMBLE

I do not live happily or comfortably
with the cleverness of our times.
The talk is all about computers,
the news is all about bombs and blood.
This morning, in the fresh field,
I came upon a hidden nest.
It held four warm, speckled eggs.
I touched them.
Then went away softly,
having felt something more wonderful
than all the electricity of New York City.

CON AGRADECIMIENTO AL CHINGOLO CAMPESTRE CUYA VOZ ES TAN DELICADA Y HUMILDE

No vivo feliz ni cómoda
en la inventiva de nuestros días.
Se habla siempre de ordenadores,
solo hay noticias de bombas y sangre.
Esta mañana, en el fresco campo,
descubrí un nido oculto.
Tenía cuatro huevos calientes, moteados.
Los toqué.
Luego me fui en silencio,
habiendo sentido algo más maravilloso
que toda la electricidad de Nueva York.

A LESSON FROM JAMES WRIGHT

If James Wright
could put in his book of poems
a blank page

dedicated to "the Horse David
Who Ate One of My Poems," I am ready
to follow him along

the sweet path he cut
through the dryness
and suggest that you sit now

very quietly
in some lovely wild place, and listen
to the silence.

And I say that this, too,
is a poem.

UNA LECCIÓN DE JAMES WRIGHT

Si James Wright
pudiera poner en su libro de poemas
una página en blanco

dedicada al «caballo David
que se comió uno de mis poemas» estoy dispuesta
a seguirle a lo largo

del dulce camino que abrió
a través de la aridez
y sugerir que os sentéis

con mucha calma
en algún bello lugar salvaje y escuchéis
el silencio.

Y yo digo que eso es, también,
un poema.

ALMOST A CONVERSATION

I have not really, not yet, talked with otter
    about his life.

He has so many teeth, he has trouble
    with vowels.

Wherefore our understanding
    is all body expression—

he swims like the sleekest fish,
he dives and exhales and lifts a trail of bubbles.
Little by little he trusts my eyes
and my curious body sitting on the shore.

Sometimes he comes close.
I admire his whiskers
and his dark fur which I would rather die than wear.

He has no words, still what he tells about his life
    is clear.
He does not own a computer.
He imagines the river will last forever.
He does not envy the dry house I live in.
He does not wonder who or what it is that I worship.
He wonders, morning after morning, that the river
is so cold and fresh and alive, and still
I don't jump in.

CASI UNA CONVERSACIÓN

No he conversado en verdad, aún no, con nutria
   sobre su vida.

Tiene tantos dientes, tiene problemas
   con las vocales.

De ahí que nuestra comunicación
   sea todo expresión corporal

−nada como el pez más brillante,
bucea y exhala y eleva un rastro de burbujas.
Poco a poco confía en mis ojos
y en mi singular cuerpo sentado en la orilla.

A veces se acerca.
Admiro sus bigotes
y su oscura piel que nunca llevaría aunque me mataran.

No tiene palabras, mas lo que cuenta sobre su vida
     está claro.
No tiene ordenador.
Imagina que el río durará para siempre.
No envidia la casa seca en la que vivo.
No se pregunta qué o a quién adoro.
Se maravilla, mañana tras mañana, de que el río
esté tan frío, fresco y vivo, y de que aun así
yo no me tire al agua.

TO BEGIN WITH,
THE SWEET GRASS

1.

Will the hungry ox stand in the field and not eat
    of the sweet grass?
Will the owl bite off its own wings?
Will the lark forget to lift its body in the air or
    forget to sing?
Will the rivers run upstream?

Behold, I say—behold
the reliability and the finery and the teachings
    of this gritty earth gift.

2.

Eat bread and understand comfort.
Drink water, and understanddelight.
Visit the garden where the scarlet trumpets
    are opening their bodies for the hummingbirds
who are drinking the sweetness, who are
    thrillingly gluttonous.

For one thing leads to another.
Soon you will notice how stones shine underfoot.
Eventually tides will be the only calendar you believe in.

And someone's face, whom you love, will be as a star
both intimate and ultimate,
and you will be both heart-shaken and respectful.

And you will hear the air itself, like a beloved, whisper:
oh, let me, for a while longer, enter the two
beautiful bodies of your lungs.

PARA EMPEZAR,
EL DULCE PASTO

1.

¿Estará el hambriento buey en la pradera y no comerá
    el dulce pasto?
¿Se morderá el búho sus propias alas?
¿Olvidará la alondra elevar su cuerpo en el aire
    o se olvidará de cantar?
¿Remontarán los ríos la corriente?

Contemplad, digo, contemplad
la fiabilidad y la forja y las enseñanzas
    de este bravo don de la tierra.

2.

Comed pan y entenderéis el consuelo.
Bebed agua y entenderéis el deleite.
Visitad el jardín donde la madreselva coral
    abre su cuerpo para los colibrís
que se beben la dulzura, que son
    excitantemente glotones.

Pues una cosa lleva a la otra.
Pronto notaréis cómo las piedras brillan bajo los pies.
Con el tiempo las mareas serán vuestros únicos calendarios.

Y el rostro de alguien a quien améis será cual astro
a la vez íntimo y definitivo,
y os mostraréis tan conmovidos como respetuosos.

Y escucharéis al aire mismo, cual amado, susurrar:
oh, dejadme, por un rato largo, entrar en los dos
bellos cuerpos de vuestros pulmones.

3.

The witchery of living
is my whole conversation
with you, my darlings.
All I can tell you is what I know.

Look, and look again.
This world is not just a little thrill for the eyes.

It's more than bones.
It's more than the delicate wrist with its personal pulse.
It's more than the beating of the single heart.
It's praising.
It's giving until the giving feels like receiving.
You have a life—just imagine that!
You have this day, and maybe another, and maybe
    still another.

4.

Someday I am going to ask my friend Paulus,
the dancer, the potter,
to make me a begging bowl
which I believe
my soul needs.

And if I come to you,
to the door of your comfortable house
with unwashed clothes and unclean fingernails,
will you put something into it?

I would like to take this chance.
I would like to give you this chance.

3.

El hechizo de la existencia
es mi única conversación
con vosotros, mis queridos.
Todo lo que puedo deciros es lo que sé.

Mirad y mirad una y otra vez.
Este mundo no es solo un fugaz deleite para los ojos.

Es más que huesos.
Es más que la delicada muñeca con su pulso personal.
Es más que el latir de un solo corazón.
Es alabanza.
Es dar hasta que el dar se siente como un recibir.
Tienes una vida, ¡imagínatelo!
Tienes este día, y quizá otro, y quizá
        aún otro más.

4.

Algún día voy a preguntar a mi amigo Paulus,
el bailarín, el alfarero,
que me haga un cuenco de mendigo
pues creo que mi alma
bien lo necesita.

Y si me acerco a ti,
a la puerta de tu confortable casa
con ropas sin lavar y uñas sucias,
¿pondrás algo en él?

Quisiera tener esta oportunidad.
Quisiera darte esta oportunidad.

5.

We do one thing or another; we stay the same, or we
    change.
Congratulations, if
    you have changed.

6.

Let me ask you this.
Do you also think that beauty exists for some
    fabulous reason?

And, if you have not been enchanted by this adventure—
    your life—
what would do for you?

7.

What I loved in the beginning, I think, was mostly myself.
Never mind that I had to, since somebody had to.
That was many years ago.
Since then I have gone out from my confinements,
    though with difficulty.

I mean the ones that thought to rule my heart.
I cast them out, I put them on the mush pile.
They will be nourishment somehow (everything is nourishment
    somehow or another).

And I have become the child of the clouds, and of hope.
I have become the friend of the enemy, whoever that is.
I have become older and, cherishing what I have learned,
I have become younger.

And what do I risk to tell you this, which is all I know?
Love yourself. Then forget it. Then, love the world.

5.

Hacemos una cosa u otra; seguimos igual, o
    cambiamos.
Felicidades, si
    has cambiado.

6.

Dejadme preguntaros algo.
¿Realmente creéis que la belleza existe por alguna
    razón fabulosa?

Y si no habéis sido hechizados por esta aventura,
    vuestra vida,
¿qué podría hacerlo?

7.

Lo que yo amaba al principio, creo, era sobre todo a mí misma.
No importa que debiera, pues alguien debía.
Eso fue hace muchos años.
Desde entonces he salido de mis confinamientos,
    aunque con dificultad.

Me refiero a los que creía gobernaban mi corazón.
Los expulsé, los eché a la papilla.
De algún modo serán alimento (todo alimenta
    de un modo u otro).

Y me he vuelto la criatura de las nubes, y de la esperanza.
Me he vuelto la amiga del enemigo, quienquiera que sea.
Me he vuelto más vieja y, valorando lo aprendido,
me he vuelto más joven.

¿Y por qué me arriesgo a contarte todo esto, que es todo lo que sé?
Ámate. Luego olvídalo. Ama al mundo luego.

EVIDENCE

1.

*Where do I live? If I had no address, as many people
do not, I could nevertheless say that I lived in the
same town as the lilies of the field, and the still
waters.*

*Spring, and all through the neighborhood now there are
strong men tending flowers.*

*Beauty without purpose is beauty without virtue. But
all beautiful things, inherently, have this function—
to excite the viewers toward sublime thought. Glory
to the world, that good teacher.*

*Among the swans there is none called the least, or
the greatest.*

*I believe in kindness. Also in mischief. Also in
singing, especially when singing is not necessarily
prescribed.*

*As for the body, it is solid and strong and curious
and full of detail; it wants to polish itself; it
wants to love another body; it is the only vessel in
the world that can hold, in a mix of power and
sweetness: words, song, gesture, passion, ideas,
ingenuity, devotion, merriment, vanity, and virtue.*

Keep some room in your heart for the unimaginable.

EVIDENCIA

1.

¿Dónde vivo? Si no tuviera dirección, como tanta gente,
podría decir de todos modos que yo vivía en la misma
ciudad que los lirios del campo, y las aguas
en calma.

Primavera, y por todo el vecindario hay
hombres fuertes que cuidan flores.

La belleza sin propósito es belleza sin virtud. Pero
todas las cosas bellas, de forma inherente, tienen esta función,
excitar en los espectadores ideas sublimes. Gloria
al mundo, ese buen maestro.

No hay entre los cisnes ninguno llamado el ínfimo, o
el más grande.

Creo en la amabilidad. También en la desventura. También
en el canto, sobre todo cuando cantar no está necesariamente
prescrito.

En cuanto al cuerpo, es sólido y fuerte y curioso
y lleno de detalle; quiere sacarse brillo; quiere
amar a otro cuerpo; es la única vasija en el
mundo que puede recibir, con una mezcla de poder y
dulzura: palabras, canción, gesto, pasión, ideas,
ingenio, devoción, alegría, vanidad y virtud.

Guarda sitio en tu corazón para lo inimaginable.

2.

There are many ways to perish, or to flourish.

*How old pain, for example, can stall us at the
threshold of function.*

Memory: a golden bowl, or a basement without light.

*For which reason the nightmare comes with its
painful story and says:* you need to know this.

*Some memories I would give anything to forget.
Others I would not give up upon the point of
death, they are the bright hawks of my life.*

*Still, friends, consider stone, that is without
the fret of gravity, and water that is without
anxiety.*

*And the pine trees that never forget their
recipe for renewal.*

*And the female wood duck who is looking this way
and that way for her children. And the snapping
turtle who is looking this way and that way also.
This is the world.*

*And consider, always, every day, the determination
of the grass to grow despite the unending obstacles.*

3.

*I ask you again: if you have not been enchanted by
this adventure—your life—what would do for
you?*

*And, where are you, with your ears bagged down
as if with packets of sand? Listen. We all
have much more listening to do. Tear the sand
away. And listen. The river is singing.*

2.

Hay muchas formas de perecer, o de prosperar.

Cómo el dolor antiguo, por ejemplo, puede detenernos
en el umbral de la acción.

La memoria: una copa dorada, o un sótano sin luz.

Por qué razón la pesadilla viene con su historia
dolorosa y dice: *tienes que saber esto.*

Daría lo que fuera por olvidar algunos recuerdos.
Otros no los daría ni aun a riesgo de
morir, pues son los refulgentes halcones de mi vida.

Y aun así, amigos, considerad la piedra, que no
tiene la inquietud de la gravedad, y el agua que no tiene
ansiedad.

Y los pinos que nunca olvidan su
fórmula para renovarse.

Y la hembra del pato juyuyo que cuida así
o asá de sus crías. Y la tortuga serpentina
que también cuida así o asá.
Esto es el mundo.

Y considerad, siempre, cada día, la determinación
de la yerba por crecer a pesar de los infinitos obstáculos.

3.

Os pregunto de nuevo: si no habéis sido hechizados
por esta aventura, vuestra vida, ¿qué podría
hacerlo?

¿Y dónde vas tú con esas orejas caídas
como si fueran sacos de arena? Escucha. Todos
tenemos mucho que escuchar. Tira esa
arena Y escucha. El río canta.

*What blackboard could ever be invented that
could hold all the zeros of eternity?*

*Let me put it this way—if you disdain the
cobbler may I assume you walk barefoot?*

*Last week I met the so-called deranged man
who lives in the woods. He was walking with
great care, so as not to step on any small,
living thing.*

*For myself, I have walked in these woods for
more than forty years, and I am the only
thing, it seems, that is about to be used up.
Or, to be less extravagant, will, in the
foreseeable future, be used up.*

*First, though, I want to step out into some
fresh morning and look around and hear myself
crying out: "The house of money is falling!
The house of money is falling! The weeds are
rising! The weeds are rising!"*

¿Qué pizarra podría inventarse para que
contuviera todos los ceros de la eternidad?

Deja que lo diga así: si menosprecias
al zapatero ¿debo inferir que andas descalzo?

La semana pasada me encontré al hombre trastornado,
según le llaman, que vive en los bosques. Iba andando con
gran cuidado, como para no pisar a ninguna cosa
pequeña, viviente.

En cuanto a mí, he caminado por estos bosques
más de cuarenta años, y yo soy la única
cosa, parece, que está a punto de gastarse.
O, para ser menos extravagante, que será,
en un futuro predecible, gastada.

Primero, sin embargo, quiero salir alguna
fresca mañana y mirar alrededor y oírme
gritar: «¡La casa del dinero se está derrumbando!,
¡la casa del dinero se está derrumbando! ¡La maleza
crece! ¡La maleza crece!».

PRAYER

May I never not be frisky,
May I never not be risqué.

May my ashes, when you have them, friend,
and give them to the ocean,

leap in the froth of the waves,
still loving movement,

still ready, beyond all else,
to dance for the world.

PLEGARIA

Que nunca deje de ser traviesa,
que nunca deje de ser atrevida.

Que mis cenizas, cuando las tengas, amiga,
y las entregues al océano,

salten en la espuma de las olas,
amando aún el movimiento,

aún dispuestas, más allá de todo,
a danzar por el mundo.

MYSTERIES, YES

Truly, we live with mysteries too marvelous
to be understood.

How grass can be nourishing in the
mouths of the lambs.
How rivers and stones are forever
in allegiance with gravity
while we ourselves dream of rising.
How two hands touch and the bonds will
never be broken.
How people come, from delight or the
scars of damage,
to the comfort of a poem.

Let me keep my distance, always, from those
who think they have the answers.

Let me keep company always with those who say
"Look!" and laugh in astonishment,
and bow their heads.

MISTERIOS, SÍ

En verdad, vivimos con misterios demasiado maravillosos
    para ser entendidos.

Cómo la yerba puede alimentar la
    boca de los corderos.
Cómo los ríos y las piedras guardan
    lealtad para siempre a la gravedad
        mientras nosotros soñamos con alzarnos.
Cómo se tocan dos manos y los lazos
    nunca se romperán.
Cómo llega la gente, desde el gozo o las
    cicatrices del daño,
al consuelo de un poema.

Dejadme mantener la distancia, siempre, de aquellos
    que creen tener las respuestas.

Dejadme siempre en compañía de aquellos que dicen
    «¡Mira!» y se ríen con asombro,
    e inclinan las cabezas.

AT THE RIVER CLARION

1.

I don't know who God is exactly.
But I'll tell you this.
I was sitting in the river named Clarion, on a
    water splashed stone
and all afternoon I listened to the voices
    of the river talking.
Whenever the water struck the stone it had
    something to say,
and the water itself, and even the mosses trailing
    under the water.
And slowly, very slowly, it became clear to me
    what they were saying.
Said the river: I am part of holiness.
And I too, said the stone. And I too, whispered
    the moss beneath the water.

I'd been to the river before, a few times.
Don't blame the river that nothing happened quickly.
You don't hear such voices in an hour or a day.
You don't hear them at all if selfhood has stuffed your ears.
And it's difficult to hear anything anyway, through
    all the traffic, and ambition.

2.

If God exists he isn't just butter and good luck.
He's also the tick that killed my wonderful dog Luke.
Said the river: imagine everything you can imagine, then
    keep on going.

EN EL RÍO CLARION

1.

No sé quién es Dios exactamente.
Pero te diré algo.
Estaba sentada en el río llamado Clarion, sobre una
    piedra salpicada de agua
y me pasé la tarde escuchando las voces
    del río hablando.
Siempre que el agua daba en la piedra tenía
    algo que decir,
y el agua misma y aun los musgos reptando
    bajo el agua.
Y lenta, muy lentamente se me hizo evidente
    lo que estaban diciendo.
Dijo el río: soy parte de la santidad.
Yo también, dijo la piedra. Y yo también, susurró
    el musgo bajo el agua.

Había estado en el río antes, unas cuantas veces.
No es culpa del río que nada ocurriera rápido.
No se oyen esas voces en una hora o en un día.
No se oyen en absoluto si el egoísmo rellena tus oídos.
Y es difícil escuchar algo, en fin, a través
    de tanto tráfico, y de la ambición.

2.

Si Dios existe no es solo miel y buena suerte.
También es la garrapata que mató a mi maravillosa perra Luke.
Dijo el río: imagina todo lo que puedas imaginar, luego
    sigue adelante.

Imagine how the lily (who may also be a part of God)
    would sing to you if it could sing, if
        you would pause to hear it.
And how are you so certain anyway that it doesn't sing?

If God exists he isn't just churches and mathematics.
He's the forest, He's the desert.
He's the ice caps, that are dying.
He's the ghetto and the Museum of Fine Arts.

He's van Gogh and Allen Ginsberg and Robert
    Motherwell.
He's the many desperate hands, cleaning and preparing
    their weapons.
He's every one of us, potentially.
The leaf of grass, the genius, the politician,
    the poet.
And if this is true, isn't it something very important?

Yes, it could be that I am a tiny piece of God, and
    each of you too, or at least
        of his intention and his hope.
Which is a delight beyond measure.
I don't know how you get to suspect such an idea.
    I only know that the river kept singing.
It wasn't a persuasion, it was all the river's own
    constant joy
which was better by far than a lecture, which was
    comfortable, exciting, unforgettable.

3.

Of course for each of us, there is the daily life.
Let us live it, gesture by gesture.
When we cut the ripe melon, should we not give it thanks?
And should we not thank the knife also?
We do not live in a simple world.

Imagina cómo el lirio (que también puede ser parte de Dios)
    te cantaría si pudiera hacerlo, si
        tú pudieras pararte a escucharlo.
¿Y cómo puedes estar tan seguro de que no canta?

Si Dios existe no es solo iglesias y matemáticas.
Él es el bosque, Él es el desierto.
Él es los casquetes polares, que se están muriendo.
Él es el gueto y el Museo de Bellas Artes.

Él es Van Gogh y Allen Ginsberg y Robert
    Motherwell.
Él es las muchas manos desesperadas, limpiando y preparando
    sus armas.
Él es cada uno de nosotros, en potencia.
La hoja de yerba, el genio, el político,
    el poeta.
Y si eso es cierto, ¿no se trata de algo muy importante?

Sí, podría ser que yo fuera una ínfima parte de Dios, y
    cada uno de vosotros también, o al menos
        de su intención y su esperanza.
Lo que supone un placer más allá de toda medida.
No sé cómo uno llega a sospechar esa idea.
    Solo sé que el río siguió cantando.
No era una persuasión, era toda la alegría constante
    del propio río
que era de lejos mejor que cualquier clase, que era
    confortable, excitante, inolvidable.

3.

Por supuesto, para todos está la vida cotidiana.
Vivámosla, gesto a gesto.
Cuando partimos el melón maduro, ¿no deberíamos dar las gracias?
¿Y no deberíamos dar las gracias al cuchillo también?
No vivimos en un mundo simple.

167

4.

There was someone I loved who grew old and ill.
One by one I watched the fires go out.
There was nothing I could do

except to remember
that we receive
then we give back.

5.

My dog Luke lies in a grave in the forest,
she is given back.
But the river Clarion still flows
from wherever it comes from
to where it has been told to go.
I pray for the desperate earth.
I pray for the desperate world.
I do the little each person can do, it isn't much.
Sometimes the river murmurs, sometimes it raves.

6.

Along its shores were, may I say, very intense
cardinal flowers.
And trees, and birds that have wings to uphold them,
for heaven's sakes—
the lucky ones: they have such deep natures,
they are so happily obedient.
While I sit here in a house filled with books,
ideas, doubts, hesitations.

7.

And still, pressed deep into my mind, the river
keeps coming, touching me, passing by on its
long journey, its pale, infallible voice
singing.

4.

Hubo alguien a quien quería que se volvió mayor y enfermó.
Uno por uno contemplé los fuegos apagarse.
No hubo nada que yo pudiera hacer

salvo recordar
que recibimos
y luego devolvemos.

5.

Mi perra Luke yace en una tumba en el bosque,
    ha sido devuelta.
Mas el río Clarion aún fluye
    desde dondequiera que venga
        a donde se le ha dicho que vaya.
Ruego por la tierra desesperada.
Ruego por el mundo desesperado.
Hago lo poco que cada uno puede, no es mucho.
A veces el río murmura, a veces desvaría.

6.

A lo largo de sus riberas había, quisiera decir, intensas
    flores esenciales.
Y árboles, y pájaros con alas para sostenerlos,
    por el amor de los cielos,
los afortunados: tienen esas naturalezas hondas,
    son tan felizmente obedientes.
Mientras yo estoy aquí sentada en una casa llena de libros,
    ideas, dudas, vacilaciones.

7.

Y aún, bien comprimido en mi mente, el río
    sigue llegando, tocándome, transcurriendo
        en su largo viaje, su pálida, infalible voz
            cantando.

DE

EL OSO TRURO
Y OTRAS
AVENTURAS

(2008)

THE OTHER KINGDOMS

Consider the other kingdoms. The
trees, for example, with their mellow-sounding
titles: oak, aspen, willow.
Or the snow, for which the peoples of the north
have dozens of words to describe its
different arrivals. Or the creatures, with their
thick fur, their shy and wordless gaze. Their
infallible sense of what their lives
are meant to be. Thus the world
grows rich, grows wild, and you too,
grow rich, grow sweetly wild, as you too
were born to be.

LOS OTROS REINOS

Considerad los otros reinos. Los
árboles, por ejemplo, con sus títulos
de sonido meloso: roble, álamo, sauce.
O la nieve, para la que la gente del norte
tiene docenas de palabras que describen sus
diferentes llegadas. O las criaturas, con su
pelaje grueso, su mirada tímida y sin palabra. Su
sentido infalible de lo que sus vidas
están pensadas para ser. Así el mundo
crece denso, crece salvaje, y tú también,
creces densa, dulcemente salvaje, tal y como tú
también naciste para ser.

THE GIFT

After the wind-bruised sea
   furrowed itself back
      into folds of blue, I found
      in the black wrack

a shell called the Neptune—
   tawny and white,
      spherical,
         with a tail

and a tower
   and a dark door,
      and all of it
         no larger

than my fist.
   It looked, you might say,
      very expensive.
         I thought of its travels

in the Atlantic's
   wind-pounded bowl
      and wondered
         that it was still intact.

Ah yes, there was
   that door
      that held only the eventual, inevitable
      emptiness.

There's that—there's always that.
   Still, what a house
      to leave behind!
         I held it

EL DON

Después de que el mar racheado
   se enfurruñara de nuevo
      en pliegues de azul, encontré
        en el negro algar

una concha llamada el Neptuno,
    tostada y blanca,
      esférica,
        con una cola

y una torre
   y una oscura puerta,
     y todo ello
       no más grande

que mi puño.
   Parecía, se diría,
     muy cara.
       Pensé en sus viajes

por el Atlántico
   cuenco batido por el viento
     y me maravillé
       de que estuviera aún intacta.

Y sí, estaba
   esa puerta
     sostén tan solo del eventual, inevitable
       vacío.

Hay eso, siempre está eso.
   Aun así, ¡vaya casa
     para dejar atrás!
       La sostuve

like the wisest of books
and imagined
    its travels toward my hand.
    And now, your hand.

como al más sabio de los libros
e imaginé
sus viajes hacia mi mano.
A tu mano, ahora.

COYOTE IN THE DARK,
COYOTES REMEMBERED

The darkest thing
met me in the dark.
It was only a face
and a brace of teeth
that held no words,
though I felt a salty breath
sighing in my direction.
Once, in an autumn that is long gone,
I was down on my knees
in the cranberry bog
and heard, in that lonely place,
two voices coming down the hill,
and I was thrilled
to be granted this secret,
that the coyotes, walking together
can talk together,
for I thought, what else could it be?
And even though what emerged
were two young women, two-legged for sure
and not at all aware of me,
their nimble, young women tongues
telling and answering,
and though I knew
I had believed something probably not true,
yet it was wonderful
to have believed it.
And it has stayed with me
as a present once given is forever given.
Easy and happy they sounded,
those two maidens of the wilderness
from which we have—
who knows to what furious, pitiful extent—
banished ourselves.

COYOTE EN LA OSCURIDAD,
COYOTES RECORDADOS

Me topé en la oscuridad
con la cosa más oscura.
Era tan solo una cara
y una hilera de dientes
que no decían palabra,
aunque sentía un aliento salado
suspirando en mi dirección.
Una vez, en un otoño ya muy lejano,
estaba yo de rodillas
en la ciénaga de los arándanos
y escuché, en ese lugar solitario,
dos voces bajando de la colina
y me estremecí
al serme concedido ese secreto,
que los coyotes, yendo juntos,
pueden hablar entre ellos,
pues pensé, ¿qué iba a ser si no?
Y aunque lo que emergió
fueron dos chicas jóvenes, sin duda bípedas
y en absoluto conscientes de mi presencia,
sus ágiles lenguas de mujer joven
diciendo y contestando,
y aunque entendí
que había creído en algo seguramente falso,
fue sin embargo maravilloso
haber creído en ello.
Y eso es algo que me ha acompañado
como un regalo dado una vez y para siempre.
Gráciles y felices sonaban ellas,
esas dos doncellas de la jungla
de la que nosotros,
quién sabe hasta qué punto furioso, mísero,
nos hemos desterrado.

DE

PÁJARO ROJO
(2008)

NIGHT HERONS

Some herons
were fishing
in the robes
of the night

at a low hour
of the water's body,
and the fish, I suppose,
were full

of fish happiness
in those transparent inches
even as, over and over,
the beaks jacked down

and the narrow
bodies were lifted
with every
quick sally,

and that was the end of them
as far as we know—
though, what do we know
except that death

is so everywhere and so entire—
pummeling and felling,
or sometimes,
like this, appearing

through such a thin door—
one stab, and you're through!
And what then?
Why, then it was almost morning,

and one by one
the birds
opened their wings
and flew.

GARZAS NOCTURNAS

Algunas garzas
estaban pescando
en bata
de noche

a la baja hora
de la masa del agua,
y los peces, infiero,
estaban llenos

de felicidad piscícola
en esas pulgadas transparentes
aun cuando, una y otra vez,
los picos bajaban

y los delgados
cuerpos se elevaban
con cada
rápida salida,

y eso era su final,
hasta donde sabemos,
aunque, qué sabemos en realidad,
salvo que la muerte

es tan ubicua y tan absoluta,
apaleando y talando,
o a veces,
como aquí, apareciendo

a través de una puerta tan fina,
¡una cuchillada y listo!
¿Y luego qué?
Bueno, luego era casi el alba,

y una a una
las aves
abrieron las alas
y volaron.

MORNINGS AT BLACKWATER

For years, every morning, I drank
from Blackwater Pond.
It was flavored with oak leaves and also, no doubt,
the feet of ducks.

And always it assuaged me
from the dry bowl of the very far past.

What I want to say is
that the past is the past,
and the present is what your life is,
and you are capable
of choosing what that will be,
darling citizen.

So come to the pond,
or the river of your imagination,
or the harbor of your longing,

and put your lips to the world.
And live
your life.

MAÑANAS EN BLACKWATER

Durante años, cada mañana, bebía
del estanque de Blackwater.
Estaba aromatizada con hojas de roble y, sin duda,
patas de ánade.

Y siempre me aliviaba
del seco cuenco del pasado más remoto.

Lo que quiero decir
es que el pasado es el pasado,
y el presente es lo que tu vida es,
y tú eres capaz
de elegir lo que será,
querido ciudadano.

Así que ven al estanque,
o al río de tu imaginación,
o al puerto de tu anhelo,

y abre los labios al mundo.
Y vive
tu vida.

THE ORCHARD

I have dreamed
of accomplishment.
I have fed

ambition.
I have traded
nights of sleep

for a length of work.
Lo, and I have discovered
how soft bloom

turns to green fruit
which turns to sweet fruit.
Lo, and I have discovered

all winds blow cold
at last,
and the leaves,

so pretty, so many,
vanish
in the great, black

packet of time,
in the great, black
packet of ambition,

and the ripeness
of the apple
is its downfall.

LA HUERTA FRUTAL

He tenido sueños
de realización.
He alimentado

ambiciones.
He vendido
noches de sueño

por un poco de trabajo.
Mirad, y he descubierto
cómo la tierna floración

se convierte en verde fruto
que se vuelve fruta dulce.
Mirad, y he descubierto

cómo al final todos los vientos
soplan fríos
y las hojas,

tan bellas, tan múltiples,
se funden
en el gran, negro

fardo del tiempo,
en el gran, negro
fardo de la ambición,

y la madurez
de la manzana
es su caída.

SOMETIMES

1.

Something came up
out of the dark.
It wasn't anything I had ever seen before.
It wasn't an animal
    or a flower,
unless it was both.

Something came up out of the water,
    a head the size of a cat
but muddy and without ears.
I don't know what God is.
I don't know what death is.

But I believe they have between them
    some fervent and necessary arrangement.

2.

Sometimes
melancholy leaves me breathless.

3.

Later I was in a field full of sunflowers.
I was feeling the heat of midsummer.
I was thinking of the sweet, electric
    drowse of creation,

when it began to break.

A VECES

1.

Algo surgió
de la oscuridad.
No era nada que hubiera visto antes.
No era un animal
    ni una flor,
a menos que fuera ambos.

Algo surgió del agua,
    una cabeza del tamaño de un gato
pero enlodado y sin orejas.
No sé lo que es Dios.
No sé lo que es la muerte.

Pero creo que entre ellos tienen
    cierto acuerdo ferviente y necesario.

2.

A veces
la melancolía me deja sin aliento.

3.

Luego estuve en un campo lleno de girasoles.
Sentía el calor de la canícula.
Pensaba en la dulce, eléctrica
    modorra de la creación,

cuando todo empezó a surgir.

In the west, clouds gathered.
Thunderheads.
In an hour the sky was filled with them.

In an hour the sky was filled
with the sweetness of rain and the blast of lightning.
Followed by the deep bells of thunder.

Water from the heavens! Electricity from the source!
Both of them mad to create something!

The lightning brighter than any flower.
The thunder without a drowsy bone in its body.

4.

Instructions for living a life:
Pay attention.
Be astonished.
Tell about it.

5.

Two or three times in my life I discovered love.
Each time it seemed to solve everything.
Each time it solved a great many things
 but not everything.
Yet left me as grateful as if it had indeed, and
thoroughly, solved everything.

6.

God, rest in my heart
and fortify me,
take away my hunger for answers,
let the hours play upon my body

Al oeste, las nubes se acumularon.
Yunques cumuliformes.
Al cabo de una hora el cielo estaba plagado.

Al cabo de una hora el cielo estaba lleno
      de la dulzura de la lluvia y la explosión de los rayos.
Seguido de las hondas campanas de los truenos.

¡Agua de los cielos! ¡Electricidad del origen!
¡Ambos locos por crear algo!

El rayo más luminoso que cualquier flor.
El trueno sin un solo hueso flojo en su cuerpo.

4.

Instrucciones para vivir una vida:
Presta atención.
Asómbrate.
Cuéntalo.

5.

Dos o tres veces en mi vida he descubierto el amor.
Cada vez parecía resolver algo.
Cada vez resolvió muchas cosas
      pero no todo.
Aun así me dejó tan agradecida como si lo hubiera hecho, y
lo resolvió todo por completo.

6.

Dios, descansa en mi corazón
y fortaléceme,
llévate mi hambre de respuestas,
deja que las horas jueguen en mi cuerpo

like the hands of my beloved.
Let the cathead appear again—
the smallest of your mysteries,
some wild cousin of my own blood probably—
some cousin of my own wild blood probably,
in the black dinner-bowl of the pond.

7.

Death waits for me, I know it, around
    one corner or another.
This doesn't amuse me.
Neither does it frighten me.

After the rain, I went back into the field of sunflowers.
It was cool, and I was anything but drowsy.
I walked slowly, and listened

to the crazy roots, in the drenched earth, laughing and growing.

como las manos de mi amante.
Deja que la serviola aparezca de nuevo,
el más ínfimo de tus misterios,
algún primo salvaje de mi propia sangre quizás,
algún primo de mi propia sangre salvaje tal vez,
en el oscuro cuenco del estanque.

7.

La muerte me aguarda, lo sé, a la vuelta
    de una esquina u otra.
Es algo que no me divierte.
Pero tampoco me asusta.

Después de la lluvia, volví al campo de girasoles.
Hacía frío, y me sentía de todo menos adormilada.
Caminé poco a poco, y escuché

las locas raíces, en la tierra anegada, riendo y creciendo.

INVITATION

Oh do you have time
    to linger
        for just a little while
        out of your busy

and very important day
    for the goldfinches
        that have gathered
          in a field of thistles

for a musical battle,
    to see who can sing
        the highest note,
        or the lowest,

or the most expressive of mirth,
    or the most tender?
        Their strong, blunt beaks
        drink the air

as they strive
    melodiously
        not for your sake
        and not for mine

and not for the sake of winning
    but for sheer delight and gratitude–
        believe us, they say,
        it is a serious thing

just to be alive
    on this fresh morning
        in this broken world.
        I beg of you,

INVITACIÓN

Oh tienes tiempo
   para quedarte
      tan solo un ratito
         de tu ajetreado

y muy importante día
   para los jilgueros
      que se han reunido
         en un campo de cardos

para una contienda musical,
   ver quién puede cantar
      la nota más alta,
         o la más baja,

o la más expresiva de júbilo,
   ¿o la más tierna?
      Sus fuertes, romos picos
         beben el aire

mientras se afanan
   melódicos
      no por tu bien
         ni por el mío

ni tampoco para ganar
   sino por puro gozo y gratitud,
      creednos, dicen,
         es algo serio

tan solo estar vivos
   en esta fresca mañana
      en este mundo arruinado.
         Os ruego,

do not walk by
without pausing
to attend to this
rather ridiculous performance.

It could mean something.
It could mean everything.
It could be what Rilke meant, when he wrote:
You must change your life.

no paséis por aquí
	sin deteneros
		a atender esta
			actuación un tanto ridícula.

Podría significar algo.
	Podría significarlo todo.
		Podría ser lo que Rilke pensaba cuando escribió:
			Debes cambiar de vida.

FROM THIS RIVER, WHEN I WAS A CHILD, I USED TO DRINK

But when I came back I found
that the body of the river was dying.

"Did it speak?"

Yes, it sang out the old songs, but faintly.

"What will you do?"

I will grieve of course, but that's nothing.

"What, precisely, will you grieve for?"

For the river. For myself, my lost
joyfulness. For the children who will not
know what a river can be– a friend, a
companion, a hint of heaven.

"Isn't this somewhat overplayed?"

I said: it can be a friend. A companion. A
hint of heaven.

DE ESTE RÍO CUANDO ERA NIÑA
SOLÍA BEBER

Mas cuando regresé descubrí
que el caudal del río estaba muriendo.

«¿Habló?».

Sí, canturreó las viejas canciones, pero quedamente.

«¿Qué vas a hacer?».

Lo lamentaré por supuesto, pero eso no es nada.

«¿De qué, en concreto, te vas a lamentar?».

Del río. De mí misma, mi perdida
felicidad. De los niños que ya no
sabrán lo que un río puede ser, un amigo, un
compañero, un indicio del cielo.

«¿No estás sobreactuando?».

He dicho: puede ser un amigo. Un compañero. Un
indicio del cielo.

The way the plovers cry goodbye.
The way the dead fox keeps on looking down the hill
    with open eye.
The way the leaves fall, and then there's the long wait.
The way someone says: we must never meet again.
The way mold spots the cake,
the way sourness overtakes the cream.
The way the river water rushes by, never to return.
The way the days go by, never to return.
The way somebody comes back, but only in a dream.

DEBERÍAMOS ESTAR BIEN PREPARADOS

La manera en que los chorlitos gritan adiós.
La manera en que el zorro muerto sigue mirando hacia abajo en la colina
    con un ojo abierto.
La manera en que caen las hojas, y luego la larga espera.
La manera en que alguien dice: no nos veremos más.
La manera en que el moho mancha el pastel,
la manera en que la acidez se apodera de la crema.
La manera en que corre el agua del río para no volver.
La manera en que los días se van para no volver.
La manera en que alguien regresa, mas solo en un sueño.

MEADOWLARK SINGS AND I
GREET HIM IN RETURN

Meadowlark, when you sing it's as if
you lay your yellow breast upon mine and say
hello, hello, and are we not
of one family, in our delight of life?
You sing, I listen.
Both are necessary
if the world is to continue going around
night-heavy then light-laden, though not
everyone knows this or at least
not yet,

or, perhaps, has forgotten it
in the torn fields,

in the terrible debris of progress.

EL SABANERO CANTA Y YO
LO SALUDO DE VUELTA

Sabanero, cuando cantas es como si
posaras tu pecho amarillo en el mío y dijeras
hola, hola, y ¿no somos
de la misma familia, en nuestro deleite de vida?
Tú cantas, yo escucho.
Ambas cosas son necesarias
si el mundo va a seguir dando vueltas
denso de noche luego cargado de luz, aunque no
todo el mundo lo sabe o al menos
aún no,

o, quizás, lo ha olvidado
en los campos desgarrados,

en los terribles escombros del progreso.

OF THE EMPIRE

*We will be known as a culture that feared death
and adored power, that tried to vanquish insecurity
for the few and cared little for the penury of the
many. We will be known as a culture that taught
and rewarded the amassing of things, that spoke
little if at all about the quality of life for
people (other people), for dogs, for rivers. All
the world, in our eyes, they will say, was a
commodity. And they will say that this structure
was held together politically, which it was, and
they will say also that our politics was no more
than an apparatus to accommodate the feelings of
the heart, and that the heart, in those days,
was small, and hard, and full of meanness.*

DEL IMPERIO

Seremos conocidos como una cultura que temió la muerte
y adoró el poder, que intentó derrotar la inseguridad
para una minoría y poco le importó la penuria de la
mayoría. Seremos conocidos como una cultura que enseñó
y recompensó la acumulación de cosas, que habló
poco o nada sobre la calidad de la vida para
la gente (otra gente), para los perros, los ríos. Todo
el mundo, a nuestros ojos, dirán, era una
comodidad. Y dirán que esta estructura
se integró políticamente, lo que es cierto, y
también dirán que nuestra política no era más
que un aparato para acoger los sentimientos del
corazón, y que el corazón, en aquella época,
era pequeño, y duro, y lleno de mezquindad.

RED

All the while
I was teaching
in the state of Virginia
I wanted to see
gray fox.
Finally I found him.
He was in the highway.
He was singing
his death song.
I picked him up
and carried him
into a field
while the cars kept coming.
He showed me
how he could ripple
how he could bleed.
Goodbye I said
to the light of his eye
as the cars went by.
Two mornings later
I found the other.
She was in the highway.
She was singing
her death song.
I picked her up
and carried her
into the field
where she rippled
half of her gray
half of her red
while the cars kept coming.
While the cars kept coming.
Gray fox and gray fox.
Red, red, red.

ROJO

Durante todo el tiempo
en que estuve enseñando
en el estado de Virginia
quería ver
al zorro gris.
Finalmente lo encontré.
Estaba en la autopista.
Estaba cantando
su canción de muerte.
Lo recogí
y lo llevé
a un campo
mientras seguían viniendo coches.
Me enseñó
cómo podía ondear
cómo podía sangrar.
Adiós dije
a la luz de sus ojos
mientras los coches pasaban.
Dos mañanas más tarde
encontré a la otra.
Estaba en la autopista.
Estaba cantando
su canción de muerte.
La recogí
y la llevé
al campo
donde onduló
la mitad de su gris
la mitad de su rojo
mientras los coches seguían pasando.
Mientras los coches seguían pasando.
Zorro gris y zorro gris.
Rojo, rojo, rojo.

NIGHT AND THE RIVER

I have seen the great feet
leaping
into the river

and I have seen moonlight
milky
along the long muzzle

and I have seen the body
of something
scaled and wonderful

slumped in the sudden fire of its mouth,
and I could not tell
which fit me

more comfortably, the power,
or the powerlessness;
neither would have me

entirely; I was divided,
consumed,
by sympathy,

pity, admiration.
After a while
it was done,

the fish had vanished, the bear
lumped away
to the green shore

and into the trees. And then there was only
this story.
It followed me home

NOCHE Y EL RÍO

He visto las grandes patas
saltando
al río

y he visto luz de luna
lechosa
a lo largo del gran hocico

y he visto el cuerpo
de algo
escamoso y espléndido

desplomado en el súbito fuego de su boca,
y no podría decir
qué me entró

con mayor facilidad, el poder,
o la impotencia;
ninguno me habría tenido

del todo; estaba confundida,
consumida,
por la simpatía,

la pena, la admiración.
Después de un tiempo
se acabó,

el pez se había esfumado, el oso
en su masa se fue
a la orilla verde

y entre los árboles. Y luego ya solo hubo
esta historia.
Me siguió a casa

and entered my house—
a difficult guest
with a single tune

which it hums all day and through the night—
slowly or briskly,
it doesn't matter,

it sounds like a river leaping and falling;
it sounds like a body
falling apart.

y entró en mi hogar,
un huésped difícil
con una simple tonada

que resuena todo el día y en la noche,
lenta o abrupta,
no importa,

suena como un río saltando y cayendo;
suena como un cuerpo
desmoronándose.

SELF-PORTRAIT

I wish I was twenty and in love with life
and still full of beans.

Onward, old legs!
There are the long, pale dunes; on the other side
the roses are blooming and finding their labor
no adversity to the spirit.

Upward, old legs! There are the roses, and there is the sea
shining like a song, like a body
I want to touch

though I'm not twenty
and won't be again but ah! seventy. And still
in love with life. And still
full of beans.

AUTORRETRATO

Quisiera tener veinte años y estar aún enamorada de la vida
    y llena de fuerza.

¡Adelante, piernas viejas!
Están las largas, pálidas dunas; al otro lado
las rosas están floreciendo sin considerar su parto
adversidad alguna para el espíritu.

¡Arriba, piernas viejas! Están las rosas, y está el mar
brillando como una canción, como un cuerpo
que quisiera tocar

aunque ya no tengo veinte años,
y no los tendré nunca más, pues cuento, ay, setenta. Y aún
enamorada de la vida. Y aún
llena de fuerza.

WITH THE BLACKEST OF INKS

At night
   the panther,
      who is lean
         and quick,

is only
   a pair of eyes
      and, with a yawn,
         momentarily,

a long, pink tongue.
   Mostly
      he listens
         as he walks

on the puffs
   of his feet
      as if
         on a carpet

from Persia,
   or leaps
      into the branches
         of a tree,

or swims
   across the river,
      or simply
         stands in the grass

and waits.
   Because, Sir,
      ou have given him,
         for your own reasons,

CON LA MÁS NEGRA DE LAS TINTAS

De noche
   la pantera
      esbelta
         y veloz

es solo
    par de ojos
      y, con un bostezo,
         por un instante,

una larga lengua rosa.
    Más que nada
      escucha
        al andar

con las almohadillas
    de sus patas
      como si fuera
        sobre una alfombra

de Persia,
    o salta
      a las ramas
        de un árbol,

o nada
    a través del río,
      o nada más
        se yergue sobre la yerba

y aguarda.
    Porque, Señor,
      le habéis concedido,
        vuestras razones tendréis,

everything that he needs:
leaves, food, shelter;
a conscience
that never blinks.

todo lo que necesita:
hojas, comida, cobijo;
una conciencia
que nunca se inmuta.

DE

SED

(2006)

WHEN I AM AMONG THE TREES

When I am among the trees,
especially the willows and the honey locust,
equally the beech, the oaks and the pines,
they give off such hints of gladness.
I would almost say that they save me, and daily.

I am so distant from the hope of myself,
in which I have goodness, and discernment,
and never hurry through the world
    but walk slowly, and bow often.

Around me the trees stir in their leaves
and call out, "Stay awhile."
The light flows from their branches.

And they call again, "It's simple," they say,
"and you too have come
into the world to do this, to go easy, to be filled
with light, and to shine."

CUANDO ESTOY ENTRE LOS ÁRBOLES

Cuando estoy ahí, los árboles,
sobre todo entre los sauces y los algarrobos de miel,
también las hayas, los robles y los pinos,
sueltan tantos indicios de alegría.
Casi diría que me salvan, y a diario.

Disto tanto de la esperanza de mí misma
en la que tengo bondad, y criterio,
y nunca me apresuro por el mundo
    sino que ando despacio y me inclino a menudo.

A mi alrededor los árboles se revuelven en sus hojas
 y llaman, «Quédate un rato».
La luz fluye de sus ramas.

Y vuelven a llamar, «Es sencillo», dicen,
«y tú también has venido
al mundo a hacer esto, ir a gusto, llenarte
de luz y resplandecer».

"As long as we are able to
be extravagant we will be
hugely and damply
extravagant. Then we will drop
foil by foil to the ground. This
is our unalterable task, and we do it
joyfully."

And they went on. "Listen,
the heart-shackles are not, as you think,
death, illness, pain,
unrequited hope, not loneliness, but

lassitude, rue, vainglory, fear, anxiety,
selfishness."

Their fragrance all the while rising
from their blind bodies, making me
spin with joy.

CUANDO LAS ROSAS HABLAN, PRESTO ATENCIÓN

«En la medida en que seamos capaces
de ser extravagantes seremos
extremada y húmedamente
extravagantes. Luego nos caeremos
capa a capa al suelo. Esta
es nuestra tarea inalterable, y la hacemos
llenas de júbilo».

Y siguieron. «Escucha,
las cadenas del alma no son, como creéis,
la muerte, la enfermedad, el dolor,
la esperanza no retribuida, no la soledad, sino

la lasitud, la pena, la vanagloria, el miedo, la ansiedad,
el egoísmo».

Su fragancia todo el tiempo surgiendo
de sus cuerpos ciegos, haciéndome
dar vueltas de alegría.

SIX RECOGNITIONS OF THE LORD

1.

I know a lot of fancy words.
I tear them from my heart and my tongue.
Then I pray.

2.

Lord God, mercy is in your hands, pour
me a little. And tenderness too. My
need is great. Beauty walks so freely
and with such gentleness. Impatience puts
a halter on my face and I run away over
the green fields wanting your voice, your
tenderness, but having to do with only
the sweet grasses of the fields against
my body. When I first found you I was
filled with light, now the darkness grows
and it is filled with crooked things, bitter
and weak, each one bearing my name.

3.

I lounge on the grass, that's all. So
simple. Then I lie back until I am
inside the cloud that is just above me
but very high, and shaped like a fish.
Or, perhaps not. Then I enter the place
of not-thinking, not-remembering, not-
wanting. When the blue jay cries out his
riddle, in his carping voice, I return.
But I go back, the threshold is always
near. Over and back, over and back. Then

SEIS RECONOCIMIENTOS DEL SEÑOR

1.

Conozco un montón de palabras sofisticadas.
Las arranco de mi corazón y de mi lengua.
Y luego rezo.

2.

Señor Dios, la piedad está en tus manos, viérteme
un poco. Y también la ternura. Mi
necesidad es grande. La belleza anda tan libre
y con tal gentileza. La impaciencia me pone
un ronzal en la cara y corro hacia
los verdes campos esperando tu voz, tu
ternura, pero teniendo que relacionarme solo
con las dulces yerbas de los campos contra
mi cuerpo. Cuando te hallé por primera vez
me llené de luz, ahora la oscuridad aumenta
y se llena con cosas turbias, amargas
y débiles, cada una soportando mi nombre.

3.

Sesteo en la yerba, eso es todo. Así
de simple. Luego me tumbo hasta
estar dentro de la nube justo encima de mí
pero muy alta y con forma de pez.
O quizá no. Luego entro en el espacio
del no-pensamiento, no-recuerdo, no-
querer. Cuando el arrendajo azul grita
su enigma con su voz crítica, regreso.
Pero vuelvo, el umbral está siempre
cerca. Lejos y atrás, lejos y atrás. Luego

*I rise. Maybe I rub my face as though I
have been asleep. But I have not been
asleep. I have been, as I say, inside
the cloud, or, perhaps, the lily floating
on the water. Then I go back to town,
to my own house, my own life, which has
now become brighter and simpler, some-
where I have never been before.*

4.

*Of course I have always known you
are present in the clouds, and the
black oak I especially adore, and the
wings of birds. But you are present
too in the body, listening to the body,
teaching it to live, instead of all
that touching, with disembodied joy.
We do not do this easily. We have
lived so long in the heaven of touch,
and we maintain our mutability, our
physicality, even as we begin to
apprehend the other world. Slowly we
make our appreciative response.
Slowly appreciation swells to
astonishment. And we enter the dialogue
of our lives that is beyond all under-
standing or conclusion. It is mystery.
It is love of God. It is obedience.*

5.

*Oh, feed me this day, Holy Spirit, with
the fragrance of the fields and the
freshness of the oceans which you have
made, and help me to hear and to hold
in all dearness those exacting and wonderful
words of our Lord Christ Jesus, saying:*
Follow me.

me levanto. Quizá me froto la cara como
si hubiera dormitado. Pero no he estado
adormilada. He estado, como digo, dentro
de la nube, o quizás, he sido el lirio sobre
el agua. Luego regreso a la ciudad,
a mi propia casa, mi propia vida, que se ha
vuelto más brillante y simple, en algún
lugar donde nunca antes he estado.

4.

Por supuesto siempre he sabido que estás
presente en las nubes y en el
roble negro que tanto adoro, y en las
alas de los pájaros. Pero también estás
presente en el cuerpo, escuchándolo,
enseñándole a vivir, en lugar de todo ese
tocar, con júbilo incorpóreo.
No es algo fácil de hacer. Hemos
vivido tanto tiempo en el cielo del tacto,
y mantenemos nuestra mutabilidad, nuestra
fisicidad, aun cuando empezamos
a aprehender el otro mundo. Poco a poco
ofrecemos nuestra agradecida reacción.
Poco a poco el agradecer se torna
asombro. Y empezamos el diálogo
de nuestras vidas que está más allá del
entendimiento o la conclusión. Es misterio.
Es amor de Dios. Es obediencia.

5.

Oh, nútreme este día, Espíritu Santo, con
la fragancia de los campos y la
frescura de los océanos que tú has
creado, y ayúdame a escuchar y observar
con todo cariño esas exactas y maravillosas
palabras de nuestro Señor Jesucristo, diciendo:
Sígueme.

6.

Every summer the lilies rise
    and open their white hands until they almost
cover the black waters of the pond. And I give
    thanks but it does not seem like adequate thanks,
it doesn't seem
    festive enough or constant enough, nor does the
name of the Lord or the words of thanksgiving come
    into it often enough. Everywhere I go I am
treated like royalty, which I am not. I thirst and
    am given water. My eyes thirst and I am given
the white lilies on the black water. My heart
    sings but the apparatus of singing doesn't convey
half what it feels and means. In spring there's hope,
    in fall the exquisite, necessary diminishing, in
winter I am as sleepy as any beast in its
    leafy cave, but in summer there is
everywhere the luminous sprawl of gifts,
    the hospitality of the Lord and my
inadequate answers as I row my beautiful, temporary body
    through this water-lily world.

6.

Cada verano los lirios se alzan
    y abren sus manos blancas hasta que casi
cubren las negras aguas del estanque. Y yo doy
    las gracias pero no parecen las adecuadas,
no parecen
    bastante festivas o constantes, ni vienen
el nombre del Señor o las palabras de agradecimiento
    con frecuencia suficiente. Allá a donde voy
soy tratada cual realeza, cosa que no soy. Tengo sed
    y recibo agua. Mis ojos tienen sed y recibo
los blancos lirios en el agua oscura. Mi corazón
    canta pero el sistema del canto no expresa
ni la mitad de lo que siente y piensa. Hay esperanza
    en primavera, en otoño el exquisito, necesario decaer,
en invierno estoy tan soñolienta como cualquier bestia
    en su cueva frondosa, mas en verano se ve
por doquier la luminosa explosión de dádivas,
    la hospitalidad del Señor y mis inadecuadas
respuestas mientras llevo remando mi bello, temporal
    cuerpo por este mundo de lirios acuáticos.

GETHSEMANE

The grass never sleeps.
Or the roses.
Nor does the lily have a secret eye that shuts until morning.

Jesus said, wait with me. But the disciples slept.

The cricket has such splendid fringe on its feet,
and it sings, have you noticed, with its whole body,
and heaven knows if it ever sleeps.

Jesus said, wait with me. And maybe the stars did, maybe
the wind wound itself into a silver tree, and didn't move,
    maybe
the lake far away, where once he walked as on a
    blue pavement,
lay still and waited, wild awake.

Oh the dear bodies, slumped and eye-shut, that could not
keep that vigil, how they must have wept,
so utterly human, knowing this too
must be a part of the story.

GETSEMANÍ

La yerba nunca duerme.
Tampoco las rosas.
Ni tiene el lirio un ojo secreto que cierra hasta el alba.

Jesús dijo, velad conmigo. Mas los discípulos durmieron.

El grillo tiene ese espléndido flequillo en sus patas,
y canta, te has fijado, con su cuerpo entero,
y solo el cielo sabe si duerme alguna vez.

Jesús dijo, velad conmigo. Y quizá lo hicieron los astros, quizás
el viento se enrolló en un árbol de plata, y no se movió,
    quizás
el lago a lo lejos, donde una vez él caminó como sobre
    un pavimento azul,
se quedó quieto y veló, tremendamente despierto.

Oh los buenos cuerpos, desplomados y con ojos cerrados, que no
pudieron observar esa vigilia, cómo habrán llorado,
tan por completo humanos, sabiendo que también esto
debe ser parte de la historia.

THE POET THINKS ABOUT THE DONKEY

On the outskirts of Jerusalem
the donkey waited.
Not especially brave, or filled with understanding,
he stood and waited.

How horses, turned out into the meadow,
    leap with delight!
How doves, released from their cages,
    clatter away, splashed with sunlight!

But the donkey, tied to a tree as usual, waited.
Then he let himself be led away.
Then he let the stranger mount.

Never had he seen such crowds!
And I wonder if he at all imagined what was to happen.
Still, he was what he had always been: small, dark, obedient.

I hope, finally, he felt brave.
I hope, finally, he loved the man who rode so lightly upon him,
as he lifted one dusty hoof and stepped, as he had to, forward.

LA POETA PIENSA EN EL ASNO

En las afueras de Jerusalén
el asno aguardaba.
No especialmente valeroso ni colmado de comprensión,
ahí estaba, aguardando.

¡Cómo los caballos, sacados a los prados,
  saltan con deleite!
¡Cómo las palomas, liberadas de sus jaulas,
  revolotean, salpicadas de sol!

Pero el asno, atado como siempre a un árbol, aguardaba.
Luego dejó que se lo llevaran.
Luego dejó que se montara el extranjero.

¡Nunca había visto tales multitudes!
Y me pregunto si había imaginado lo que iba a ocurrir.
Y con todo él era lo que siempre había sido: pequeño, oscuro, obediente.

Espero que, al fin, se sintiera valeroso.
Espero que, al fin, amara al hombre que portaba tan ligero mientras
levantaba una polvorienta pezuña e iba, cual era su deber, adelante.

PRAYING

It doesn't have to be
the blue iris, it could be
weeds in a vacant lot, or a few
small stones; just
pay attention, then patch

a few words together and don't try
to make them elaborate, this isn't
a contest but the doorway

into thanks, and a silence in which
another voice may speak.

ORAR

No tiene por qué ser
el iris azul, podrían ser
yerbajos en un descampado, o unas pocas
piedrecillas; tan solo
presta atención, luego remienda

unas cuantas palabras y no intentes
sofisticarlas, esto no es
una competición sino la entrada

a dar las gracias, y un silencio en el que
quizás hable otra voz.

DOESN'T EVERY POET WRITE
A POEM ABOUT UNREQUITED LOVE?

The flowers
I wanted to bring to you,
wild and wet
from the pale dunes

and still smelling
of the summer night,
and still holding a moment or two
of the night cricket's

humble prayer,
would have been
so handsome
in your hands—

so happy—I dare to say it—
in your hands—
yet your smile
would hav been nowhere

and maybe you would have tossed them
onto the ground,
or maybe, for tenderness,
you would have taken them

into your house
and given them water
and put them in a dark corner
out of reach.

In matters of love
of this kind
there are things we long to do
but must not do.

¿NO ESCRIBE TODO POETA UN POEMA
SOBRE EL AMOR NO CORRESPONDIDO?

Las flores
   que deseaba llevarte
      silvestres y húmedas
         de las pálidas dunas

y aún fragantes
   de la noche de verano,
      y aún con un instante o dos
         de la humilde plegaria

del grillo nocturno,
   hubieran lucido
      tan hermosas
         en tus manos,

tan dichosas, diría,
   en tus manos,
      mas tu sonrisa
         no hubiera estado presente

y quizá las hubieras tirado
   al suelo,
      o quizás, por ternura,
         te las hubieras llevado

a tu casa
   para ponerlas en agua
      y dejarlas en un oscuro rincón
         fuera de alcance.

En cuestiones de amor
   de este tipo
      hay cosas que deseamos hacer
         pero que no debemos.

I would not want to see
your smile diminished.
And the flowers, anyway,
are happy just where they are,

on the pale dunes,
above the cricket's humble nest,
under the blue sky
that loves us all.

No quisiera ver
tu sonrisa apagada.
Y las flores, de todos modos,
están felices ahí donde están,

en las pálidas dunas,
más allá del nido simple del grillo,
bajo el cielo azul
que a todos nos ama.

ON THY WONDROUS WORKS
I WILL MEDITATE

(Psalm 145)

1.

All day up and down the shore the
 fine points of the waves keep on
tapping whatever is there: scatter of broken
 clams, empty jingles, old
oyster shells thick and castellated that held
 once the pale jewel of their bodies, such sweet

tongue and juice. And who do you
 think you are sauntering along
five feet up in the air, the ocean a blue fire
 around your ankles, the sun
on your face on your shoulders its golden mouth whispering
 (so it seems) you! you! you!

2.

Now the afternoon wind
 all frill and no apparent purpose
takes her cloud-shaped
 hand and touches every one of the
waves so that rapidly
 they stir the wings of the eiders they blur

the boats on their moorings; not even the rocks
 black and blunt interrupt the waves on their
way to the shore and one last swimmer (is it you?) rides
 their salty infoldings and outfoldings until,
peaked, their blue sides heaving, they pause; and God
 whistles them back; and you glide safely to shore.

ACERCA DE TUS OBRAS ASOMBROSAS
MEDITARÉ

(Salmo 145)

1.

A lo largo de la costa todo el día las
    buenas puntas de las olas van
golpeteando lo que ahí haya: añicos de rotas
    conchas, vacíos cascabeles, viejas
valvas de ostras gruesas y almenadas que un día
    sostuvieron la pálida joya de sus cuerpos, tan dulce

lengua y jugo. Y a quién crees
    que estás paseando
a cinco pies ahí en el aire, el océano un fuego azul
    alrededor de tus tobillos, el sol
en tu cara en tus hombros su boca dorada susurrando
    (según parece) *¡tú! ¡tú! ¡tú!*

2.

Ya el viento de la tarde
    todo faralá y sin propósito aparente
toma su mano con forma de
    nube y toca a cada una de las
olas de modo que rápidamente
    revuelven las alas de los eiders difuminan

a los barcos en sus amarres; ni siquiera las rocas
    negras y romas interrumpen a las olas en su
camino hacia la costa y un último nadador (¿eres tú?) monta
    sus salados pliegues y repliegues hasta que,
en el apogeo, alzándose sus costados azules, se paran; y Dios
    las reclama a silbidos; y tú te deslizas a salvo hacia la costa.

3.

One morning
    a hundred pink and cylindrical
squid lay beached their lacy faces,
    their gnarls of dimples and ropy tentacles
limp and powerless; as I watched
    the big gulls went down upon

this sweetest trash rolling
    like the arms of babies through the
swash—in a feathered dash,
    a calligraphy of delight the beaks fell
grabbing and snapping; then was left only the
    empty beach, the birds floating back over the waves.

4.

How many mysteries have you seen in your
    lifetime? How many nets pulled
full over the boat's side, each silver body
    ready or not falling into
submission? How many roses in early summer
    uncurling above the pale sands then

falling back in unfathomable
    willingness? And what can you say? Glory
to the rose and the leaf, to the seed, to the
    silver fish. Glory to time and the wild fields,
and to joy. And to grief's shock and torpor, its near swoon.

5.

So it is not hard to understand
    where God's body is, it is
everywhere and everything; shore and the vast
    fields of water, the accidental and the intended
over here, over there. And I bow down
    participate and attentive

3.

Una mañana
    unos cien calamares rosados
y cilíndricos estaban varados con su cara de encaje,
    sus nudos de rizos y tentáculos viscosos
blandos e impotentes; mientras miraba,
    las grandes gaviotas descendieron hacia

ese dulcísimo desperdicio rodando
    como brazos de bebés a través de la
resaca, en un emplumado estallido,
    caligrafía del deleite los picos cayeron
agarrando y chasqueando; luego quedó solo la
    playa vacía, las aves flotando de nuevo sobre las olas.

4.

¿Cuántos misterios has visto a lo largo
    de tu vida? ¿Cuántas redes llenas
recogidas en la borda del barco, cada cuerpo plateado
    dispuesto o no a dejarse caer
en la sumisión? ¿Cuántas rosas en el verano joven
    abriéndose por encima de las pálidas arenas

y volviéndose a caer con insondable
    voluntad? ¿Y qué se puede decir? Gloria
a la rosa y a la hoja, a la semilla, al pescado
    plateado. Gloria al tiempo y los campos silvestres,
y a la alegría. Y al sopor y el golpe de la pena, su éxtasis afín.

5.

Así que no es difícil entender
    dónde está el cuerpo de Dios, está
en todas partes y lo es todo; la costa y los vastos
    campos de agua, lo fortuito y lo intencionado
aquí y allá. Y yo hago una reverencia
    concurriendo y atenta

it is so dense and apparent. And all the same I am still
  unsatisfied. Standing
here, now, I am thinking
  not of His thick wrists and His blue
shoulders but, still, of Him. Where, do you suppose, is His
  pale and wonderful mind?

6.

I would be good—oh, I would be upright and good.
  To what purpose? To be shining not
sinful, not wringing out of the hours
  petulance, heaviness, ashes. To what purpose?
Hope of heaven? *Not that.* But to enter
  the other kingdom: grace, and imagination,

and the multiple sympathies: to be as a leaf, a rose,
  a dolphin, a wave rising
slowly then briskly out of the darkness to touch
  the limpid air, to be God's mind's
servant, loving with the body's sweet mouth—its kisses, its words—
  everything.

7.

I know a man of such
  mildness and kindness it is trying to
change my life. He does not
  preach, teach, but simply is. It is
astonishing, for he is Christ's ambassador
  truly, by rule and act. But, more,

he is kind with the sort of kindness that shines
  out, but is resolute, not fooled. He has
eaten the dark hours and could also, I think,
  soldier for God, riding out
under the storm clouds, against the world's pride and unkindness
  with both unassailable sweetness, and consoling word.

es tan denso y aparente. Y aun así estoy todavía
   insatisfecha. De pie aquí,
ahora, no estoy pensando
   en Sus gruesas muñecas y en Sus azules
hombros sino, todavía, en Él. ¿Dónde, supones, está Su
   pálida y maravillosa mente?

6.

Sería buena, oh, sería honesta y buena.
   ¿Con qué propósito? Para refulgir sin
ser pecaminosa, sin exprimir de las horas
   petulancia, pesadez, ceniza. *¿Con qué propósito?*
¿Esperanza del cielo? No es eso. Sino ingresar
   en el otro reino: la gracia, y la imaginación,

y las simpatías múltiples: ser como una hoja, una rosa,
   un delfín, una ola alzándose
de la oscuridad lenta y luego abrupta para tocar
   el aire límpido, para ser el sirviente de la mente de Dios,
amando con la dulce boca del cuerpo –sus besos, sus palabras–
   la totalidad.

7.

Conozco a un hombre de tal
   delicadeza y amabilidad que me intenta
cambiar la vida. No predica
   ni enseña sino que tan solo es.
Asombroso, pues se trata del verdadero embajador
   de Cristo, por norma y acción. Y aun más,

es amable con ese tipo de amabilidad que brilla
   pero es resuelta y no estúpida. Ha probado
las horas negras y podría también, creo,
   guerrear por Dios, aguantando
bajo nubes tormentosas, contra el orgullo y la grosería del mundo
   con dulzura inexpugnable y palabra consoladora.

8.

Every morning I want to kneel down on the golden
    cloth of the sand and say
some kind of musical thanks for
    the world that is happening again—another day—
from the shawl of wind coming out of the
    west to the firm green

flesh of the melon lately sliced open and
    eaten, its chill and ample body
flavored with mercy. I want
    to be worthy of—what? Glory? Yes, unimaginable glory.
O Lord of melons, of mercy, though I am
    not ready, nor worthy, I am climbing toward you.

8.

Cada mañana quiero arrodillarme en el manto
    dorado de la arena y dar
algún tipo de gracias musicales por
    el mundo que está ocurriendo de nuevo –otro día–,
desde el chal del viento viniendo del
    oeste a la sólida carne verde

del melón hace poco abierto y
    comido, su helado y amplio cuerpo
aromatizado con piedad. Quiero
    ser digna de ¿qué? ¿Gloria? Sí, la impensable gloria.
O Señor de los melones, de la piedad, aunque aún
    no estoy lista ni soy digna, voy trepando hacia ti.

THE CHAT

I wish
   I were
      the yellow chat
        down in the thickets

who sings all night,
   throwing
      into the air
        praises

and panhandles,
   plaints,
      in curly phrases,
        half-rhymes,

free verse too,
   with head-dipping
      and wing-wringing,
        with soft breast

rising into the air—
   meek and sleek,
      broadcasting,
        with no time out

for pillow-rest,
   everything—
      pathos,
        thanks—

oh, Lord,
   what a lesson
      you send me
        as I stand

LA REINITA GRANDE

Quisiera
  ser
    la reinita grande
      ahí en los matorrales

cantando toda la noche,
  echando
    al aire
      plegarias

y ruegos,
  plantos,
    en frases enruladas,
      medias rimas,

también verso libre,
  con cabeza-hendiente
    y ala-estrujante
      con suave pecho

alzándose al aire,
  dócil y liso,
    transmitiendo,
      sin tiempo libre

para un descanso mullido,
  todo,
    pathos,
      gracias,

oh, Señor,
  qué lección
    me envías
      mientras sigo

listening
        to your rattling, swamp-loving chat
                singing
                        of his simple, leafy life–

how I would like to sing to you
        all night
                in the dark
                        just like that.

escuchando
    a tu vibrante reinita, amante de los humedales,
      cantando
        su simple, frondosa vida,

cómo me gustaría cantarte
    toda la noche
      en lo oscuro
        justo así.

*Another morning and I wake with thirst
for the goodness I do not have. I walk out
to the pond and all the way God has given
us such beautiful lessons. Oh Lord, I was
never a quick scholar but sulked and
hunched over my books past the hour and
the bell; grant me, in your mercy, a little
more time. Love for the earth and love for
you are having such a long conversation in
my heart. Who knows what will finally hap-
pen or where I will be sent, yet already I
have given a great many things away, ex-
pecting to be told to pack nothing, except
the prayers which, with this thirst, I am
slowly learning.*

SED

Otra mañana y me levanto con la sed de bondad que no poseo. Voy caminando hasta el estanque y todo el rato Dios nos da tantas lecciones hermosas. Oh Señor, nunca fui una estudiante aplicada pero me enfurruñé y encorvé sobre mis libros pasada la hora y la campana; concédeme, con tu piedad, un poco más de tiempo. El amor por la tierra y el amor por ti están teniendo una larga conversación en mi alma. Quién sabe lo que ocurrirá finalmente o a dónde seré enviada, aunque ya me he desprendido de muchas cosas, esperando que me digan que no hay nada que llevarse, salvo las plegarias que, con esta sed, voy poco a poco aprendiendo.

DE

POEMAS NUEVOS
Y REUNIDOS.
VOLUMEN DOS
(2005)

HUM

What is this dark hum among the roses?
The bees have gone simple, sipping,
that's all. What did you expect? Sophistication?
They're small creatures and they are
filling their bodies with sweetness, how could they not
moan in happiness? The little
worker bee lives, I have read, about three weeks.
Is that long? Long enough, I suppose, to understand
that life is a blessing. I have found them—haven't you?—
stopped in the very cups of the flowers, their wings
a little tattered—so much flying about, to the hive,
then out into the world, then back, and perhaps dancing,
should the task be to be a scout—sweet, dancing bee.
I think there isn't anything in this world I don't
admire. If there is, I don't know what it is. I
haven't met it yet. Nor expect to. The bee is small,
and since I wear glasses, so I can see the traffic and
read books, I have to
take them off and bend close to study and
understand what is happening. It's not hard, it's in fact
as instructive as anything I have ever studied. Plus, too,
it's love almost too fierce to endure, the bee
nuzzling like that into the blouse
of the rose. And the fragrance, and the honey, and of course
the sun, the purely pure sun, shining, all the while, over
all of us.

ZUMBIDO

¿Qué es este oscuro zumbido entre las rosas?
  Las abejas se han ido fácil, libando,
eso es todo. ¿Qué esperabas? ¿Sofisticación?
  Son pequeñas criaturas y están llenándose
los cuerpos con dulzor, ¿cómo podrían dejar
  de gemir de felicidad? La pequeña
abeja obrera vive, he leído, unas tres semanas.
  ¿Eso es mucho? Suficiente, imagino, para entender
que la vida es una bendición. Las he visto, tú también, ¿no?,
  detenidas en las copas de las flores, las alas
un tanto raídas –demasiado revoloteo, a la colmena
  y luego afuera al mundo, luego de regreso, y quizás bailando,
si fuera la tarea ser vigía–, dulce, danzante abeja.
  Creo que no hay nada en este mundo que no
admire. Si lo hay, no sé qué es. Aún no me
  lo he encontrado. Ni espero hacerlo. La abeja es pequeña,
y puesto que llevo gafas para ver el tráfico y
  leer libros, tengo que
sacármelas e inclinarme cerca para estudiar y
  entender lo que está pasando. No es difícil, es de hecho
tan instructivo como cualquier cosa que haya estudiado. Además
  es el amor demasiado fiero para perdurar, la abeja
hocicando así por dentro de la blusa
  de la rosa. Y la fragancia, y la miel, y por supuesto
el sol, el puramente puro sol, brillando, todo el tiempo, por
  encima de todos nosotros.

LEAD

Here is a story
to break your heart.
Are you willing?
This winter
the loons came to our harbor
and died, one by one,
of nothing we could see.
A friend told me
of one on the shore
that lifted its head and opened
the elegant beak and cried out
in the long, sweet savoring of its life
which, if you have heard it,
you know is a sacred thing,
and for which, if you have not heard it,
you had better hurry to where
they still sing.
And, believe me, tell no one
just where that is.
The next morning
this loon, speckled
and iridescent and with a plan
to fly home
to some hidden lake,
was dead on the shore.
I tell you this
to break your heart,
by which I mean only
that it break open and never close again
to the rest of the world.

GUIAR

He aquí una historia
para romperos el corazón.
¿Estáis preparados?
Este invierno
los colimbos llegaron a nuestro puerto
y murieron, uno por uno,
de nada que viéramos.
Un amigo me contó
de uno en la orilla
que levantó la cabeza y abrió
el pico elegante y chilló
en un largo y dulce saboreo de su vida,
que, si lo habéis escuchado,
sabréis que es algo sagrado,
y por el que, si no lo habéis escuchado,
tendríais que ir corriendo ahí donde
aún se canta.
Y, hacedme caso, no digáis a nadie
dónde está.
A la mañana siguiente
este colimbo, moteado
e iridiscente y con un plan
para volar de regreso
a algún lago escondido,
estaba muerto en la orilla.
Os cuento esto
para romperos el corazón,
con lo cual quiero decir
que se libere y nunca más vuelva a cerrarse
al resto del mundo.

OXYGEN

Everything needs it: bone, muscles, and even,
while it calls the earth its home, the soul.
So the merciful, noisy machine

stands in our house working away in its
lung-like voice. I hear it as I kneel
before the fire, stirring with a

stick of iron, letting the logs
lie more loosely. You, in the upstairs room,
are in your usual position, leaning on your

right shoulder which aches
all day. You are breathing
patiently; it is a

beautiful sound. It is
your life, which is so close
to my own that I would not know

where to drop the knife of
separation. And what does this have to do
with love, except

everything? Now the fire rises
and offers a dozen, singing, deep-red
roses of flame. Then it settles

to quietude, or maybe gratitude, as it feeds
as we all do, as we must, upon the invisible gift:
our purest, sweet necessity: the air.

OXÍGENO

Todo lo necesita: hueso, músculos, e incluso,
cuando llama a la tierra su hogar, el alma.
Así la compasiva, ruidosa máquina

va en nuestra casa faenando en su
voz como de pulmón. La oigo cuando me agacho
ante el fuego, removiendo con un

palo de hierro, dejando los troncos
más sueltos. Tú, en el cuarto de arriba,
estás en tu posición habitual, apoyada en tu

hombro derecho que duele
todo el día. Estás respirando
con paciencia; es un

bello sonido. Es
tu vida, tan cercana
a la mía propia que no sabría

dónde hundir el cuchillo de
la separación. ¿Y qué tiene esto que ver
con el amor, salvo

todo? Ya el fuego se aviva
y ofrece una docena de rosas cantarinas,
de un rojo oscuro. Luego reposa

en la quietud, o quizá es gratitud, mientras se nutre,
como todos hacemos y debemos, del don invisible:
nuestra necesidad más pura y dulce: el aire.

WHITE HERON RISES OVER BLACKWATER

I wonder
　　what it is
　　　　that I will accomplish
　　　　　　today

if anything
　　can be called
　　　　that marvelous word.
　　　　　　It won't be

my kind of work,
　　which is only putting
　　　　words on a page,
　　　　　　the pencil

haltingly calling up
　　the light of the world,
　　　　yet nothing appearing on paper
　　　　　　half as bright

as the mockingbird's
　　verbal hilarity
　　　　in the still unleafed shrub
　　　　　　in the churchyard—

or the white heron
　　rising
　　　　over the swamp
　　　　　　and the darkness,

his yellow eyes
　　and broad wings wearing
　　　　the light of the world
　　　　　　in the light of the world—

LA GARZA BLANCA SE ALZA SOBRE BLACKWATER

Me pregunto
    qué es
        lo que voy a lograr
            hoy

si algo
    puede llamarse
        con esa maravillosa palabra.
           No será

mi labor habitual
    consistente en poner
        palabras en una página,
           el lápiz

convocando con titubeos
    la luz del mundo
        mas nada que aparezca en el papel
           será ni la mitad de radiante

que la hilaridad verbal
    del sinsonte
        en el quieto arbusto deshojado
        del cementerio

o la blanca garza
    alzándose
        por encima de la ciénaga
        y de la oscuridad,

sus amarillos ojos
    y amplias alas llevando
        la luz del mundo
        en la luz del mundo,

ah yes, I see him.
He is exactly
the poem
I wanted to write.

ah sí, lo veo.
Es exactamente
el poema
que deseaba escribir.

HONEY LOCUST

Who can tell how lovely in June is the
honey locust tree, or why
a tree should be so sweet and live
in this world? Each white blossom
on a dangle of white flowers holds one green seed—
a new life. Also each blossom on a dangle of flowers
holds a flask
of fragrance called Heaven, *which is never sealed.*
The bees circle the tree and dive into it. They are crazy
with gratitude. They are working like farmers. They are as
happy as saints. After a while the flowers begin to
wilt and drop down into the grass. Welcome
shines in the grass.

Every year I gather
handfuls of blossoms and eat of their mealiness; the honey
melts in my mouth, the seeds make me strong,
both when they are crisp and ripe, and even at the end
when their petals have turned dull yellow.

So it is
if the heart has devoted itself to love, there is
not a single inch of emptiness. Gladness gleams
all the way to the grave.

EL ALGARROBO DE MIEL

¿Quién puede decir lo precioso que es en junio
    el algarrobo de miel, o por qué
un árbol debería ser tan dulce y vivir
    en este mundo? Cada blanca floración
en un racimo de blancas flores contiene una semilla verde,
    una nueva vida. También cada floración en un racimo de flores
        contiene un frasco
de fragancia llamado *Cielo*, nunca envasado.
    Las abejas dan vueltas al árbol y se zambullen en él. Están locas
de gratitud. Trabajan como labriegos. Son felices
    como santos. Tras un tiempo, las flores empiezan
a marchitarse y a caer en la yerba. Resplandece
    la bienvenida en la yerba.

                Cada año recojo
flores a puñados y me alimento de su melosidad; la miel
    se me funde en la boca, las semillas me fortalecen,
cuando están crujientes y maduras, e incluso al final
    cuando los pétalos se han vuelto de un amarillo apagado.

                            Así es
si el corazón se ha consagrado al amor, no hay
    ni una sola pulgada de vacío. Reluce la dicha
a lo largo del camino a la tumba.

SONG FOR AUTUMN

In the deep fall
don't you imagine the leaves think how
comfortable it will be to touch
the earth instead of the
nothingness of air and the endless
freshets of wind? And don't you think
the trees themselves, especially those with mossy,
warm caves, begin to think

of the birds that will come—six, a dozen—to sleep
inside their bodies? And don't you hear
the goldenrod whispering goodbye,
the everlasting being crowned with the first
tuffets of snow? The pond
vanishes, and the white field over which
the fox runs so quickly brings out
its blue shadows. And the wind pumps its
bellows. And at evening especially,
the piled firewood shifts a little,
longing to be on its way.

CANCIÓN PARA EL OTOÑO

En pleno otoño
   ¿no imaginas a las hojas pensando qué
cómodo será tocar
   la tierra en lugar de la
nada del aire y las incesantes
   ráfagas de viento? ¿Y no crees
que los árboles mismos, sobre todo esos con cuevas
   cálidas, musgosas, empiezan a pensar

en los pájaros que vendrán –seis, una docena– a dormir
   dentro de sus cuerpos? ¿Y no oyes
al solidago murmurando adiós,
   la siempreviva siendo coronada con los primeros
copos de nieve? El estanque
   se desvanece, y el blanco prado en el que
corre el zorro tan veloz despide
   sus sombras azules. Y el viento bombea
sus bramidos. Y al anochecer sobre todo,
   la leña apilada se mueve un poco,
deseando estar de camino.

FIREFLIES

At Blackwater
fireflies
are not even a dime a dozen—
they are free,

and each floats and turns
among the branches of the oaks
and the swamp azaleas
looking for another

as, who doesn't?
Oh, blessings
on the intimacy
inside fruition,

be it foxes
or the fireflies
or the dampness inside the petals
of a thousand flowers.

Though Eden is lost
its loveliness
remains in the heart
and the imagination;

he would take her
in a boat
over the dark water;
she would take him

to an island she knows
where the blue flag grows wild
and the grass is deep,
where the birds

LUCIÉRNAGAS

En Blackwater
las luciérnagas
no son siquiera vulgares y corrientes,
son libres

y cada una flota y gira
entre las ramas de los robles
y las azaleas pantano
buscando a otra

como, ¿quién no?
Oh, bendita sea
la intimidad
dentro de la fruición,

ya sean zorros
o las luciérnagas
o la humedad dentro de los pétalos
de un millar de flores.

Aunque el Edén se perdió
su encanto
perdura en el alma
y en la imaginación;

él la llevaría
en un bote
por el agua oscura;
ella lo llevaría

a una isla que conoce
donde el iris versicolor es silvestre
y la yerba es profunda,
donde los pájaros

perch together,
feather to feather,
on the bough.
And the fireflies,

blinking their little lights,
hurry toward one another.
And the world continues,
God willing.

se posan juntos,
pluma con pluma,
en la rama.
Y las luciérnagas

parpadeando sus lucecitas,
se apresuran unas tras otras.
Y el mundo continúa,
Dios mediante.

THE POET WITH HIS FACE IN HIS HANDS

You want to cry aloud for your
mistakes. But to tell the truth the world
doesn't need any more of that sound.

So if you're going to do it and can't
stop yourself, if your pretty mouth can't
hold it in, at least go by yourself across

the forty fields and the forty dark inclines
of rocks and water to the place where
the falls are flinging out their white sheets

like crazy, and there is a cave behind all that
jubilation and water-fun and you can
stand there, under it, and roar all you

want and nothing will be disturbed; you can
drip with despair all afternoon and still,
on a green branch, its wings just lightly touched

by the passing foil of the water, the thrush,
puffing out its spotted breast, will sing
of the perfect, stone-hard beauty of everything.

LA POETA CON LA CARA EN LAS MANOS

Quisieras gritar fuerte por tus
errores. Pero a decir verdad el mundo
ya no necesita ese sonido.

Así que si vas a hacerlo y no puedes
parar, si tu bonita boca no puede
impedirlo, al menos vete sola a través

de los cuarenta campos y las cuarenta oscuras cuestas
de piedras y agua al lugar donde
las cascadas están echando sus blancas sábanas

como locas, hay una cueva tras todo ese
alborozo de diversión acuática y puedes
estarte ahí debajo y clamar todo lo que

quieras y nada será perturbado; puedes
gotear desesperada toda la tarde y aún,
en una verde rama, sus alas apenas tocadas

por la fugaz lámina de agua, el zorzal,
hinchando el pecho moteado, cantará
la perfecta, pétrea belleza de la totalidad.

WILD, WILD

This is what love is:
the dry rose bush the gardener, in his pruning, missed
suddenly bursts into bloom.
A madness of delight; an obsession.
A holy gift, certainly.
But often, alas, improbable.

Why couldn't Romeo have settled for someone else?
Why couldn't Tristan and Isolde have refused
the shining cup
which would have left peaceful the whole kingdom?

Wild sings the bird of the heart in the forests
    of our lives.

Over and over Faust, standing in the garden, doesn't know
anything that's going to happen, he only sees
    the face of Marguerite, which is irresistible.

And wild, wild sings the bird.

LOCO, LOCO

Esto es el amor:
el seco rosal que el jardinero olvidó en la poda
y cuya floración estalló de pronto.
Una locura del deleite; una obsesión.
Un sagrado don, sin duda.
Pero a menudo, ay, improbable.

¿Por qué no pudo Romeo conformarse con otra?
¿Por qué Tristan e Isolda no pudieron rechazar
la refulgente copa
lo que hubiera pacificado el reino entero?

Loco canta el pájaro del corazón en los bosques
    de nuestras vidas.

Una y otra vez, Fausto, de pie en el jardín, no sabe
nada de lo que va a ocurrir, tan solo ve
    la cara de Marguerite, que es irresistible.

Y loco, loco canta el pájaro.

NORTH COUNTRY

In the north country now it is spring and there
is a certain celebration. The thrush
has come home. He is shy and likes the
evening best, also the hour just before
morning; in that blue and gritty light he
climbs to his branch, or smoothly
sails there. It is okay to know only
one song if it is this one. Hear it
rise and fall; the very elements of your soul
shiver nicely. What would spring be
without it? Mostly frogs. But don't worry, he

arrives, year after year, humble and obedient
and gorgeous. You listen and you know
you could live a better life than you do, be
softer, kinder. And maybe this year you will
be able to do it. Hear how his voice
rises and falls. There is no way to be
sufficiently grateful for the gifts we are
given, no way to speak the Lord's name
often enough, though we do try, and

especially now, as that dappled breast
breathes in the pines and heaven's
windows in the north country, now spring has come,
are opened wide.

PAÍS DEL NORTE

En el país del norte ya es primavera y hay
    una cierta celebración. El zorzal
ha vuelto a casa. Es tímido y le gusta más
    el atardecer, también la hora justo antes
del alba; en esa luz cruda y azul
    trepa hasta la rama, o suavemente
navega hacia allí. Está bien saber solo
    una canción si es esa. Escuchadla
subir y bajar; las mismas partículas del alma
    tiritan felices. ¿Qué sería la primavera
sin ello? Ranas, sobre todo. Pero descuidad, él

llega, año tras año, humilde y obediente
    y espléndido. Escuchas y reconoces
que podrías vivir una mejor vida, ya sea
    más leve, más gentil. Y quizá este año
serás capaz de hacerlo. Oye cómo su voz
    sube y baja. No hay manera de ser
lo bastante agradecidos por el don
    concedido, de decir el nombre de Dios
las veces necesarias, aunque lo intentamos,

sobre todo ahora, cuando el pecho moteado
    respira en los pinos y las ventanas
del cielo en el país del norte, ya en primavera,
    están abiertas de par en par.

TERNS

Don't think just now of the trudging forward of thought,
but of the wing-drive of unquestioning affirmation.

It's summer, you never saw such a blue sky,
and here they are, those white birds with quick wings,

sweeping over the waves,
chattering and plunging,

their thin beaks snapping, their hard eyes
happy as little nails.

The years to come—this is a promise—
will grant you ample time

to try the difficult steps in the empire of thought
where you seek for the shining proofs you think you must have.

But nothing you ever understand will be sweeter, or more binding,
than this deepest affinity between your eyes and the world.

The flock thickens
over the roiling, salt brightness. Listen,

maybe such devotion, in which one holds the world
in the clasp of attention, isn't the perfect prayer,

but it must be close, for the sorrow, whose name is doubt,
is thus subdued, and not through the weaponry of reason,

but of pure submission. Tell me, what else
could beauty be for? And now the tide

is at its very crown,
the white birds sprinkle down,

CHARRANES

No pienses ahora en la marcha forzada del pensamiento
sino en el alado impulso de la afirmación incondicional.

Es verano, nunca viste un cielo tan azul,
y ahí están esos blancos pájaros con alas rápidas,

barriendo sobre las olas,
parloteando y zambulléndose,

sus finos picos chascando, sus duros ojos
felices como clavitos.

En los próximos años –es una promesa–
tendrás tiempo de sobra

para probar los difíciles peldaños en el imperio del pensamiento
ahí donde buscas las refulgentes pruebas que crees que debes tener.

Pero nada de lo que puedas entender será más dulce, o más vinculante,
que esta profunda afinidad entre tus ojos y el mundo.

La bandada se espesa
sobre la claridad agitada, salina. Escucha,

quizá esa devoción, en la que uno sostiene el mundo
con la hebilla de la atención, no es la plegaria perfecta,

pero se le debe acercar, pues el dolor, cuyo nombre es duda,
se alivia con ello, y no a través del arsenal de la razón,

sino por pura obediencia. Dime si no para qué
serviría la belleza. Y ahora la marea

está en su máxima cima,
los blancos pájaros van rociando,

gathering up the loose silver, rising
as if weightless. It isn't instruction, or a parable.

It isn't for any vanity or ambition
except for the one allowed, to stay alive.

It's only a nimble frolic
over the waves. And you find, for hours,

you cannot even remember the questions
that weigh so in your mind.

reuniendo la plata dispersa, ascendiendo
como ingrávidos. No es enseñanza, ni una parábola.

No es por vanidad o ambición
salvo para la única admitida, seguir con vida.

Es solo un hábil brinco
sobre las olas. Y descubres, durante horas,

que ni siquiera recuerdas las preguntas
que pesan tanto en tu mente.

DE

IRIS SPURIA

(2004)

JUST LYING ON THE GRASS
AT BLACKWATER

I think sometimes of the possible glamour of death—
that it might be wonderful to be
lost and happy inside the green grass—
or to be the green grass!—
or, maybe the pink rose, or the blue iris,
or the affable daisy, or the twirled vine
looping its way skyward—that it might be perfectly peaceful
to be the shining lake, or the hurrying, athletic river,
or the dark shoulders of the trees
where the thrush each evening weeps himself into an ecstasy.

I lie down in the fields of goldenrod, and everlasting.
Who could find me?
My thoughts simplify. I have not done a thousand things
or a hundred things but, perhaps, a few.
As for wondering about answers that are not available except
in books, though all my childhood I was sent there
to find them, I have learned
to leave all that behind

as in summer I take off my shoes and my socks,
my jacket, my hat, and go on
happier, through the fields. The little sparrow
with the pink beak
calls out, over and over, so simply—not to me

but to the whole world. All afternoon
I grow wiser, listening to him,
soft, small, nameless fellow at the top of some weed,
enjoying his life. If you can sing, do it. If not,

even silence can feel, to the world, like happiness,
like praise,
from the pool of shade you have found beneath the everlasting.

SIMPLEMENTE ECHADA EN LA YERBA
EN BLACKWATER

Pienso a veces en el posible glamur de la muerte,
sería maravilloso perderse
feliz dentro de la yerba verde,
o ser esa misma yerba,
o quizá la rosa rosácea, o el iris azul,
o la amable margarita, o la volteante trepadora
girando de camino al cielo, sería profundamente sedante
ser el lago resplandeciente, o el río apresurado, atlético,
o los oscuros hombros de los árboles
donde cada tarde el zorzal se derrama en un éxtasis.

Yazgo en los campos de solidago y siemprevivas.
¿Quién podría encontrarme?
Mis pensamientos simplifican. No he hecho un millar de cosas
o un centenar sino, quizá, unas pocas.
En cuanto a buscar respuestas inalcanzables salvo
en los libros, aunque durante toda mi infancia me enviaron allá
para encontrarlas, ya he aprendido
a dejar todo eso atrás

tal y como en verano me quito zapatos y calcetines,
la chaqueta, el sombrero, y allá que voy
tan feliz, campo traviesa. El pequeño gorrión
con el pico rosado
llama, una y otra vez, con esa simplicidad, pero no a mí

sino al mundo entero. Toda la tarde
me vuelvo más sabia, escuchándolo,
tenue, pequeño, anónimo tipo sobre la maleza,
disfrutando de su vida. Si puedes cantar, hazlo. Si no

aun el silencio puede sentir, para el mundo, como la felicidad,
como la alabanza,
la poza de sombra que has hallado tras la siempreviva.

I walk beside the ocean, then turn and continue walking just beside the first berm, a few yards from the water which is at half tide. Eventually I find what I'm looking for, a plant green and with the flavor of raw salt, and leaves shaped like arrowheads. But before that, down the long shore, I have seen many things: shells, waves, once a pair of whimbrels, gulls and terns over the water, rabbits long-legging it through the thickets above the berm. I kneel and pick among the green leaves, not taking all of any plant but a few leaves from each, until my knapsack is filled. Keep your spinach; I'll have this. Then I stroll home. I'll cook the leaves briefly; M. and I will eat some and put the rest into the freezer, for winter. The only thing I don't know is, should the activity of this day be called labor, or pleasure?

HOJAS DE MAR

Camino junto al mar, luego giro y continúo caminando justo a lo largo de la primera berma, a unas cuantas yardas del agua que está a media marea. Al final encuentro lo que estoy buscando, una planta verde y con sabor de sal pura, y hojas con forma de punta de flecha. Pero antes de eso, en la parte baja de la larga costa, he visto muchas cosas: conchas, olas, una vez un par de zarapitos trinadores, gaviotas y charranes sobre el agua, conejos saltando a través de los matorrales en la berma. Me arrodillo y escojo entre las hojas verdes, sin llevarme ninguna planta entera sino tan solo unas cuantas hojas de cada, hasta llenar la mochila. Quédate las espinacas; yo me tomaré esto. Luego voy paseando hasta casa. Cocino un poco las hojas. M. y yo nos comeremos algunas y pondremos el resto en la nevera, para el invierno. La única cosa que no sé es si la actividad de este día debería llamarse placer o trabajo.

MORNING AT BLACKWATER

It's almost dawn
and the usual half-miracles begin
within my own personal body as the light
enters the gates of the east and climbs
into the fields of the sky, and the birds lift
their very unimportant heads from the branches
and begin to sing; and the insects too,
and the rustling leaves, and even
that most common of earthly things, the grass,
can't let it begin—another morning—without
making some comment of gladness, respiring softly
with the honey of their green bodies; and the white
blossoms of the swamp honeysuckle, hovering just where
the path and the pond almost meet,
shake from the folds of their bodies
such happiness it enters the air as fragrance,
the day's first pale and elegant affirmation.
And the old gods liked so well, they say,
the sweet odor of prayer.

MAÑANA EN BLACKWATER

Ya casi amanece
y los habituales medio milagros empiezan
dentro de mi propio cuerpo personal mientras la luz
entra por las puertas de oriente y trepa
hasta los campos del cielo, y las aves alzan
sus muy insignificantes cabezas de las ramas
y empiezan a cantar; y también los insectos,
y las hojas crujientes, e incluso
lo más común de las cosas terrenales, la yerba,
no puede dejar que empiece –otra mañana– sin
hacer algún comentario alegre, respirando suaves
con la miel de sus verdes cuerpos; y las blancas
flores de la azalea pantano, planeando justo donde
el camino y el estanque casi se tocan,
desprenden de los pliegues de sus cuerpos
tal felicidad que llena el aire como una fragancia,
la primera afirmación elegante y pálida del día.
Y a los viejos dioses les gustaba tanto, según dicen,
el dulce olor de la plegaria.

HOW WOULD YOU LIVE THEN?

What if a hundred rose-breasted grosbeaks
    flew in circles around your head? What if
the mockingbird came into the house with you and
    became your advisor? What if
the bees filled your walls with honey and all
    you needed to do was ask them and they would fill
the bowl? What if the brook slid downhill just
    past your bedroom window so you could listen
to its slow prayers as you fell asleep? What if
    the stars began to shout their names, or to run
this way and that way above the clouds? What if
    you painted a picture of a tree, and the leaves
began to rustle, and a bird cheerfully sang
    from its painted branches? What if you suddenly saw
that the silver of water was brighter than the silver
    of money? What if you finally saw
that the sunflowers, turning toward the sun all day
    and every day—who knows how, but they do it—were
more precious, more meaningful than gold?

¿CÓMO VIVIRÍAS ENTONCES?

¿Qué pasaría si cien pinzones de pecho rosado
    volaran en círculos por tu cabeza? ¿Qué pasaría
si el sinsonte viniera a casa contigo y
    se convirtiera en tu asesor? ¿Qué pasaría si
las abejas llenaran tus paredes de miel y todo
    lo que tuvieras que hacer fuera pedirles que te llenaran
el cuenco? ¿Qué pasaría si el arroyo bajara justo
    por la ventana de tu cuarto para que pudieras escuchar
sus lentas plegarias mientras te duermes? ¿Qué pasaría
    si las estrellas empezaran a gritar sus nombres, o a correr
de esta o de aquella manera por encima de las nubes? ¿Qué si
    pintaras un cuadro de un árbol, y las hojas
empezaran a crujir, y un pájaro cantara alegre
    en sus ramas pintadas? ¿Qué si de pronto vieras
que la plata del agua es más brillante que la plata
    del dinero? ¿Qué si finamente vieras
que los girasoles, volviéndose hacia el sol todo el día
    y cada día –quién sabe cómo, pero lo hacen– fueran
más preciosos, más significativos que el oro?

HOW THE GRASS AND THE FLOWERS CAME
TO EXIST, A GOD-TALE

I suppose
the Lord said:
Let there be fur upon the earth,
and let there be hair upon the earth,

and so the seeds stuttered forward into ripeness
and the roots twirled in the dark
to accomplish His desire,

and so there is clover,
and the reeds of the marshes,
and the eelgrass of the sea shallows
upon which the dainty sea brant live,

and there is the green and sturdy grass,
and the goldenrod
and the spurge and the yarrow
and the ivies and the bramble
and the blue iris

covering the earth,
thanking the Lord with their blossoms.

CÓMO LA YERBA Y LAS FLORES LLEGARON
A EXISTIR, UN CUENTO DE DIOS

Supongo
que el Señor dijo:
que haya pelaje sobre la tierra,
que haya cabello sobre la tierra,

y así las semillas balbucearon hasta madurar
y las raíces se enroscaron en la oscuridad
para cumplir Su deseo,

y así hay trébol,
y los juncos de los pantanos,
y la zostera de los mares bajos
donde vive la delicada barnacla,

y está la verde y vigorosa yerba,
y la vara de oro
y la euforbia y la milenrama
y las yedras y las zarzas
y el iris azul

cubriendo la tierra,
dando las gracias al Señor con sus floraciones.

DE

POR QUÉ ME LEVANTO TEMPRANO

TEMPRANO

(2004)

WHY I WAKE EARLY

Hello, sun in my face.
Hello, you who make the morning
and spread it over the fields
and into the faces of the tulips
and the nodding morning glories,
and into the windows of, even, the
miserable and the crotchety—

best preacher that ever was,
dear star, that just happens
to be where you are in the universe
to keep us from ever-darkness,
to ease us with warm touching,
to hold us in the great hands of light—
good morning, good morning, good morning.

Watch, now, how I start the day
in happiness, in kindness.

POR QUÉ ME LEVANTO TEMPRANO

Hola, sol en mi cara.
Hola, tú que haces la mañana
y la extiendes sobre los campos
y en los rostros de los tulipanes
y en las oscilantes glorias matutinas,
y en las ventanas de, incluso, lo
miserable y malhumorado;

el mejor predicador del mundo,
querido astro, que tan solo resulta
estar donde estás en el universo
para guardarnos de la eterna tiniebla,
para aliviarnos con caluroso tacto,
para tenernos en las grandes manos de la luz,
buenos días, buenos días, buenos días.

Mira, ahora, cómo empiezo el día
con felicidad, con merced.

SPRING AT BLACKWATER:
I GO THROUGH THE LESSONS
ALREADY LEARNED

He gave the fish
her coat of foil,
and her soft eggs.
He made the kingfisher's
quick eye
and her peerless, terrible beak.
He made the circles
of the days and the seasons
to close tightly,
and forever—

then open again.

PRIMAVERA EN BLACKWATER:
VUELVO A LAS LECCIONES
YA APRENDIDAS

Le dio al pez
su abrigo de lámina,
y sus huevos leves.
Él hizo el veloz ojo
del martín pescador
y su pico terrible, sin igual.
Hizo que los círculos
de los días y las estaciones
se estrecharan,
y para siempre,

y que luego se abrieran de nuevo.

MINDFUL

Every day
I see or I hear
something
that more or less

kills me
with delight,
that leaves me
like a needle

in the haystack
of light.
It is what I was born for—
to look, to listen,

to lose myself
inside this soft world—
to instruct myself
over and over

in joy,
and acclamation.
Nor am I talking
about the exceptional,

the fearful, the dreadful,
the very extravagant—
but of the ordinary,
the common, the very drab,

the daily presentations.
Oh, good scholar,
I say to myself,
how can you help

ATENTA

Todos los días
    veo u oigo
        algo
            que más o menos

me mata
    de gozo
        que me deja
            como una aguja

en el almiar
    de luz.
        Para eso nací,
            para mirar, escuchar,

para perderme
    en este suave mundo,
        para instruirme
            una y otra vez

en el júbilo,
    y la aclamación.
        No me refiero
          a lo excepcional,

lo terrible, lo espantoso,
    lo muy extravagante,
        sino lo ordinario,
           lo común, lo más anodino,

las representaciones diarias.
    Oh, buena estudiosa,
        me digo a mí misma,
           ¿qué podrías hacer

but grow wise
    with such teachings
       as these—
          the untrimmable light

of the world,
    the ocean's shine,
       the prayers that are made
         out of grass?

sino volverte sabia
    con enseñanzas
      como estas,
        la inextricable luz

del mundo,
    el brillo del océano,
      las plegarias hechas
      de yerba?

LINGERING IN HAPPINESS

After rain after many days without rain,
it stays cool, private and cleansed, under the trees,
and the dampness there, married now to gravity,
falls branch to branch, leaf to leaf, down to the ground

where it will disappear—but not, of course, vanish
except to our eyes. The roots of the oaks will have their share,
and the white threads of the grasses, and the cushion of moss;
a few drops, round as pearls, will enter the mole's tunnel;

and soon so many small stones, buried for a thousand years,
will feel themselves being touched.

DEMORARSE EN LA FELICIDAD

Tras la lluvia tras muchos días sin lluvia,
está fresco, solitario y limpio, bajo los árboles,
y la humedad ahí, desposada ahora con la gravedad,
cae rama a rama, hoja a hoja, abajo a la tierra

donde desaparece, pero no, por supuesto, se esfuma,
salvo a nuestros ojos. Las raíces de los árboles tendrán su parte,
y los blancos hilos de las yerbas, y la almohada del musgo;
unas pocas gotas, redondas como perlas, caerán en el túnel del topo;

y pronto tantas piedrecitas, sepultadas durante un milenio,
se sentirán tocadas.

DAISIES

It is possible, I suppose, that sometime
    we will learn everything
there is to learn: what the world is, for example,
    and what it means. I think this as I am crossing
from one field to another, in summer, and the
    mockingbird is mocking me, as one who either
knows enough already or knows enough to be
    perfectly content not knowing. Song being born
of quest he knows this: he must turn silent
    were he suddenly assaulted with answers. Instead

oh hear his wild, caustic, tender warbling ceaselessly
    unanswered. At my feet the white-petaled daisies display
the small suns of their center-piece–their, if you don't
    mind my saying so–their hearts. Of course
I could be wrong, perhaps their hearts are pale and
    narrow and hidden in the roots. What do I know.
But this: it is heaven itself to take what is given,
    to see what is plain; what the sun
lights up willingly; for example–I think this
    as I reach down, not to pick but merely to touch
the suitability of the field for the daisies, and the
    daisies for the field.

MARGARITAS

Es posible, supongo, que alguna vez
    aprendamos todo
lo que hay por aprender: lo que el mundo es, por ejemplo,
    y lo que significa. Lo pienso mientras cruzo
de un campo a otro, en verano, y el
    sinsonte se burla de mí, como quien
sabe ya bastante o sabe lo suficiente para estar
    perfectamente feliz de no saber. Habiendo nacido la canción
de la búsqueda, él lo sabe: debería guardar silencio
    si de pronto fuera acosado por respuestas. En cambio,

oh escuchad su salvaje, cáustico, tierno gorjeo siempre
    sin respuesta. A mis pies las margaritas de blancos pétalos
despliegan los solecitos de su eje, sus –si no os importa
    que lo diga así– corazones. Por supuesto que
podría equivocarme, quizás sus corazones sean pálidos y
    estrechos y estén ocultos en las raíces. Qué sé yo.
Salvo esto: es el cielo mismo tomar lo que se da,
    ver lo que es simple; lo que el sol
enciende por propia voluntad; por ejemplo, lo pienso
    mientras me agacho, no para recoger sino solo para tocar
la idoneidad del campo para las margaritas, y de las
    margaritas para el campo.

GOLDENROD, LATE FALL

This morning the goldenrod are all wearing
    their golden shirts
fresh from heaven's soft wash in the chill night.
    So it must be a celebration.
And here comes the wind, so many swinging wings!
    Has he been invited, or is he the intruder?
Invited, whisper the golden pebbles of the weeds,
    as they begin to fall

over the ground. Well, you would think the little murmurs
    of the broken blossoms would have said
otherwise, but no. So I sit down among them to
    think about it while all around me the crumbling
goes on. The weeds let down their seedy faces
    cheerfully, which is the part I like best, and certainly

it is as good as a book for learning from. You would think
    they were just going for a small sleep. You would think
they couldn't wait, it was going to be
    that snug and even, as all their lives were, full of
excitation. You would think

it was a voyage just beginning, and no darkness anywhere,
    but tinged with all necessary instruction, and light,

and all were shriven, as all the round world is,
    and so it wasn't anything but easy to fall, to whisper
Good Night.

SOLIDAGO, OTOÑO TARDÍO

Esta mañana los solidagos llevan todos
    sus camisas amarillas
frescas del suave lavado celestial en la helada de la noche.
    Así que debe ser una celebración.
¡Y aquí llega el viento, tantas alas batientes!
    ¿Ha sido invitado o es un intruso?
Invitado, susurran las doradas piedritas de la maleza,
    mientras empiezan a caer

en el suelo. Bien, pensabais que los suaves murmullos
    de las flores rotas hubieran dicho
otra cosa, pero no. Así que me siento entre ellas
    para pensar en ello mientras a mi alrededor el derrumbe
continúa. Los yerbajos inclinan sus raídas caras
    con buen humor, que es lo que más me gusta, y sin duda

es tan bueno como un libro del que aprender. Pensabais
    que solo iban a echar una cabezada. Pensabais
que no podían esperar, que iba a ser
    coser y cantar, como lo fue en sus vidas, llenas de
excitación. Pensabais

que era el principio de un viaje, sin oscuridad en ninguna parte,
    teñido de toda instrucción necesaria, y de luz,

y todo fue absuelto, como por todo lo está el mundo,
    así que no fue difícil caer, susurrar
buenas noches.

Wherever I am, the world comes after me.
It offers me its busyness. It does not believe
that I do not want it. Now I understand
why the old poets of China went so far and high
into the mountains, then crept into the pale mist.

LOS ANTIGUOS POETAS DE CHINA

Dondequiera que esté, el mundo viene tras de mí.
Me ofrece su bullicio. No se cree
que yo no lo quiero. Ahora entiendo
por qué los antiguos poetas de China se iban tan arriba
a las montañas y se deslizaban luego en la niebla pálida.

LOGOS

Why wonder about the loaves and the fishes?
If you say the right words, the wine expands.
If you say them with love
and the felt ferocity of that love
and the felt necessity of that love,
the fish explode into many.
Imagine him, speaking,
and don't worry about what is reality,
or what is plain, or what is mysterious.
If you were there, it was all those things.
If you can imagine it, it is all those things.
Eat, drink, be happy.
Accept the miracle.
Accept, too, each spoken word
spoken with love.

LOGOS

¿Por qué asombrarse de los panes y los peces?
Si dices las palabras exactas, el vino se expande.
Si las dices con amor
y la sentida ferocidad de ese amor
y la sentida necesidad de ese amor,
el pez explota en multitud.
Imaginadle hablando,
y no os preocupéis por lo que es la realidad,
o por lo que es sencillo, o lo que es misterioso.
Si estuvierais ahí, sería todo eso.
Si podéis imaginarlo, es todo eso.
Comed, bebed, sed felices.
Aceptad el milagro.
Aceptad también cada palabra dicha,
pronunciada con amor.

SNOW GEESE

Oh, to love what is lovely, and will not last!
*   What a task*
*   to ask*

of anything, or anyone,

yet it is ours,
*   and not by the century or the year, but by the hours.*

One fall day I heard
*   above me, and above the sting of the wind, a sound*
I did not know, and my look shot upward; it was

a flock of snow geese, winging it
*   faster than the ones we usually see,*
and, being the color of snow, catching the sun

so they were, in part at least, golden. I

held my breath
as we do
sometimes
to stop time
when something wonderful
has touched us

as with a match
which is lit, and bright,
but does not hurt
in the common way,
but delightfully,
as if delight
were the most serious thing
you ever felt.

GANSOS NIVALES

¡Oh amar lo que es precioso y no durará!
   Qué tarea
     preguntar

por algo o por alguien,

que sin embargo es nuestro,
   y no un siglo o un año sino solo unas horas.

Un día de otoño escuché
   sobre mí, y por encima de la punzada del viento, un sonido
que no conocía y los ojos se me levantaron; era

una bandada de gansos nivales, aleteando
   más rápido de lo que vemos habitualmente,
y, siendo del color de la nieve, cogían el sol,

así que eran, en parte al menos, dorados. Me

corté el aliento
como hacemos
a veces
para detener el tiempo
cuando algo maravilloso
nos ha conmovido

como con una cerilla
que se enciende y brilla,
pero no hace daño
de la forma usual,
sino deleitosamente
como si el deleite
fuera la cosa más seria
que jamás has sentido.

The geese
flew on.
I have never
seen them again.

Maybe I will, someday, somewhere.
Maybe I won't.
It doesn't matter.
What matters
is that, when I saw them,
I saw them
as through the veil, secretly, joyfully, clearly.

Los gansos
seguían volando.
No los he vuelto
a ver nunca más.

Quizá lo haga, algún día, en algún sitio.
Quizá no.
No importa.
Lo que importa
es que, cuando los vi,
los vi
como a través del velo, en secreto, con alegría y claridad.

AT BLACK RIVER

All day
    its dark, slick bronze soaks
        in a mossy place,
            its teeth,

a multitude
    set
        for the comedy
            that never comes—

its tail
    knobbed and shiny,
        and with a heavy-weight's punch
            packed around the bone.

In beautiful Florida
    he is king
        of his own part
            of the black river,

and from his nap
    he will wake
        into the warm darkness
            to boom, and thrust forward,

paralyzing
    the swift, thin-waisted fish,
        or the bird
            in its frilled, white gown,

that has dipped down
    from the heaven of leaves
        one last time,
            to drink.

EN BLACK RIVER

Todo el día
   su oscuro, resbaladizo bronce se empapa
      en un lugar musgoso,
         sus dientes,

una multitud
   dispuesta
      para la comedia
         que nunca llega

su cola
   nudosa y brillante,
      y con un punzón pesado
         metido en torno al hueso.

En la bella Florida
   él es el rey
      de su propia parte
         del río negro,

y de su siesta
   despertará
      a la cálida oscuridad
         para estallar e impulsarse,

paralizando
   al ágil pez de cintura fina
      o al pájaro
         con su túnica blanca de volantes

que se ha zambullido
   desde el cielo de hojas
      una última vez,
         para beber.

Don't think
I'm not afraid.
There is such an unleashing
of horror.

Then I remember:
death comes before
the rolling away
of the stone.

No creáis
que no tengo miedo.
Hay un tal despliegue
de horror.

Luego recuerdo:
la muerte llega antes
que el rodar
de la piedra.

BEANS

They're not like peaches or squash.
Plumpness isn't for them. They
like being lean, as if for the nar-
row path. The beans themselves
sit quietly inside their green pods.
Instinctively one picks with care,
never tearing down the fine vine,
never not noticing their crisp bod-
ies, or feeling their willingness for
the pot, for the fire.

I have thought sometimes that
something—I can't name it— watch-
es as I walk the rows, accepting
the gift of their lives to assist
mine.

I know what you think: this is
foolishness. They're only vegeta-
bles. Even the blossoms with which
they begin are small and pale,
hardly significant. Our hands, or
minds, our feet hold more intelli-
gence. With this I have no quarrel.

But, what about virtue?

ALUBIAS

No son como los melocotones o los calabacines. El relleno no es para ellas. Prefieren ser magras, como para camino estrecho. Las propias alubias se sientan tranquilas dentro de sus vainas. Instintivamente una las recoge con cuidado sin romper la espléndida planta, sin dejar de notar nunca sus cuerpos crujientes o de sentir su anhelo de cazuela, de fuego.

He pensado a veces que algo –no soy capaz de nombrarlo– observa mientras camino entre los surcos, aceptando el don de sus vidas en asistir a la mía.

Ya sé lo que pensáis: es una estupidez. Son solo verduras. Incluso la floración con la que empiezan es pequeña y pálida, apenas notoria. Nuestras manos, nuestras mentes, nuestros pies implican mayor inteligencia. Esto no lo discuto.

Pero ¿qué decís de la virtud?

THE ARROWHEAD

The arrowhead,
which I found beside the river,
was glittering and pointed.
I picked it up, and said,
"Now, it's mine."
I thought of showing it to friends.
I thought of putting it—such an imposing trinket—
in a little box, on my desk.
Halfway home, past the cut fields,
the old ghost
stood under the hickories.
"I would rather drink the wind," he said,
"I would rather eat mud and die
than steal as you still steal,
than lie as you still lie."

PUNTA DE FLECHA

La punta de flecha,
que encontré junto al río,
era resplandeciente y puntiaguda.
La recogí y dije,
«Ya es mía».
Pensé en enseñarla a los amigos.
Pensé en meterla –qué grandiosa bagatela–
en una cajita, encima de mi escritorio.
A mitad de camino a casa, pasados los campos segados,
el viejo fantasma
estaba entre los nogales.
«Antes me bebería el viento», dijo,
«antes me comería el lodo y moriría
que robar como robas aún,
que mentir como mientes aún».

WHERE DOES THE TEMPLE BEGIN,
WHERE DOES IT END?

There are things you can't reach. But
you can reach out to them, and all day long.

The wind, the bird flying away. The idea of God.

And it can keep you as busy as anything else, and happier.

The snake slides away; the fish jumps, like a little lily,
out of the water and back in; the goldfinches sing
*   from the unreachable top of the tree.*

I look; morning to night I am never done with looking.

Looking I mean not just standing around, but standing around
*   as though with your arms open.*

And thinking: maybe something will come, some
*   shining coil of wind,*
*   or a few leaves from any old tree—*
*   they are all in this too.*

And now I will tell you the truth.
Everything in the world
comes.

At least, closer.

And, cordially.

Like the nibbling, tinsel-eyed fish; the unlooping snake.
Like goldfinches, little dolls of gold
fluttering around the corner of the sky

of God, the blue air.

¿DÓNDE EMPIEZA EL TEMPLO
Y DÓNDE ACABA?

Hay cosas que no puedes alcanzar. Pero
puedes acercarte a ellas, y durante todo el día.

El viento, el pájaro volando. La idea de Dios.

Y puede tenerte tan ocupada como cualquier cosa, y más feliz.

La serpiente se desliza; el pez salta, como un pequeño lirio,
fuera del agua y adentro; el jilguero canta
    desde la inalcanzable copa del árbol.

Miro; desde la mañana a la noche nunca me canso de mirar.

Por mirar quiero decir no solo estar ahí, sino estar
    como con los brazos abiertos.

Y pensando: quizá algo vendrá, alguna
    refulgente espiral de viento,
    o unas pocas hojas de cualquier árbol viejo,
      todos están también en esto.

Y ahora os voy a decir la verdad.
Todo en el mundo
llega.

Al menos, muy cerca.

Y cordial

Como el mordisqueante pez de ojo escarchado; la serpiente
                              desenrollándose.
Como los jilgueros, muñequitos de oro
aleteando en torno al rincón del cielo

de Dios, el aire azul.

DE

LARGA VIDA
(2004)

JUST AS THE CALENDAR BEGAN
TO SAY SUMMER

I *went out of the schoolhouse fast*
and through the gardens and to the woods,
and spent all summer forgetting what I'd been taught—

two times two, and diligence, and so forth,
how to be modest and useful, and how to succeed and so forth,
machines and oil and plastic and money and so forth.

By fall I had healed somewhat, but was summoned back
to the chalky rooms and the desks, to sit and remember

the way the river kept rolling its pebbles,
the way the wild wrens sang though they hadn't a penny in the
     bank,
the way the flowers were dressed in nothing but light.

JUSTO CUANDO EL CALENDARIO EMPEZABA
A DECIR VERANO

Salí rápido de la escuela
y a través de los jardines y los bosques
y me pasé todo el verano olvidando lo que me habían enseñado;

dos veces dos, y diligencia, y lo demás,
cómo ser modesta y útil, y cómo triunfar y todo eso,
máquinas y aceite y plástico y dinero y esas cosas.

En otoño de algún modo ya me había curado, pero fui convocada de
    nuevo
a las aulas de tiza y a los pupitres, a sentarme y recordar

la manera en que el río revolvía sus cantos rodados,
el modo en que el chochín salvaje canta aunque no tenga un céntimo en el
    banco,
el modo en que las flores iban vestidas de luz nada más.

CAN YOU IMAGINE?

For example, what the trees do
not only in lightning storms
or the watery dark of a summer night
or under the white nets of winter
but now, and now, and now—whenever
we're not looking. Surely you can't imagine
they just stand there looking the way they look
when we're looking; surely you can't imagine
they don't dance, from the root up, wishing
to travel a little, not cramped so much as wanting
a better view, or more sun, or just as avidly
more shade—surely you can't imagine they just
stand there loving every
minute of it; the birds or the emptiness, the dark rings
of the years slowly and without a sound
thickening, and nothing different unless the wind,
and then only in its own mood, comes
to visit, surely you can't imagine
patience, and happiness, like that.

¿OS IMAGINÁIS?

Por ejemplo, lo que hacen los árboles
no solo durante las tormentas eléctricas
o en la acuática oscuridad de una noche de verano
o bajo las blancas redes de invierno
sino ahora y ahora y ahora, cuando quiera que
no estamos mirando. Seguro que no os imagináis
que están justo ahí mirando del modo en que lo hacen
cuando estamos mirando; seguro que no os imagináis
cómo bailan, desde las raíces arriba, deseando
viajar un poco, no demasiado apretados para querer
una mejor vista, o más sol, o solo o con idéntica avidez
más sombra; seguro que no os imagináis
que están ahí amando cada
minuto de ello; las aves o el vacío, los oscuros anillos
de los años lentos y sin sonido
engrosando, y nada distinto salvo el viento,
y luego solo su propio ánimo, viene
de visita, seguro que no imagináis
paciencia y felicidad como esa.

SOFTEST OF MORNINGS

Softest of mornings, hello.
And what will you do today, I wonder,
    to my heart?
And how much honey can the heart stand, I wonder,
    before it must break?

This is trivial, or nothing: a snail
    climbing a trellis of leaves
        and the blue trumpets of its flowers.

No doubt clocks are ticking loudly
    all over the world.
I don't hear them. The snail's pale horns
    extend and wave this way and that
as her finger-body shuffles forward, leaving behind
    the silvery path of her slime.

Oh, softest of mornings, how shall I break this?
How shall I move away from the snail, and the flowers?
How shall I go on, with my introspective and ambitious life?

LA MÁS SUAVE DE LAS MAÑANAS

La más suave de las mañanas, salud.
¿Y qué le harás hoy, me pregunto,
    a mi corazón?
¿Y cuánta miel puede el corazón soportar, me pregunto,
    antes de romperse?

Esto es trivial, o nada: un caracol
    trepando por un emparrado
        y las azules trompetas de sus flores.

Sin duda los relojes marcan fuerte
    por todo el mundo.
Yo no los oigo. Los pálidos cuernos del caracol
    se extienden y ondean de esta manera o aquella
mientras su cuerpo filiforme se arrastra, dejando atrás
    la senda plateada de su baba.

Oh, la más suave de las mañanas, ¿cómo voy a romper esto?
¿Cómo voy a apartarme del caracol y de las flores?
¿Cómo voy a seguir con mi vida introspectiva y ambiciosa?

CARRYING THE SNAKE TO THE GARDEN

In the cellar
was the smallest snake
I have ever seen.
It coiled itself
in a corner
and watched me
with eyes
like two little stars
set into coal,
and a tail
that quivered.
One step
of my foot
and it fled
like a running shoelace,
but a scoop of the wrist
and I had it
in my hand.
I was sorry
for the fear,
so I hurried
upstairs and out the kitchen door
to the warm grass
and the sunlight
and the garden.
It turned and turned
in my hand
but when I put it down
it didn't move.
I thought
it was going to flow
up my leg
and into my pocket.
I thought, for a moment,
as it lifted its face,
it was going to sing.

And then it was gone.

LLEVANDO LA SERPIENTE AL JARDÍN

En el sótano
estaba la serpiente más pequeña
que jamás he visto.
Se enroscaba
en una esquina
y me miraba
con ojos
como dos estrellitas
engastadas en carbón,
y una cola
que temblaba.
Un paso
de mi pie
y voló
como un veloz cordón,
pero un golpe de muñeca
y ya la tenía
en la mano.
Me sabía mal
el miedo,
así que me apresuré
escaleras arriba y fuera de la cocina
a la yerba caliente
y la luz del sol
y el jardín.
Se me volvía y revolvía
en la mano
pero cuando la puse en el suelo
no se movió.
Pensé
que iba a fluir
por mis piernas
y hacia mi bolsillo.
Pensé, por un instante,
mientras alzaba la cara,
que iba a cantar.

Y luego ya no estaba.

DE

*BÚHOS Y OTRAS
FANTASÍAS*

(2003)

THE DIPPER

Once I saw
in a quick-falling, white-veined stream,
among the leafed islands of the wet rocks,
a small bird, and knew it

from the pages of a book; it was
the dipper, and dipping he was,
as well as, sometimes, on a rock-peak, starting up
the clear, strong pipe of his voice; at this,

there being no words to transcribe, I had to
bend forward, as it were,
into his frame of mind, catching
everything I could in the tone,

cadence, sweetness, and briskness
of his affirmative report.
Though not by words, it was
a more than satisfactory way to the

bridge of understanding. This happened
in Colorado
more than half a century ago—
more, certainly, than half my lifetime ago—

and, just as certainly, he has been sleeping for decades
in the leaves beside the stream,
his crumble of white bones, his curl of flesh
comfortable even so.

And still I hear him—
and whenever I open the ponderous book of riddles
he sits with his black feet hooked to the page,
his eyes cheerful, still burning with water-love—

EL MIRLO ACUÁTICO

Una vez vi
en una corriente de veloz caída y vetas blancas,
entre las islas frondosas de las rocas húmedas,
un pajarillo, y lo reconocí

por las páginas de un libro; era
el mirlo acuático, y en las aguas iba,
también, a veces, en la punta de una roca, encendía
la clara, poderosa flauta de su voz; ante eso,

no habiendo palabras que transcribir, debía
inclinarme, como si dijéramos,
hacia su marco mental, captando
todo lo que podía del tono,

la cadencia, dulzura, y frescor
de su declaración afirmativa.
Aunque sin palabras, era
una más que satisfactoria vía hacia

el puente del entendimiento. Esto ocurrió
en Colorado
hace más de medio siglo,
más, sin duda, de la mitad de mi vida;

y, también sin duda, él lleva décadas durmiendo
entre las hojas junto al arroyo,
su hojaldre de huesos blancos, su curva de carne
cómoda incluso así.

Y aún le oigo;
y siempre que abro el pesado libro de adivinanzas
él se posa con sus negras patas en la página,
los ojos brillantes, hirvientes aún de amor acuático;

and thus the world is full of leaves and feathers,
and comfort, and instruction. I do not even remember
your name, great river,
but since that hour I have lived

simply,
in the joy of the body as full and clear
as falling water; the pleasures of the mind
like a dark bird dipping in and out, tasting and singing.

y así el mundo está lleno de hojas y plumas,
y de consuelo e instrucción. Ni siquiera recuerdo
tu nombre, gran río,
pero desde ese momento he vivido

con simplicidad,
en la alegría del cuerpo tan lleno y claro
como una cascada; los placeres de la mente
como una oscura ave zambulléndose, degustando y cantando.

SPRING

All day the flicker
has anticipated
the lust of the season, by
shouting. He scouts up
tree after tree and at
a certain place begins
to cry out. My, in his
black-freckled vest, bay body with
red trim and sudden chrome
underwings, he is
dapper. Of course somebody
listening nearby
hears him; she answers
with a sound like hysterical
laughter, and rushes out into
the field where he is poised
on an old phone pole, his head
swinging, his wings
opening and shutting in a kind of
butterfly stroke. She can't
resist; they touch; they flutter.
How lightly, altogether, they accept
the great task, of carrying life
forward! In the crown of an oak
they choose a small tree-cave
which they enter with sudden quietness
and modesty. And, for a while,
the wind that can be
a knife or a hammer, subsides.
They listen
to the thrushes.
The sky is blue, or the rain
falls with its spills of pearl.
Around their wreath of darkness
the leaves of the world unfurl.

PRIMAVERA

Todo el día el carpintero escapulario
ha anticipado
el deseo de la estación mediante
gritos. Va espiando
árbol tras árbol y en
un cierto sitio empieza
a chillar. Ay, con su chaleco
de negras pecas, su cuerpo dorado con
rojos ornamentos y violento cromado
bajo las alas, está
elegante. Por supuesto alguien
escuchando cerca
la oye; ella contesta
con un sonido como una risa
histérica, y sale corriendo hacia
el campo donde él se posa
en un viejo poste de teléfono, la cabeza
meciéndose, las alas
abriéndose y cerrándose en una especie
de ataque de mariposa. Ella no puede
resistirse; se tocan; cantan.
¡Con qué levedad, al fin, aceptan
la gran tarea de llevar la vida
adelante! En la corona de un roble
eligen una pequeña cueva de árbol
en la que entran con súbito sosiego
y modestia. Y, por un rato,
el viento que puede ser
un cuchillo o un martillo, mengua.
Escuchan
a los zorzales.
El cielo es azul, o la lluvia
cae con sus gotas de perla.
En torno a su guirnalda de oscuridad
las hojas del mundo se despliegan.

WHILE I AM WRITING A POEM TO CELEBRATE
SUMMER, THE MEADOWLARK BEGINS TO SING

Sixty-seven years, oh Lord, to look at the clouds,
the trees in deep, moist summer,

daisies and morning glories
opening every morning

their small, ecstatic faces—
Or maybe I should just say

how I wish I had a voice
like the meadowlark's,

sweet, clear, and reliably
slurring all day long

from the fencepost, or the long grass
where it lives

in a tiny but adequate grass hut
beside the mullein and the everlasting,

the faint-pink roses
that have never been improved, but come to bud

then open like little soft sighs
under the meadowlark's whistle, its breath-praise,

its thrill-song, its anthem, its thanks, its
alleluia. Alleluia, oh Lord.

MIENTRAS ESCRIBO UN POEMA PARA CELEBRAR
EL VERANO, EL CHIRINGÜE SABANERO EMPIEZA A CANTAR

Sesenta y siete años, oh Señor, para mirar las nubes,
los árboles en el profundo, húmedo verano,

margaritas y glorias matutinas
abriendo cada mañana

sus pequeñas, eufóricas caras;
o quizá debería decir

cómo me gustaría tener una voz
como la del chiringüe sabanero,

dulce, clara, y confiadamente
mascullando todo el día

desde el poste de la valla, o desde la alta yerba
donde vive

en una diminuta pero apropiada choza de yerba
junto al verbasco y la siempreviva,

las rosas de pálido rosáceo
que nunca han mejorado sino que al brotar

se abren como suaves y nimios suspiros
bajo el silbido del sabanero, su resuello-alabanza,

su canto-emoción, su himno, su acción de gracias, su
aleluya. Aleluya, oh Señor.

CATBIRD

He picks his pond, and the soft thicket of his world.
He bids his lady come, and she does,
      flirting with her tail.
He begins early, and makes up his song as he goes.
He does not enter a house at night, or when it rains.
He is not afraid of the wind, though he is cautious.
He watches the snake, that stripe of black fire,
      until it flows away.
He watches the hawk with her sharpest shins, aloft
      in the high tree.
He keeps his prayer under his tongue.
In his whole life he has never missed the rising of the sun.
He dislikes snow.
But a few raisins give him the greatest delight.
He sits in the forelock of the lilac, or he struts
      in its shadow.
He is neither the rare plover or the brilliant bunting,
      but as common as grass.
His black cap gives him a jaunty look, for which
      we humans have learned to tilt our caps, in envy.
When he is not singing, he is listening.
Neither have I ever seen him with his eyes closed.
Though he may be looking at nothing more than a cloud
      it brings to his mind a several dozen new remarks.
From one branch to another, or across the path,
      he dazzles with flight.
Since I see him every morning, I have rewarded myself
      the pleasure of thinking that he knows me.
Yet never, once has he answered my nod.
He seems, in fact, to find in me a kind of humor,
      I am so vast, uncertain and strange.
I am the one who comes and goes,
      and who knows why.
Will I ever understand him?

EL PÁJARO GATO GRIS

Picotea en su estanque, y en el suave matorral de su mundo.
Invita a su dama a venir, y ella viene,
    flirteando con su cola.
Empieza temprano e inventa su canción mientras marcha.
No entra en ninguna casa de noche, o cuando llueve.
No tiene miedo del viento, aunque es cauto.
Observa a la serpiente, esa raya de fuego negro,
    hasta que se escabulle.
Observa al halcón con sus agudas canillas, suspendido
    en el alto árbol.
Mantiene su plegaria bajo la lengua.
En toda su vida nunca se ha perdido la salida del sol.
No le gusta la nieve.
Solo unas pocas pasas le dan el mayor de los placeres.
Se sienta en el fleco de la lila, o se pavonea
    a su sombra.
No es ni el raro chorlito ni la brillante emberiza,
    sino que es vulgar como la yerba.
Su negra gorra le da un aspecto saleroso, del que
    nosotros los humanos hemos aprendido a ladear nuestras gorras,
                    con envidia.
Cuando no canta, escucha.
Tampoco lo he visto nunca con los ojos cerrados.
Aunque no esté mirando nada más que una nube,
    ello le trae a la mente varias docenas de nuevas cosas.
De una rama a otra, o a través del camino,
    deslumbra con el vuelo.
Puesto que lo veo cada mañana, me he concedido
    el placer de pensar que me conoce.
Mas nunca, ni una sola vez ha contestado a mi señal.
Parece, de hecho, hallar en mí una especie de humor,
    siendo yo tan vasta, incierta y extraña.
Yo soy la que va y viene,
    y quién sabe por qué.
¿Algún día le entenderé?

Certainly he will never understand me, or the world
  I come from.
For he will never sing for the kingdom of dollars.
For he will never grow pockets in his gray wings.

No hay duda de que él nunca me entenderá a mí, o al mundo
del que procedo.
Pues él nunca cantará para el reino de los dólares.
Pues él nunca sacará bolsillos en sus alas grises.

BACKYARD

I had no time to haul out all
the dead stuff so it hung, limp
or dry, wherever the wind swung it

over or down or across. All summer
it stayed that way, untrimmed, and
thickened. The paths grew
damp and uncomfortable and mossy until
nobody could get through but a mouse or a

shadow. Blackberries, ferns, leaves, litter
totally without direction management
supervision. The birds loved it.

JARDÍN TRASERO

No tuve tiempo de arrancar todo
lo muerto, así que ahí quedó, flácido
o seco, allá donde el viento lo mecía

arriba o abajo o al través. Todo el verano
estuvo así, sin podar, y
creciendo. Los senderos se volvieron
húmedos e incómodos y musgosos
y ya nadie podía atravesarlos salvo un ratón

o una sombra. Moras, helechos, hojas, restos
sin supervisión alguna de la dirección
gerencial. A los pájaros les encantó.

DE

¿QUÉ SABEMOS?

(2002)

SUMMER POEM

Leaving the house,
I went out to see

the frog, for example,
in her shining green skin;

and her eggs
like a slippery veil;

and her eyes
with their golden rims;

and the pond
with its risen lilies;

and its warmed shores
dotted with pink flowers;

and the long, windless afternoon;
and the white heron

like a dropped cloud,
taking one slow step

then standing awhile then taking
another, writing

her own softfooted poem
through the still waters.

POEMA DE VERANO

Saliendo de la casa,
me fui a ver

la rana, por ejemplo,
con su brillante piel verde;

y sus huevos
como un velo deslizante;

y sus ojos
con sus bordes dorados;

y el estanque
con sus lirios alzados;

y sus orillas cálidas
punteadas con flores rosas;

y la larga tarde sin viento;
y la blanca garza

como una nube caída,
dando un paso lento

detenida luego un rato después dando
otro, escribiendo

su propio poema de palma leve
a través de las aguas quietas.

THE LOON

Not quite four a.m., when the rapture of being alive
strikes me from sleep, and I rise
from the comfortable bed and go
to another room, where my books are lined up
in their neat and colorful rows. How

magical they are! I choose one
and open it. Soon
I have wandered in over the waves of the words
to the temple of thought.

And then I hear
outside, over the actual waves, the small,
perfect voice of the loon. He is also awake,
and with his heavy head uplifted he calls out
to the fading moon, to the pink flush
swelling in the east that, soon,
will become the long, reasonable day.

Inside the house
it is still dark, except for the pool of lamplight
in which I am sitting.

I do not close the book.

Neither, for a long while, do I read on.

EL COLIMBO

Poco antes de las cuatro a. m., cuando el arrobo de estar viva
me golpea en el sueño, y me levanto
de la cómoda cama y me voy
a otra sala, donde mis libros se alinean
en sus pulcras y coloridas hileras. ¡Qué

mágicas son! Elijo uno
y lo abro. Enseguida
estoy vagando sobre las olas de las palabras
hacia el templo del pensamiento.

                   Y entonces oigo
afuera, por encima de las olas reales, la nimia,
perfecta voz del colimbo. También está despierto,
y con su vigorosa cabeza levantada clama
a la luna menguante, al rosáceo rubor
hinchándose al este que, pronto,
se convertirá en el largo, razonable día.

                     Dentro de la casa
está oscuro aún, salvo por la poza de lámpara
en la que estoy sentada.

            No cierro el libro.

Ni tampoco, durante un buen rato, sigo leyendo.

WINTER AT HERRING COVE

Years ago,
in the bottle-green light
of the cold January sea,

two seals
suddenly appeared together
in a single uplifting wave—

each in exactly the same relaxed position—
each, like a large, black comma,
upright and staring;

it was like a painting
done twice
and, twice, tenderly.

The wave hung, then it broke apart;
its lip was lightning;
its floor was the blow of sand

over which the seals rose and twirled and were gone.
Of all the reasons for gladness,
what could be foremost of this one,

that the mind can seize both the instant and the memory!
Now the seals are no more than the salt of the sea.
If they live, they're more distant than Greenland.

But here's the kingdom we call remembrance
with its thousand iron doors
through which I pass so easily,

switching on the old lights as I go—
while the dead wind rises and the old rapture rewinds,
the stiff waters once more begin to kick and flow.

INVIERNO EN HERRING COVE

Hace años
en la luz verde botella
de un frío mar de enero,

dos focas
aparecieron de pronto juntas
en una sola ola ascendente,

cada una en la misma posición relajada,
cada una como una larga, negra coma,
erguida y contemplando;

era como una pintura
hecha dos veces
y doblemente tierna.

La ola cayó y se deshizo;
su labio era relámpago;
su suelo era el soplo de arena

sobre el que las focas se alzaron y dieron vueltas y se fueron.
¡De todas las razones para la alegría,
cuál podría ser la principal para esta

sino que la mente puede captar tanto el instante como el recuerdo!
Ahora las focas no son más que la sal del mar.
Si aún viven, están más lejos que Groelandia.

Pero aquí está el reino que llamamos remembranza
con sus miles de puertas de acero
a través de las que cruzo con tanta facilidad,

encendiendo las viejas luces a mi paso,
mientras el viento muerto sopla y el antiguo embeleso reviene,
las quietas aguas empiezan una vez más a fluir y golpear.

MINK

A mink,
   jointless as heat, was
tip-toeing along
   the edge of the creek,

which was still in its coat of snow,
   yet singing–I could hear it!–
the old song
   of brightness.

It was one of those places,
   turning and twisty,
that Ruskin might have painted, though
   he didn't. And there were trees
leaning this way and that,
   seed-beaded

buckthorn mostly, but at the moment
   no bird, the only voice
that of the covered water–like a long,
   unknotted thread, it kept
slipping through. The mink
   had a hunger in him

bigger than his shadow, which was gathered
   like a sheet of darkness under his
neat feet which were busy
   making dents in the snow. He sniffed
slowly and thoroughly in all
   four directions, as though

it was a prayer to the whole world, as far
   as he could capture its beautiful
smells–the iron of the air, the blood
   of necessity. Maybe, for him, even

VISÓN

Un visón,
    compacto como el calor, iba
de puntillas a lo largo
    del filo del arroyo,

que aún llevaba su manto de nieve,
    pero cantando –¡yo lo oía!–
la vieja canción
    de la claridad.

Era uno de esos lugares,
    cambiantes y sinuosos,
que Ruskin podría haber pintado, aunque
    no lo hizo. Y había árboles
curvados de esa y otra forma,
    en su mayoría

espinos con abalorios, pero en ese momento
    sin pájaros, la única voz
era la del agua cubierta; como un largo,
    desanudado hilo, seguía
deslizándose por ahí. El visón
    llevaba un hambre

mayor que su sombra, recogida
    como una sábana de oscuridad bajo sus
pulcras patas, muy laboriosas
    haciendo mellas en la nieve. Olisqueaba
despacio y minucioso en
    las cuatro direcciones, como si

fuera una plegaria para el mundo entero,
    en tanto pudiera captar sus bellos
aromas; el hierro del aire, la sangre
    de la necesidad. Quizá incluso, para él,

the pink sun fading away to the edge
of the world had a smell,

of roses, or of terror, who knows
what his keen nose was
finding out. For me, it was the gift of the winter
to see him. Once, like a hot, dark-brown pillar,
he stood up—and then he ran forward, and was gone.
I stood awhile and then walked on

over the white snow: the terrible, gleaming
loneliness. It took me, I suppose,
something like six more weeks to reach
finally a patch of green, I paused so often
to be glad, and grateful, and even then carefully across
the vast, deep woods I kept looking back.

el rosado sol desvaneciéndose en el filo
    del mundo tenía un olor,

de rosas, o de terror, quién sabe
    lo que su aguda nariz estaba
averiguando. Para mí, verlo era la dádiva
    del invierno. De pronto, como un ardiente y pardo pilar,
se irguió, y luego echó a correr y ya no estaba.
    Me quedé un rato y luego empecé a caminar

sobre la blanca nieve: la terrible, refulgente
    soledad. Me llevó, creo,
algo así como seis semanas más alcanzar
    finalmente un retal de verde, me detuve a menudo
para estar contenta, agradecida, y aun entonces, con cuidado,
    a través de los vastos, hondos bosques, seguí mirando atrás.

BLUE IRIS

Now that I'm free to be myself, who am I?

Can't fly, can't run, and see how slowly I walk.

Well, I think, I can read books.

> *"What's that you're doing?"*
the green-headed fly shouts as it buzzes past.

I close the book.

Well, I can write down words, like these, softly.

"What's that you're doing?" whispers the wind, pausing
in a heap just outside the window.

Give me a little time, I say back to its staring, silver face.
It doesn't happen all of a sudden, you know.

"Doesn't it?" says the wind, and breaks open, releasing
distillation of blue iris.

And my heart panics not to be, as I long to be,
the empty, waiting, pure, speechless receptacle.

IRIS SPURIA

Ahora que me siento libre para ser yo misma, ¿quién soy?

No puedo volar, no puedo correr, y ved qué despacio camino.

Bueno, me digo, puedo leer libros.

«¿Qué es eso que estás haciendo?»,
grita la mosca de cabeza verde cuando pasa zumbando.

Cierro el libro.

Bien, puedo escribir palabras como estas, tranquilamente.

«¿Qué es eso que estás haciendo?», susurra el viento, parándose
en un remolino justo fuera de la ventana.

Dame un poco de tiempo, contesto a su rostro fijo, plateado.
Sabes, no viene de golpe.

«¿Ah, no?», contesta el viento, y se abre, liberando
una destilación de iris spuria.

Y mi corazón entra en pánico al no ser, como yo quisiera,
el vacío, paciente, puro y mudo receptáculo.

YOU ARE STANDING AT THE EDGE
OF THE WOODS

You are standing at the edge of the woods
at twilight
when something begins
to sing, like a waterfall

pouring down
through the leaves. It is
the thrush.
And you are just

sinking down into your thoughts,
taking in
the sweetness of it–those chords,
those pursed twirls–when you hear

out of the same twilight
the wildest red outcry. It pitches itself
forward, it flails and scabs
all the surrounding space with such authority

you can't tell
whether it is crying out on the
scarp of victory, with its hooked foot
dabbed into some creature that now

with snapped spine
lies on the earth–or whether
it is such a struck body itself, saying
goodbye.

The thrush
is silent then, or perhaps
has flown away.
The dark grows darker.

ESTÁS AL FILO
DE LOS BOSQUES

Estás al filo de los bosques
durante el ocaso
cuando algo empieza
a cantar, como una cascada

vertiéndose
a través de las hojas. Es
el zorzal.
Y tú estás simplemente

sumida en tus pensamientos,
absorbiendo
la dulzura de ello –esos acordes,
esas rugosas piruetas– cuando oyes,

surgiendo del mismo ocaso,
el más salvaje alarido rojo. Sale
despedido, se sacude y recubre
todo el espacio alrededor con tal autoridad

que no se puede distinguir
si es un alarido en el
escarpe de la victoria, con el garfio de su pata
clavado en alguna criatura que ahora

con el espinazo roto
yace en tierra; o si es
del propio cuerpo afectado, diciendo
adiós.

El zorzal
está ahora callado, o quizás
se ha ido volando.
La oscuridad se vuelve más oscura.

371

The moon,
in its shining white blouse,
rises.
And whatever that wild cry was

it will always remain a mystery
you have to go home now and live with,
sometimes with the ease of music, and sometimes in silence,
for the rest of your life.

La luna,
con su resplandeciente blusa blanca,
sale.
Y fuera lo que fuese ese grito salvaje

quedará siempre como un misterio
con el que ahora tienes que irte a casa y vivir con él,
a veces con el alivio de la música y otras en silencio,
para el resto de tu vida.

THE ROSES

All afternoon I have been walking over the dunes,
hurrying from one thick raft of the wrinkled, salt
roses to another, leaning down close to their dark
or pale petals, red as blood or white as snow. And
now I am beginning to breathe slowly and evenly—
the way a hunted animal breathes, finally, when it
has galloped, and galloped—when it is wrung dry,
but, at last, is far away, so the panic begins to drain
from the chest, from the wonderful legs, and the
exhausted mind.

Oh sweetness pure and simple, may I join you?

I lie down next to them, on the sand. But to tell
about what happens next, truly I need help.

Will somebody or something please start to sing?

LAS ROSAS

He estado toda la tarde caminando por las dunas,
pasando de un espeso matorral de rosas sali-
nas y rugosas a otro, acercándome a sus pétalos
oscuros o pálidos, rojos como sangre o blancos
como nieve. Y ahora empiezo a respirar poco
a poco y regularmente –a la manera de un ani-
mal cazado, al fin, después de haber galopado
y galopado–, cuando ya está bien escurrido,
mas, por fin, muy lejos, de modo que el páni-
co empieza a drenarse del pecho, de las mara-
villosas piernas y de la mente exhausta.

Oh dulzura pura y simple, ¿puedo unirme a ti?

Me tumbo junto a ellas, en la arena. Pero para
contar lo que ocurre luego, de verdad necesi-
to ayuda.

¿Podría por favor alguien empezar a cantar?

STONES

The white stones were mountains, then they went traveling.
The pink stones also were part of a mountain before
the glacier's tongue gathered them up.
Now they lie resting under the waves.
The green stones are lovelier than the blue stones, I thought
    for a little while,
then I changed my mind.
Stones born of the sediments tell what ooze floated down
    the outwash once.
Stones born of the fire have red stars inside their bodies,
    and seams of white quartz.
Also I admire the heft, and the circularities
as they lie without wrists or ankles just under the water.
Also I imagine how they lie quietly all night
under the moon and whatever passes overhead—say, the floating
    lily of the night-heron.
It is apparent also how they lie relaxed under the sun's
    golden ladders.
Each one is a slow-wheeler.
Each one is a tiny church, locked up tight.
Each one is perfect—but none of them is ready quite yet
to come to the garden, to raise corn
or the bulb of the iris.
If I lived inland I would want to take one or two home with me
just to look at in that long life of dust and grass,
but I hope I wouldn't.
I hope I wouldn't take even one like a seed from the sunflower's face,
like an ant's white egg from the warm nursery under the hill.
I hope I would leave them, in the perfect balance of things,
in the clear body of the sea.

PIEDRAS

Las piedras blancas eran montañas, luego empezaron a viajar.
Las piedras rosas también eran parte de una montaña antes
de que la lengua de un glaciar las recogiera.
Ahora yacen descansando bajo las olas.
Las piedras verdes son más bonitas que las azules, pensé
    por un rato,
luego cambié de parecer.
Las piedras surgidas de los sedimentos revelan qué supuración caía
    del sandur entonces.
Las piedras surgidas del fuego tienen estrellas rojas en sus cuerpos,
    y costuras de cuarzo blanco.
También admiro el peso, y las circularidades
mientras yacen sin muñecas ni tobillos ahí bajo el agua.
También imagino cómo yacen en calma toda la noche
bajo la luna y pase lo que pase en lo alto; digamos, el flotante
    lirio de la garza nocturna.
Es manifiesto también cómo yacen relajadas bajo las doradas
    escaleras del sol.
Cada una es una lenta rodadora.
Cada una es una pequeña iglesia, bien cerrada.
Cada una es perfecta; pero ninguna de ellas está del todo preparada
para venir al jardín, para criar grano
o el bulbo del iris.
Si viviera tierra adentro me gustaría llevarme una o dos a casa
solo para contemplar ahí esa larga vida de polvo y yerba,
pero espero no hacerlo.
Espero no tener que coger ni siquiera una como una semilla de la cara
                                        de un girasol,
como el huevo blanco de una hormiga del cálido semillero bajo la colina.
Espero saber dejarlas, en el perfecto equilibrio de las cosas,
en el nítido cuerpo del mar.

ONE HUNDRED WHITE-SIDED DOLPHINS
ON A SUMMER DAY

1.

Fat,
black, slick,
galloping in the pitch
of the waves, in the pearly

fields of the sea,
they leap toward us,
they rise, sparkling, and vanish, and rise sparkling,
they breathe little clouds of mist, they lift perpetual smiles,

they slap their tails on the waves, grandmothers and grandfathers
enjoying the oldjokes,
they circle around us,
they swim with us—

2.

a hundred white-sided dolphins
on a summer day,
each one, as God himself
could not appear more acceptable,

a hundred times,
in a body blue and black threading through
the sea foam,
and lifting himself up from the opened

tents of the waves on his fishtail,
to look
with the moon of his eye
into my heart,

CIEN DELFINES DE FLANCOS BLANCOS
UN DÍA DE VERANO

1.

Gruesos,
negros, escurridizos,
galopando en lo más alto
de las olas, en los nacarados

campos del mar,
saltan hacia nosotros,
se alzan, chispeantes, y se desvanecen, y se alzan chispeantes,
respiran nubecillas de niebla, elevan perpetuas sonrisas,

sus colas restallan en las olas, abuelas y abuelos,
disfrutando de las viejas bromas,
nos circundan,
nadan con nosotros;

2.

cien delfines de flancos blancos
un día de verano,
cada uno, como Dios mismo
no podría aparecer más aceptable

un centenar de veces,
en un cuerpo azul y negro enhebrando
la espuma del mar,
y elevándose desde los abiertos

dientes de las olas con su cola de pez,
para mirar
con la luna de sus ojos
en mi corazón,

3.

and find there
pure, sudden, steep, sharp, painful
gratitude
that falls—

I don't know—either
unbearable tons
or the pale, bearable hand
of salvation

on my neck,
lifting me
from the boat's plain plank seat
into the world's

4.

unspeakable kindness.
It is my sixty-third summer on earth
and, for a moment, I have almost vanished
into the body of the dolphin,

into the moon-eye of God,
into the white fan that lies at the bottom of the sea
with everything
that ever was, or ever will be,

supple, wild, rising on flank or fishtail—
singing or whistling or breathing damply through blowhole
at top of head. Then, in our little boat, the dolphins suddenly gone,
we sailed on through the brisk, cheerful day.

3.

y ved ahí
esa pura, repentina, brusca, aguda, dolorosa
gratitud
que derrama

no sé, tanto
insoportables raudales
o la pálida, soportable mano
de la salvación

en mi cuello,
elevándome
de la tabla del asiento de la barca
a la inefable amabilidad

4.

del mundo.
Es mi verano número sesenta y tres en la tierra
y, por un instante, casi me he fundido
en el cuerpo del delfín,

en el ojo lunar de Dios,
en el blanco abanico que yace en el fondo del mar
con todo
lo que siempre fue y siempre será,

dúctil, salvaje, alzándose en el flanco o en la cola;
cantando o silbando o respirando húmedo a través del espiráculo
en la punta de la cabeza. Luego, en nuestra barquita, los delfines
de pronto idos,
navegamos a través del fresco, animado día.

DE

LA HOJA
Y LA NUBE
(2000)

FLARE

1.

Welcome to the silly, comforting poem.

It is not the sunrise,
which is a red rinse,
which is flaring all over the eastern sky;

it is not the rain falling out of the purse of God;

it is not the blue helmet of the sky afterward,

or the trees, or the beetle burrowing into the earth;

it is not the mockingbird who, in his own cadence,
will go on sizzling and clapping
from the branches of the catalpa that are thick with blossoms,
    that are billowing and shining,
        that are shaking in the wind.

2.

You still recall, sometimes, the old barn on your great-grandfather's farm, a place you visited once, and went into, all alone, while the grown-ups sat and talked in the house.

It was empty, or almost. Wisps of hay covered the floor, and some wasps sang at the windows, and maybe there was a strange fluttering bird high above, disturbed, hoo-ing a little and staring down from a messy ledge with wild, binocular eyes.

Mostly, though, it smelled of milk, and the patience of animals; the give-offs of the body were still in the air, a vague ammonia, not unpleasant.

RESPLANDOR

1.

Bienvenidos al tonto, confortante poema.

No es el amanecer,
que es una tintura roja,
que resplandece por todo el cielo oriental;

no es la lluvia cayendo del monedero de Dios;

no es el yelmo azul del cielo más tarde,

o los árboles, o el escarabajo surcando la tierra;

no es el sinsonte que, con su propia cadencia,
irá chisporroteando y aplaudiendo
en las ramas de la catalpa espesas de flores,
    que se hincha y brilla,
        que tiembla con el viento.

2.

    Recordarás, a veces, el viejo granero en la granja de tu bisabuelo,
un lugar que visitaste un día y en el que entraste, tú sola, mientras los
mayores estaban sentados y hablando en la casa.

    Estaba vacío, o casi. Briznas de heno cubrían el suelo y algunas
avispas cantaban en las ventanas, y quizás había un extraño pájaro
aleteando muy arriba, alterado, chillando un poco y mirando fijamente
abajo desde un sucio anaquel con ojos salvajes y binoculares.

    Pero sobre todo olía a leche y a la paciencia de los animales;
las emanaciones del cuerpo estaban aún en el aire, una vaga armonía,
no desagradable.

Mostly, though, it was restful and secret, the roof high up and arched, the boards unpainted and plain.

You could have stayed there forever, a small child in a corner, on the last raft of hay, dazzled by so much space that seemed empty, but wasn't.

Then—you still remember—you felt the rap of hunger—it was noon—and you turned from that twilight dream and hurried back to the house, where the table was set, where an uncle patted you on the shoulder for welcome, and there was your place at the table.

3.

Nothing lasts.
There is a graveyard where everything I am talking about is, now.

I stood there once, on the green grass, scattering flowers.

4.

Nothing is so delicate or so finely hinged as the wings
of the green moth
against the lantern
against its heat
against the beak of the crow
in the early morning.

Yet the moth has trim, and feistiness, and not a drop
    of self-pity.

Not in this world.

Pero sobre todo era un lugar sosegado y recóndito, el tejado elevado y arqueado, los tablones sin pintar, lisos.

Podrías haberte quedado ahí para siempre, una cría en una esquina, encima de la última bala de heno, deslumbrada por tanto espacio que parecía vacío pero no lo estaba.

Luego –aún lo recuerdas– sentiste la punzada del hambre –era a mediodía– y volviste de aquel sueño crepuscular y te apresuraste hacia la casa, donde la mesa estaba puesta, donde un tío te acarició el hombro para darte la bienvenida, y tu sitio estaba en la mesa.

3.

Nada perdura.
Hay un cementerio donde está todo esto de lo que hablo,
ahora.

Estuve ahí una vez, en la yerba verde, esparciendo flores.

4.

Nada es tan delicado ni está tan bien articulado como las alas
de la polilla verde
contra la lámpara
contra su calor
contra el pico del cuervo
en la madrugada.

Mas la polilla tiene prestancia y brío, y ni una sola gota
    de conmiseración por sí misma.

No en este mundo.

5.

My mother
was the blue wisteria,
my mother
was the mossy stream out behind the house,
my mother, alas, alas,
did not always love her life,
heavier than iron it was
as she carried it in her arms, from room to room,
oh, unforgettable!

I bury her
in a box
in the earth
and turn away.
My father
was a demon of frustrated dreams,
was a breaker of trust,
was a poor, thin boy with bad luck.
He followed God, there being no one else
he could talk to;

he swaggered before God, there being no one else
who would listen.
Listen,
this was his life.
I bury it in the earth.
I sweep the closets.
I leave the house.

6.

I mention them now,
I will not mention them again.

It is not lack of love
nor lack of sorrow.
But the iron thing they carried, I will not carry.

5.

Mi madre
era la glicina,
mi madre
era el arroyo musgoso ahí detrás de la casa,
mi madre, *hélas, hélas,*
no siempre amó su vida,
más pesada que el hierro
cuando la llevaba en brazos, de un cuarto a otro,
¡oh, inolvidable!

La sepulto
en una caja
en la tierra
y me vuelvo.
Mi padre
era un demonio de sueños frustrados,
era un destructor de la confianza,
era un pobre, escuálido niño con mala suerte.
Siguió a Dios, no teniendo a nadie más
con quien hablar;

se pavoneaba ante Dios, no teniendo a nadie más
que escuchara.
Escuchad,
esto era su vida.
La sepulto en la tierra.
Limpio los armarios.
Abandono la casa.

6.

Los menciono ahora,
no los mencionaré más.

No es por falta de amor
ni por falta de pena.
Pero esa cosa de hierro que ellos soportaban, no la cargaré yo.

I give them—one, two, three, four—the kiss of courtesy,
    of sweet thanks,
of anger, of good luck in the deep earth.
May they sleep well. May they soften.

But I will not give them the kiss of complicity.
I will not give them the responsibility for my life.

7.

Did you know that the ant has a tongue
with which to gather in all that it can
of sweetness?

Did you know that?

8.

The poem is not the world.
It isn't even the first page of the world.

But the poem wants to flower, like a flower.
It knows that much.

It wants to open itself,
like the door of a little temple,
so that you might step inside and be cooled and refreshed,
and less yourself than part of everything.

9.

The voice of the child crying out of the mouth of the
    grown woman
is a misery and a disappointment.
The voice of the child howling out of the tall, bearded,
    muscular man
is a misery, and a terror.

Les doy –uno, dos, tres, cuatro– el beso de cortesía,
   de dulce gratitud,
de ira, de buena suerte en lo hondo de la tierra.
Duerman bien. Alcancen la levedad.

Pero no les daré el beso de la complicidad.
No les daré la responsabilidad de mi vida.

7.

¿Sabíais que la hormiga tiene una lengua
con la que recoge en todo lo que puede
dulzura?

¿Sabíais eso?

8.

El poema no es el mundo.
No es siquiera la primera página del mundo.

Pero el poema quiere florecer, como una flor.
Sabe tanto como eso.

Quiere abrirse,
como la puerta de un pequeño templo,
para que puedas adentrarte y estar fresca y revivir,
y ser menos tú misma que parte de todo.

9.

La voz de una cría gritando por la boca de la
   mujer adulta
es una desgracia y una decepción.
La voz de un crío aullando en el alto, barbado
   hombre musculado
es una desgracia y un espanto.

10.

Therefore, tell me:
what will engage you?
What will open the dark fields of your mind,
    like a lover
        at first touching?

11.

Anyway,
there was no barn.
No child in the barn.

No uncle no table no kitchen.

Only a long lovely field full of bobolinks.

12.

When loneliness comes stalking, go into the fields, consider
the orderliness of the world. Notice
something you have never noticed before,

like the tambourine sound of the snow-cricket
whose pale green body is no longer than your thumb.

Stare hard at the hummingbird, in the summer rain,
shaking the water-sparks from its wings.

Let grief be your sister, she will whether or no.
Rise up from the stump of sorrow, and be green also,
    like the diligent leaves.

A lifetime isn't long enough for the beauty of this world
and the responsibilities of your life.

10.

Por tanto, cuéntame:
¿qué te va a atrapar?
¿Qué abrirá los oscuros campos de tu mente
    como un amante
        con la primera caricia?

11.

En cualquier caso,
no había ningún granero.
Ninguna cría en el granero.

Ningún tío ninguna mesa ninguna cocina.

Solo un largo y precioso campo lleno de chambergos.

12.

Cuando la soledad llegue acechando, sal a los campos, piensa
en la composición del mundo. Advierte
algo que nunca antes habías advertido,

como el sonido tamborileante del grillo arbóreo de la nieve
cuyo cuerpo verde pálido no es más largo que tu pulgar.

Contempla bien al colibrí, bajo la lluvia de verano,
sacudiéndose las chispas de agua de las alas.

Que la aflicción sea tu hermana, ella lo será en cualquier caso.
Levántate del tocón de la pena, y reverdece también,
    como las hojas diligentes.

Una vida entera no es lo suficientemente larga para las bellezas de este
                                                                    mundo
ni para las responsabilidades de tu vida.

Scatter your flowers over the graves, and walk away.
Be good-natured and untidy in your exuberance.

In the glare of your mind, be modest.
And beholden to what is tactile, and thrilling.

Live with the beetle, and the wind.

This is the dark bread of the poem.
This is the dark and nourishing bread of the poem.

Esparce tus flores sobre las tumbas, y vete caminando.
Sé de buena casta y desordenada en tu exuberancia.

En el resplandor de tu mente, sé modesta.
Y obligada con lo que es táctil, y excitante.

Vive con el escarabajo, y el viento.

Este es el oscuro pan del poema.
Este es el oscuro y nutritivo pan del poema.

FROM THE BOOK OF TIME

1.

I rose this morning early as usual, and went to my desk.
But it's spring,

and the thrush is in the woods,
somewhere in the twirled branches, and he is singing.

And so, now, I am standing by the open door.
And now I am stepping down onto the grass.

I am touching a few leaves.
I am noticing the way the yellow butterflies
move together, in a twinkling cloud, over the field.

And I am thinking: maybe just looking and listening
is the real work.

Maybe the world, without us,
is the real poem.

2.

For how many years have you gone through the house
*   shutting the windows,*
while the rain was still five miles away

and veering, o plum-colored clouds, to the north,
away from you

and you did not even know enough
to be sorry,

DEL LIBRO DEL TIEMPO

1.

Me levanté como siempre temprano y me fui a mi escritorio.
Pero es primavera,

y está el zorzal en los bosques,
por ahí entre las retorcidas ramas, y canta.

Y así, ahora, estoy de pie junto a la puerta abierta.
Y ya voy bajando hacia la yerba.

Toco unas pocas hojas.
Me percato de la manera en que las mariposas amarillas
se mueven juntas, en parpadeante nube, sobre el campo.

Y pienso: quizá simplemente mirar y escuchar
es el verdadero trabajo.

Quizá el mundo, sin nosotros,
es el verdadero poema.

2.

Pues cuántos años has ido por la casa
        cerrando las ventanas,
mientras la lluvia estaba aún a cinco millas

y virando, oh nubes color de ciruela, al norte,
lejos de ti

y ni siquiera sabías lo suficiente
para lamentarte,

you were glad
those silver sheets, with the occasional golden staple,

were sweeping on, elsewhere,
violent and electric and uncontrollable–

and will you find yourself finally wanting to forget
all enclosures, including

the enclosure of yourself, o lonely leaf, and will you
dash finally, frantically,

to the windows and haul them open and lean out
to the dark, silvered sky, to everything

that is beyond capture, shouting
I'm here, I'm here! Now, now, now, now, now.

3.

I dreamed
I was traveling
from one country
to another

jogging
on the back
of a white horse
whose hooves

were the music
of dust and gravel
whose halter
was made of the leafy braids

of flowers,
whose name
was Earth.
And it never

estabas contenta
de que esas sábanas plateadas, con la esporádica grapa dorada,

estuvieran barriendo, por doquier,
violentas y eléctricas e incontrolables;

y te encontrarás a ti misma finalmente queriendo olvidar
todos los cercados, incluyendo

el cercado de ti misma, oh solitaria hoja, y estallarás
finalmente, frenética,

contra las ventanas y las abrirás de golpe y te asomarás
al oscuro, argénteo cielo, a todo aquello

más allá de la captación, gritando
¡Estoy aquí, estoy aquí! Ahora, ahora, ahora, ahora.

3.

Soñé
que estaba viajando
de un país
a otro

trotando
en la grupa
de un caballo blanco
cuyas pezuñas

eran la música
del polvo y la grava
cuyo ronzal
estaba hecho de foliares trenzas

de flores,
cuyo nombre
era Tierra.
Y nunca

grew tired
though the sun
went down
like a thousand roses

and the stars
put their white faces
in front of the black branches
above us

and then
there was nothing around us
but water
and the white horse

turned suddenly
like a bolt of white cloth
opening
under the cloth-cutter's deft hands

and became
a swan.
Its red tongue
flickered out

as it perceived
my great surprise
my huge and unruly pleasure
my almost unmanageable relief. . . .

4.

" *'Whoever shall be guided so far towards the mysteries of love, by*
contemplating beautiful things rightly in due order, is approaching the
last grade. Suddenly he will behold a beauty marvellous in its nature,
that very Beauty, Socrates, for the sake of which all the earlier
hardships had been borne: in the first place, everlasting, and never
being born nor perishing, neither increasing nor diminishing;

se cansaba
aunque el sol
se ponía
como un millar de rosas

y las estrellas
ponían sus caras blancas
en frente de las negras ramas
sobre nosotros

y luego
no había nada a nuestro alrededor
salvo agua
y el caballo blanco

se volvía de pronto
como un rayo de paño blanco
abriéndose
bajo las hábiles manos del sastre

y se volvía
un cisne.
Su lengua roja
titilaba afuera

mientras percibía
mi gran sorpresa
mi enorme y rebelde placer
mi casi ingobernable alivio…

4.

«"Quienquiera que sea guiado tan lejos hacia los misterios del amor,
mediante la contemplación de bellas cosas bien dispuestas en su orden,
se está acercando al último grado. De pronto contemplará una belleza
maravillosa en su propia naturaleza, la misma belleza, Sócrates, por mor
de la cual todas las anteriores desgracias se han soportado: en primer lugar,
la duración eterna, y nunca nacer o perecer, ni aumentar ni disminuir;

secondly, not beautiful here and ugly there, not beautiful now and ugly
then, not beautiful in one direction and ugly in another direction, not
beautiful in one place and ugly in another place. Again, this beauty
will not show itself like a face or hands or any bodily thing at all, nor
as a discourse or a science, nor indeed as residing in anything, as in a
living creature or in earth or heaven or anything else, but being by
itself with itself always in simplicity; while all the beautiful things
elsewhere partake of this beauty in such manner, that when they are
born and perish it becomes neither less nor more and nothing at all
happens to it. . . .' "

5.

What secrets fly out of the earth
when I push the shovel-edge,
when I heave the dirt open?

And if there are no secrets
what is that smell that sweetness rising?

What is my name,
o what is my name
that I may offer it back
to the beautiful world?

Have I walked
long enough
where the sea breaks raspingly
all day and all night upon the pale sand?

Have I admired sufficiently the little hurricane
of the hummingbird?

the heavy
thumb
of the blackberry?

the falling star?

en segundo lugar, nada de bello aquí y feo allá, nada de bello ahora y feo luego, nada de bello en una dirección y feo en otra. De nuevo, esta belleza no se mostrará como una cara o unas manos o nada corpóreo, no como un discurso o una ciencia, tampoco como algo que reside en algún sitio, como en una criatura viva o en la tierra o en el cielo o en cualquier otra cosa, sino siendo por sí misma consigo misma y con simplicidad; mientras todas las bellas cosas en todas partes participan de esa belleza de tal manera que cuando nacen y perecen ella no se vuelve menos ni más y nada en absoluto le sucede…"».

5.

¿Qué secretos vuelan de la tierra
cuando hundo la punta de la pala,
cuando arrojo la turba?

Y si no hay secretos
¿qué es ese olor esa dulzura subiendo?

¿Cuál es mi nombre,
o cuál es mi nombre
que yo pueda ofrecer de vuelta
al mundo bello?

¿He caminado
lo suficiente
allí donde el mar rompe roncamente
todo el día y toda la noche sobre la arena pálida?

¿He admirado bastante el pequeño huracán
del colibrí?

¿el duro
pulgar
de la mora?

¿la estrella fugaz?

6.

Count the roses, red and fluttering.
Count the roses, wrinkled and salt.
Each with its yellow lint at the center.
Each with its honey pooled and ready.
Do you have a question that can't be answered?
Do the stars frighten you by their heaviness
     and their endless number?
Does it bother you, that mercy is so difficult to
     understand?
For some souls it's easy; they lie down on the sand
     and are soon asleep.
For others, the mind shivers in its glacial palace,
     and won't come.
Yes, the mind takes a long time, is otherwise occupied
than by happiness, and deep breathing.
Now, in the distance, some bird is singing.
And now I have gathered six or seven deep red,
     half-opened cups of petals between my hands,
and now I have put my face against them
and now I am moving my face back and forth, slowly,
     against them.
The body is not much more than two feet and a tongue.
Come to me, says the blue sky, and say the word.
And finally even the mind comes running, like a wild thing,
     and lies down in the sand.
Eternity is not later, or in any unfindable place.
Roses, roses, roses, roses.

7.

Even now
I remember something

the way a flower
in a jar of water

remembers its life
in the perfect garden

6.

Cuenta las rosas, rojas y palpitantes.
Cuenta las rosas, arrugadas y salinas.
Cada una con su amarilla hebra en el centro.
Cada una con su miel estancada y a punto.
¿Tienes una pregunta que no se puede responder?
¿Te asustan las estrellas con su gravedad
    y su infinito número?
¿Te molesta que la piedad sea tan difícil
    de entender?
Para algunas almas es fácil; se echan en la arena
    y pronto se duermen.
Para otros, la mente tiembla en su palacio de hielo,
    y no llega.
Sí, a la mente le lleva mucho tiempo, se ocupa de otras cosas
antes que de la felicidad y la honda respiración.
Ahora, en la distancia, algún pájaro canta.
Y acabo de recoger seis o siete puñados
de pétalos de un rojo fuerte medio abiertos
y hundo la cara en ellos
y voy moviéndola adelante y atrás, poco a poco
    ahí dentro.
El cuerpo no es mucho más que dos pies y una lengua.
Acércate, dice el cielo azul, y di la palabra.
Y finalmente incluso la mente llega corriendo, como una cosa salvaje,
    y se echa en la arena.
La eternidad no está luego, ni en ningún lugar inencontrable.
Rosas, rosas, rosas, rosas.

7.

Incluso ahora
recuerdo algo

de la manera en que una flor
en un jarro de agua

recuerda su vida
en el perfecto jardín

405

the way a flower
in a jar of water

remembers its life
as a closed seed

the way a flower
in a jar of water

steadies itself
remembering itself

long ago
the plunging roots

the gravel the rain
the glossy stem

the wings of the leaves
the swords of the leaves

rising and clashing
for the rose of the sun

the salt of the stars
the crown of the wind

the beds of the clouds
the blue dream

the unbreakable circle.

la manera en que una flor
en un jarro de agua

recuerda su vida
como semilla cerrada

la manera en que una flor
en un jarro de agua

se mantiene firme
recordándose a sí misma

hace mucho
las raíces hundidas

la grava la lluvia
el lustroso tallo

las alas de las hojas
las espadas de las hojas

alzándose y frotándose
por la rosa del sol

la sal de los astros
la corona de viento

los lechos de las nubes
el sueño azul

el círculo irrompible.

DE

VIENTO DEL OESTE
(1997)

HAVE YOU EVER TRIED TO ENTER
THE LONG BLACK BRANCHES

Have you ever tried to enter the long black branches
  of other lives—
tried to imagine what the crisp fringes, full of honey,
    hanging
from the branches of the young locust trees, in early summer,
    feel like?

Do you think this world is only an entertainment for you?

Never to enter the sea and notice how the water divides
    with perfect courtesy, to let you in!
Never to lie down on the grass, as though you were the grass!
Never to leap to the air as you open your wings over
    the dark acorn of your heart!

No wonder we hear, in your mournful voice, the complaint
    that something is missing from your life!

Who can open the door who does not reach for the latch?
Who can travel the miles who does not put one foot
    in front of the other, all attentive to what presents itself
    continually?
Who will behold the inner chamber who has not observed
    with admiration, even with rapture, the outer stone?

Well, there is time left—
fields everywhere invite you into them.

And who will care, who will chide you if you wander away
    from wherever you are, to look for your soul?

Quickly, then, get up, put on your coat, leave your desk!

HAS INTENTADO ALGUNA VEZ ENTRAR
EN LAS LARGAS RAMAS NEGRAS

¿Has intentado alguna vez entrar en las largas ramas negras
    de otras vidas;
imaginar cómo se sienten los flequillos crujientes, llenos de miel,
    colgando
de las ramas de las jóvenes acacias, a principios
    de verano?

¿Crees que este mundo es solo para ti una diversión?

¡Nunca entras en el mar y notas cómo el agua se divide
    con perfecta cortesía para dejar que entres!
¡Nunca te echas en la yerba como si fueras la yerba!
¡Nunca saltas al aire como si abrieras las alas sobre
    la oscura bellota de tu corazón!

¡No es raro que oigamos, en tu voz afligida, el lamento
    por algo que falta en tu vida!

¿Quién puede abrir la puerta a quien no alcanza el cerrojo?
¿Quién puede viajar millas sin poner un pie
    delante del otro, atento a lo que se presenta
    continuamente?
¿Quién puede contemplar la cámara interior sin observar
    con admiración, incluso con rapto, la piedra externa?

Bien, hay tiempo;
campos por doquier te invitan a entrar.

¿Y a quién le importará, quién te va a reprender si te alejas,
    de allá donde estés, para cuidar de tu alma?

¡Rápido, pues, levántate, ponte el abrigo, sal de tu escritorio!

To put one's foot into the door of the grass, which is
the mystery, which is death as well as life, and
not be afraid!

To set one's foot in the door of death, and be overcome
with amazement!

To sit down in front of the weeds, and imagine
god the ten-fingered, sailing out of his house of straw,

nodding this way and that way, to the flowers of the
present hour,

to the song falling out of the mockingbird's pink mouth,

to the tiplets of the honeysuckle, that have opened
in the night

To sit down, like a weed among weeds, and rustle in the wind!

Listen, are you breathing just a little, and calling it a life?

While the soul, after all, is only a window,
and the opening of the window no more difficult
than the wakening from a little sleep.

Only last week I went out among the thorns and said
to the wild roses:
deny me not,
but suffer my devotion.
Then, all afternoon, I sat among them. Maybe

I even heard a curl or two of music, damp and rouge red,
hurrying from their stubby buds, from their delicate watery bodies.

¡Para poner el pie en la puerta de la yerba, el
    el misterio, que es tanto la vida como la muerte, y
    no tener miedo!

¡Para poner el pie en la puerta de la muerte y desbordarte
    de asombro!

¡Para sentarte frente a la maleza e imaginar
    al dios de diez dedos zarpando de su casa de paja,

asintiendo de esta o de aquella manera a las flores
    de la hora presente,

a la canción derramándose del pico rosado del sinsonte,

a los capullos de la madreselva, que se han abierto
    de noche

para sentarse, como un yerbajo entre otros, y susurrar con el viento!

Escucha, ¿estás respirando solo un poco y llamándolo vida?

Pues el alma, después de todo, es solo una ventana,
y la apertura de la ventana no es más difícil
que despertar de un breve sueño.

No fue hasta la semana pasada que me fui entre las espinas y les dije
    a las rosas silvestres:
no me rechacéis,
mas sufrid mi devoción.
Luego, toda la tarde, me senté entre ellas. Quizás

escuché incluso un bucle o dos de música, húmedos y rojos rouge,
escapándose de sus rechonchos capullos, de sus delicados cuerpos acuosos.

For how long will you continue to listen to those dark shouters,
    caution and prudence?

Fall in! Fall in!

A woman standing in the weeds.
A small boat flounders in the deep waves, and what's coming next
    is coming with its own heave and grace.

Meanwhile, once in a while, I have chanced, among the quick things,
    upon the immutable.
What more could one ask?

And I would touch the faces of the daises,
and I would bow down
to think about it.

That was then, which hasn't ended yet.

Now the sun begins to swing down. Under the peach-light,
I cross the fields and the dunes, I follow the ocean's edge.

I climb, I backtrack.
I float.
I ramble my way home.

¿Pues cuánto tiempo más seguirás escuchando a esos oscuros gritones,
el cuidado y la prudencia?

¡Colapsad, colapsad!

Una mujer entre la maleza.
Una barquita se revuelve entre las profundas olas y lo que sigue
viene con sus propios jadeo y gracia.

Mientras, de vez en cuando, me he topado entre las cosas veloces
con lo inmutable.
¿Qué más se puede pedir?

Y tocaría la cara de las margaritas,
y me inclinaría
para pensar en ello.

Eso fue entonces, que no ha acabado aún.

Ahora el sol empieza a declinar. Bajo la luz de melocotón,
atravieso los campos y las dunas, sigo el borde del océano.

Asciendo, retrocedo.
Floto.
Voy vagando de regreso a casa.

SEVEN WHITE BUTTERFLIES

Seven white butterflies
delicate in a hurry look
how they bang the pages
    of their wings as they fly

to the fields of mustard yellow
and orange and plain
gold all eternity
    is in the moment this is what

Blake said Whitman said such
wisdom in the agitated
motions of the mind seven
    dancers floating

even as worms toward
paradise see how they banter
and riot and rise
    to the trees flutter

lob their white bodies into
the invisible wind weightless
lacy willing
    to deliver themselves unto

the universe now each settles
down on a yellow thumb on a
brassy stem now
    all seven are rapidly sipping

from the golden towers who
would have thought it could be so easy?

SIETE MARIPOSAS BLANCAS

Siete mariposas blancas
delicadas con prisa mirad
cómo chocan las páginas
de sus alas mientras vuelan

a los campos de amarillo mostaza
y naranja y simple
oro toda la eternidad
es en el momento esto es lo que

Blake dijo Whitman dijo tanta
sabiduría en los agitados
movimientos de la mente siete
danzantes flotando

aun como gusanos hacia
el paraíso ved cómo charlan
y alborotan y se alzan
a los árboles aletean

lanzan sus cuerpos blancos
al viento invisible ingrávido
encaje dispuesto
a librarse a sí mismo

al universo ya cada una se posa
en un amarillo pulgar en un
tallo chillón ya
las siete sorben rápido

de las torres amarillas ¿quién
hubiera pensado que sería tan fácil?

AT ROUND POND

owl
make your little appearance now

owl dark bird bird of gloom
messenger reminder

of death
that can't be stopped

argued with leashed put out
like a red fire but

burns as it will
owl

I have not seen you now for
too long a time don't

hide away but come flowing and clacking
the slap of your wings

your death's head
oh rise out of the thick and shaggy pines when you

look down with your
golden eyes how everything

trembles
then settles

from mere incidence into
the lush of meaning.

EN EL ESTANQUE REDONDO

búho
haz tu pequeña aparición ya

búho oscura ave ave aciaga
mensajera recuerdo

de la muerte
que no puede pararse

discutirse atarse echarse
como un fuego rojo mas

arde a su gusto
búho

no te he visto desde hace
demasiado tiempo no te

escondas ven fluyendo y chascando
el manotazo de tus alas

la cabeza de tu muerte
oh álzate de los espesos y confusos pinares cuando

miras abajo con tus
ojos dorados cómo todo

tiembla
luego reposa

de la mera incidencia
a la exuberancia del significado.

BLACK OAKS

Okay, not one can write a symphony, or a dictionary,
*   or even a letter to an old friend, full of remembrance*
*   and comfort.*

Not one can manage a single sound, though the blue jays
*   carp and whistle all day in the branches, without*
*   the push of the wind.*

But to tell the truth after a while I'm pale with longing
*   for their thick bodies ruckled with lichen*

and you can't keep me from the woods, from the tonnage
*   of their shoulders, and their shining green hair.*

Today is a day like any other: twenty-four hours, a
*   little sunshine, a little rain.*

Listen, says ambition, nervously shifting her weight from
*   one boot to another—why don't you get going?*

For there I am, in the mossy shadows, under the trees.

And to tell the truth I don't want to let go of the wrists
*   of idleness, I don't want to sell my life for money,*
*   I don't even want to come in out of the rain.*

ROBLES NEGROS

De acuerdo, ninguno puede escribir una sinfonía, o un diccionario,
ni siquiera una carta a un viejo amigo, llena de remembranzas
y consuelo.

Ninguno puede controlar un solo sonido, aunque los arrendajos azules
se quejan y silban todo el día en las ramas, sin
el empuje del viento.

Pero a decir verdad después de un tiempo estoy blanca de añoranza
por sus gruesos cuerpos llenos de líquenes rugosos

y no me podréis alejar de los bosques, del tonelaje
de sus hombros, y de su resplandeciente cabello verde.

Hoy es un día como cualquier otro: veinticuatro horas, un
poco de sol, un poco de lluvia.

Escucha, dice la ambición, cambiando nerviosa el peso
de una bota a otra, ¿por qué no avanzas?

Porque ahí estoy, en las sombras musgosas, bajo los árboles.

Y a decir verdad no quiero soltar las manos
ociosas, no quiero vender mi vida por dinero,
ni siquiera quiero venir y salirme de la lluvia.

AM I NOT AMONG THE EARLY RISERS

Am I not among the early risers
and the long-distance walkers?

Have I not stood, amazed, as I consider
the perfection of the morning star
above the peaks of the houses, and the crowns of the trees
      blue in the first light?
Do I not see how the trees tremble, as though
      sheets of water flowed over them
though it is only wind, that common thing,
      free to everyone, and everything?

Have I not thought, for years, what it would be
worthy to do, and then gone off, barefoot and with a silver pail,
      to gather blueberries,
thus coming, as I think, upon a right answer?

What will ambition do for me that the fox, appearing suddenly
at the top of the field,
her eyes sharp and confident as she stared into mine,
has not already done?

What countries, what visitations,
      what pomp
would satisfy me as thoroughly as Blackwater Woods
on a sun-filled morning, or, equally, in the rain?

Here is an amazement—once I was twenty years old and in
      every motion of my body there was a delicious ease,
and in every motion of the green earth there was
      a hint of paradise,
and now I am sixty years old, and it is the same.

NO PERTENEZCO A LOS MADRUGADORES

¿No pertenezco a los madrugadores
y a los caminantes de larga distancia?

¿No he estado ahí, asombrada, mientras considero
la perfección de la estrella matutina
sobre las cimas de las casas, y las coronas de los árboles
        azules con la primera luz?
¿No veo cómo tiemblan los árboles, como si
        sábanas de agua flotaran sobre ellos
aunque es solo viento, esa cosa común,
        libre para todos y todo?

¿No he pensado durante años qué valdría
la pena hacer y luego me he ido, descalza y con un cuenco plateado,
        a recoger moras,
llegando así, según creo, a la respuesta adecuada?

¿Qué hará la ambición por mí que la zorra, apareciendo súbito
en lo alto del campo,
sus ojos agudos y seguros mientras miraba los míos,
no haya hecho ya?

¿Qué países, qué visitas,
        qué pompas
me podrían llenar tan plenamente como los bosques de Blackwater
una mañana soleada o, da lo mismo, bajo la lluvia?

He aquí un asombro: una vez tenía yo veinte años y en
        cada movimiento de mi cuerpo había una deliciosa paz,
y en cada movimiento de la verde tierra había
        un indicio del paraíso,
y ahora tengo sesenta años, y ocurre lo mismo.

Above the modest house and the palace—the same darkness.
Above the evil man and the just, the same stars.
Above the child who will recover and the child who will
*   not recover, the same energies roll forward,*
from one tragedy to the next and from one foolishness to the next.

*   I bow down.*

Have I not loved as though the beloved could vanish at any moment,
or become preoccupied, or whisper a name other than mine
*   in the stretched curvatures of lust, or over the dinner table?*
Have I ever taken good fortune for granted?

Have I not, every spring, befriended the swarm that pours forth?
Have I not summoned the honey-man to come, to hurry,
*   to bring with him the white and comfortable hive?*

And, while I waited, have I not leaned close, to see everything?
Have I not been stung as I watched their milling and gleaming,
*   and stung hard?*

Have I not been ready always at the iron door,
*   not knowing to what country it opens—to death or to more life?*

Have I ever said that the day was too hot or too cold
or the night too long and as black as oil anyway,
or the morning, washed blue and emptied entirely
*   of the second-rate, less than happiness*

as I stepped down from the porch and set out along
the green paths of the world?

Sobre la modesta casa y el palacio, la misma oscuridad.
Sobre el hombre malvado y el justo, las mismas estrellas.
Sobre el niño que se recuperará y el que no,
    las mismas energías ruedan adelante,
de una tragedia a la otra y de una locura a la siguiente.

Me inclino.

¿No he amado como si la persona amada pudiera irse en cualquier momento,
o preocuparse, o susurrar un nombre distinto al mío
    en las largas curvaturas de la lujuria o durante la cena?
¿He dado alguna vez la buena suerte por sentada?

¿No he amigado, cada primavera, al enjambre que sigue vertiendo?
¿No he instado al apicultor a venir, a darse prisa
    en traer con él la blanca y cómoda colmena?

Y mientras esperaba, ¿no me he agachado a verlo todo?
¿No me han picado mientras miraba su fundición y su brillo,
    y picado fuerte?

¿No he estado siempre preparada en la puerta de hierro,
    sin saber a qué país da, si a la muerte o a más vida?

¿He dicho alguna vez que el día era muy caluroso o demasiado frío
o la noche demasiado larga y tan negra como el petróleo en cualquier caso,
o la mañana, de un azul lavado y vacía por completo
    de lo secundario, menos que felicidad

mientras bajaba del porche y salía
a los verdes caminos del mundo?

FOX

You don't ever know where
a sentence will take you, depending
on its roll and fold. I was walking
over the dunes when I saw
the red fox asleep under the green
branches of the pine. It flared up
in the sweet order of its being,
the tail that was over the muzzle
lifting in airy amazement
and the fire of the eyes followed
and the pricked ears and the thin
barrel body and the four
athletic legs in their black stockings and it
came to me how the polish of the world changes
everything, I was hot I was cold I was almost
dead of delight. Of course the mind keeps
cool in its hidden palace–yes, the mind takes
a long time, is otherwise occupied than by
happiness, and deep breathing. Still,
at last, it comes too, running
like a wild thing, to be taken
with its twin sister, breath. So I stood
on the pale, peach-colored sand, watching the fox
as it opened like a flower, and I began
softly, to pick among the vast assortment of words
that it should run again and again across the page
that you again and again should shiver with praise.

ZORRO

Ni siquiera sabes dónde
te va a llevar una frase, de acuerdo
con su ovillo y su pliegue. Iba caminando
por las dunas cuando vi
a un zorro rojo dormido bajo las verdes
ramas del pino. Aparecía
en el dulce orden de su ser,
la cola que estaba sobre el hocico
alzándose con aéreo asombro
y el fuego de los ojos le siguió
y las orejas puntiagudas y el fino
barril del cuerpo y las cuatro
patas atléticas con sus negras medias y se
me ocurrió cómo el bruñir del mundo todo
lo cambia, tenía calor tenía frío y estaba casi
muerta de gozo. Por supuesto, la mente se queda
fría en su oculto palacio; sí, a la mente le lleva
mucho tiempo, se ocupa de otras cosas antes
que de la felicidad y la honda respiración. Aun así,
al final, llega también, corriendo
como algo salvaje, para ser atrapado
con su hermana gemela, el aliento. Así que me quedé
en la pálida arena color melocotón, mirando al zorro
mientras se abría como una flor, y empecé
suavemente a escoger entre el vasto surtido de palabras
que debería correr una y otra vez a través de la página
que una y otra vez tú deberías temblar de admiración.

FROM "WEST WIND"

1.

If there is life after the earth-life, will you come with me?
Even then? Since we're bound to be something, why not
together. Imagine! Two little stones, two fleas under the
wing of a gull, flying along through the fog! Or, ten blades
of grass. Ten loops of honeysuckle, all flung against each
other, at the edge of Race Road! Beach plums! Snowflakes,
coasting into the winter woods, making a very small sound,
like this

soooooooooooooooooooooooooooooooooooooooooooooooo

as they marry the dusty bodies of the pitch-pines. Or, rain—
that gray light running over the sea, pocking it, lacquering
it, coming, all morning and afternoon, from the west wind's
youth and abundance and jollity—pinging and jangling
down upon the roofs of Provincetown.

DE «VIENTO DEL OESTE»

1.

Si hay vida tras la vida terrenal, ¿vas a venir conmigo?
¿Incluso entonces? Puesto que estamos obligados a ser
algo, por qué no juntos. ¡Imagínatelo! ¡Dos piedrecillas,
dos moscas bajo el ala de una gaviota, volando a través
de la niebla! O diez hojas de yerba. ¡Diez bucles de ma-
dreselva, todas enredadas entre sí, al filo de Race Road!
Copos de nieve rodando a la deriva en los bosques de
invierno, haciendo un sonido muy suave, como este

suuuuuuuuuuuuuuuuuuuuuuuuuuuuuuuuuuuuuuuuuu

mientras desposan los cuerpos polvorientos de los pinos
broncos. O lluvia, esa luz gris corriendo sobre el mar, pi-
cándolo, barnizándolo, viniendo, toda la mañana y toda la
tarde, de la juventud y la abundancia y la jovialidad del
viento del oeste; repiqueteando y tintineando sobre los
tejados de Provincetown.

9.

And what did you think love would be like?
A summer day? The brambles in their places,
and the long stretches of mud? Flowers in every
field, in every garden, with their soft beaks and
their pastel shoulders? On one street after another,
the litter ticks in the gutter. In one room
after another, the lovers meet, quarrel, sicken,
break apart, cry out. One or two leap from
windows. Most simply lean, exhausted, their
thin arms on the sill. They have done all that
they could. The golden eagle, that lives not far
from here, has perhaps a thousand tiny feathers
flowing from the back of its head, each one shaped
like an infinitely small but perfect spear.

9.

¿Y cómo creías que iba a ser el amor? ¿Un día de verano? ¿Las zarzas en su lugar y los largos tramos de barro? ¿Flores en cada campo, en cada jardín, con sus suaves bocas y sus hombros pastel? En una calle tras otra, la basura corre en la alcantarilla. En una habitación tras otra, los amantes se ven, discuten, enferman, se separan, gritan. Uno o dos saltan por las ventanas. Muchos simplemente apoyan, exhaustos, los brazos en el alféizar. Han hecho todo lo que han podido. El águila dorada, que vive no lejos de aquí, tiene quizá un millar de diminutas plumas derramándose por detrás de la cabeza, cada una con forma de una infinitamente pequeña pero perfecta lanza.

DE

PINO BLANCO
(1994)

What lay on the road was no mere handful of snake. It was the copperhead at last, golden under the street lamp. I hope to see everything in this world before I die. I knelt on the road and stared. Its head was wedge-shaped and fell back to the unexpected slimness of a neck. The body itself was thick, tense, electric. Clearly this wasn't black snake looking down from the limbs of a tree, or green snake, or the garter, whizzing over the rocks. Where these had, oh, such shyness, this one had none. When I moved a little, it turned and clamped its eyes on mine; then it jerked toward me. I jumped back and watched as it flowed on across the road and down into the dark. My heart was pounding. I stood a while, listening to the small sounds of the woods and looking at the stars. After excitement we are so restful. When the thumb of fear lifts, we are so alive.

MAYO

Lo que yacía en el camino no era un mero manojo de serpiente. Era por fin la cabeza de cobre, dorada bajo la farola. Espero verlo todo en este mundo antes de morir. Me arrodillé en el camino y observé. La cabeza tenía forma de cuña y se estiraba hacia la inesperada delgadez de un cuello. El cuerpo mismo era grueso, tenso, eléctrico. Claramente esta no era la serpiente negra mirando hacia abajo desde los miembros de un árbol, o la serpiente verde, o la culebra rayada, zumbando entre las rocas. Mientras que estas tenían, oh, tal timidez, esta no mostraba ninguna. Cuando me moví un poco, se movió y apretó sus ojos contra los míos. Salté hacia atrás y miré cómo iba fluyendo a través del camino y abajo hacia la oscuridad. El corazón me palpitaba. Me quedé un rato, escuchando los pequeños sonidos de los bosques y mirando las estrellas. Tras la excitación nos sentimos siempre tan relajados. Cuando el pulgar del miedo se alza, estamos tan vivos.

YES! NO!

How necessary it is to have opinions! I think the spotted trout lilies are satisfied, standing a few inches above the earth. I think serenity is not something you just find in the world, like a plum tree, holding up its white petals.

The violets, along the river, are opening their blue faces, like small dark lanterns.

The green mosses, being so many, are as good as brawny.

How important it is to walk along, not in haste but slowly, looking at everything and calling out

Yes! No! *The*

swan, for all his pomp, his robes of glass and petals, wants only to be allowed to live on the nameless pond. The catbrier is without fault. The water thrushes, down among the sloppy rocks, are going crazy with happiness. Imagination is better than a sharp instrument. To pay attention, this is our endless and proper work.

¡SÍ! ¡NO!

¡Qué necesario es tener opiniones! Creo que los moteados lirios de trucha están satisfechos, sobresaliendo unas pocas pulgadas sobre la tierra. Creo que la serenidad no es solo algo que se encuentre en el mundo, como el ciruelo, sosteniendo sus blancos pétalos.

Las violetas, a lo largo del río, están abriendo sus caras azules, como pequeñas linternas oscuras.

Los verdes musgos, siendo tantos, son tan buenos como fornidos.

Qué importante es ir caminando, no con apuro sino despacio, mirándolo todo y gritando

¡Sí! ¡No! El

cisne, con toda su pompa, su túnica de vidrio y pétalos, solo quiere que le dejen vivir en el estanque sin nombre. La esmilacácea no tiene defecto. Las parkesias, ahí abajo en las rocas fangosas, van locas de felicidad. La imaginación es mejor que cualquier instrumento afilado. Prestar atención, esa es nuestra verdadera e infinita tarea.

IN POBIDDY, GEORGIA

Three women
climb from the car
in which they have driven slowly
into the churchyard.
They come toward us, to see
what we are doing.
What we are doing
is reading the strange,
wonderful names
of the dead.
One of the women
speaks to us—
after we speak to her.
She walks with us and shows us,
with a downward-thrust finger,
which of the dead
were her people.
She tells us
about two brothers, and an argument,
and a gun—she points
to one of the slabs
on which there is a name,
some scripture, a handful of red
plastic flowers. We ask her
about the other brother.
"Chain gang," she says,
as you or I might say
"Des Moines," or "New Haven." And then,
"Look around all you want."
The younger woman stands back, in the stiff weeds,
like a banked fire.
The third one—
the oldest human being we have ever seen in our lives—
suddenly drops to the dirt
and begins to cry. Clearly

Tres mujeres
se acercan desde el coche
en que han llegado poco a poco
al cementerio.
Vienen hacia nosotras, a ver
qué estamos haciendo.
Lo que estamos haciendo
es leer los extraños,
maravillosos nombres
de los muertos.
Una de las mujeres
nos habla;
después de que le hablemos a ella.
Camina con nosotras y nos muestra,
apuntando con un dedo,
cuáles entre los muertos
eran su gente.
Nos habla
de dos hermanos, y de una discusión,
y de una pistola; señala
una de las losas
en la que hay un nombre,
algo escrito, un puñado de rojas
flores de plástico. Le preguntamos
acerca del otro hermano.
«Trabajos forzados», dice ella,
como tú o yo podríamos decir
«Des Moines», o «New Haven». Y luego,
«Mira en derredor todo lo que quieras».
La más joven retrocede, hacia las tiesas malezas,
como un fuego sofocado.
La tercera,
el ser humano más viejo que hemos visto en nuestras vidas,
de pronto se cae al suelo
y empieza a llorar. No hay duda

she is blind, and clearly
she can't rise, but they lift her, like a child,
and lead her away, across the graves, as though,
as old as anything could ever be, she was, finally,
perfectly finished, perfectly heartbroken, perfectly wild.

de que está ciega y sin duda
no puede levantarse, pero la alzan, como a una niña,
y se la llevan entre las tumbas, como si,
tan vieja como pueda serlo cualquier cosa, estuviera, al fin,
perfectamente acabada, perfectamente destrozada, perfectamente salvaje.

PORCUPINE

Where
the porcupine is
I don't
know but I hope

it's high
up on some pine
bough in some
thick tree, maybe

on the other side
of the swamp.
The dogs have come
running back, one of them

with a single quill
in his moist nose.
He's laughing,
not knowing what he has

almost done
to himself.
For years I have wanted to see
that slow rambler,

that thornbush.
I think, what love does to us
is a Gordian knot,
it's that complicated.

I hug the dogs
and their good luck,
and put on their leashes.
So dazzling she must be—

a plump, dark lady
wearing a gown of nails—
white teeth tearing skin
from the thick tree.

PUERCOESPÍN

Dónde está
el puercoespín
no lo
sé pero espero

sea arriba
en alguna rama
de pino en algún
grueso árbol, quizás

al otro lado
del pantano.
Los perros han vuelto
corriendo, uno de ellos

con una sola púa
en la nariz húmeda.
Se está riendo,
sin saber qué ha estado

a punto de hacerse
a sí mismo.
Durante años he querido ver
a ese lento senderista,

ese espino.
Creo que lo que el amor nos hace
es un nudo gordiano,
es así de complicado.

Abrazo a los perros
y su buena suerte
y les pongo las correas.
Qué deslumbrante debe ser ella,

una oscura, rolliza dama
llevando una bata de uñas,
blancos dientes rasgando piel
del árbol grueso.

WRENS

here I go
into the wide gardens of
wastefields blue glass clear glass
and other rubbishes blinking from the

dust from the fox tracks among the
roots and risings of
buttercups joe pye honey

suckle the queen's
lace and her

blue sailors

the little wrens
have carried a hundred sticks into

an old rusted pail and now they are
singing in the curtains of leaves they are

fluttering down to the bog they are dipping

their darling heads down to wet

their whistles how happy they are to be
diligent at last

foolish birds

CHOCHINES

Ahí voy
hacia los vastos jardines de
cristal azul transparente cristal en los eriales
y otras basuras que parpadean en el

polvo en las huellas del zorro entre las
raíces y extensiones de
hierba hueca joe pye madre

selva la zanahoria
silvestre y sus

marineros azules

los chochines
han llevado cien ramitas

a un viejo cubo oxidado y ahora están
cantando en las cortinas de hojas están

gorjeando abajo en la ciénaga están hundiendo

sus preciosas cabezas ahí en lo húmedo

sus silbidos qué felices están de ser
diligentes al fin

alocados pájaros

MOCKINGBIRDS

This morning
two mockingbirds
in the green field
were spinning and tossing

the white ribbons
of their songs
into the air.
I had nothing

better to do
than listen.
I mean this
seriously.

In Greece,
a long time ago,
an old couple
opened their door

to two strangers
who were,
it soon appeared,
not men at all,

but gods.
It is my favorite story—
how the old couple
had almost nothing to give

but their willingness t
to be attentive—
and for this alone
the gods loved them

and blessed them.
When the gods rose
out of their mortal bodies,
like a million particles of water

from a fountain,
the light
swept into all the corners
of the cottage,

and the old couple,
shaken with understanding,
bowed down—
but still they asked for nothing

beyond the difficult life
which they had already.
And the gods smiled as they vanished,
clapping their great wings.

Wherever it was
I was supposed to be
this morning—
whatever it was I said

I would be doing—
I was standing
at the edge of the field—
I was hurrying

hrough my own soul,
opening its dark doors—
I was leaning out;
I was listening.

SINSONTES

Esta mañana
dos sinsontes
en el verde campo
estaban dando vueltas y lanzando

las blancas cintas
de sus canciones
al aire.
No tenía nada

más que hacer
que escuchar.
Lo digo
en serio.

En Grecia,
hace mucho tiempo,
una pareja de ancianos
abrió la puerta

a dos extranjeros
que no eran,
pronto se reveló,
en absoluto hombres,

sino dioses.
Es mi historia favorita;
cómo los dos ancianos
casi no tenían nada más para dar

que su voluntad
de ser atentos;
y tan solo por eso
los dioses los amaron

y les dieron su bendición.
Cuando los dioses se alzaron
de sus cuerpos mortales,
como un millón de partículas de agua

de una fuente,
la luz
barrió todos los rincones
de la cabaña,

y la pareja de ancianos,
estremecida de comprensión,
se inclinó;
aun así, no pidieron nada

más que la vida difícil
que ya tenían.
Y los dioses sonreían al desvanecerse
con el aplauso de sus grandes alas.

Dondequiera que yo
tuviera que estar
esta mañana;
dijera lo que dijese

sobre lo que debía hacer;
estaba ahí
en el filo del campo;
apresurándome

a través de mi propia alma,
abriendo sus oscuras puertas;
asomándome,
escuchando.

I FOUND A DEAD FOX

I found a dead fox
beside the gravel road,
curled inside the big
iron wheel

of an old tractor
that has been standing,
for years,
in the vines at the edge

of the road.
I don't know
what happened to it—
when it came there

or why it lay down
for good, settling
its narrow chin
on the rusted rim

of the iron wheel
to look out
over the fields,
and that way died—

but I know
this: its posture—
of looking,
to the last possible moment,

back into the world—
made me want
to sing something
joyous and tender

about foxes.
But what happened is this—
when I began,
when I crawled in

through the honeysuckle
and lay down,
curling my long spine
inside that cold wheel,

and touched the dead fox,
and looked out
into the wide fields,
the fox

vanished.
There was only myself
and the world,
and it was I

who was leaving.
And what could I sing
then?
Oh, beautiful world!

I just lay there
and looked at it.
And then it grew dark.
That day was done with.

And then the stars stepped forth
and held up their appointed fires—
those hot, hard
watchmen of the night.

ME ENCONTRÉ UN ZORRO MUERTO

Me encontré un zorro muerto
junto al camino de grava,
enroscado dentro de la gran
rueda de hierro

de un viejo tractor
que lleva años
ahí
en las enredaderas al filo

del camino.
No sé
qué le pasó,
cuándo llegó allí

o por qué se echó
para siempre, colocando
su fina barbilla
en el borde oxidado

de la rueda de hierro
para mirar
por encima de los campos,
y de esa manera murió;

pero sé
una cosa: su postura,
al mirar
hasta el último momento posible,

de nuevo al mundo,
me hizo desear
cantar algo
jubiloso y tierno

sobre los zorros.
Pero lo que ocurrió es esto:
cuando empecé,
cuando me arrastré

a través de la madreselva
y me eché,
enroscando mi largo espinazo
dentro de esa fría rueda,

y toqué el zorro muerto,
y miré
los vastos campos,
el zorro

se desvaneció.
Solo estábamos el mundo
y yo misma,
y era yo

quien se estaba yendo.
¿Y qué podía cantar
entonces?
¡Oh bello mundo!

Solo estaba ahí
y lo miraba.
Y luego oscureció.
Así el día terminaba.

Y entonces las estrellas vinieron
y alzaron sus designados fuegos,
esos cálidos, duros
centinelas de la noche.

MORNING GLORIES

Blue and dark-blue
  rose and deepest rose
    white and pink they

are everywhere in the diligent
  cornfield rising and swaying
    in their reliable

finery in the little
  fling of their bodies their
    gear and tackle

all caught up in the cornstalks.
  The reaper's story is the story
    of endless work of

work careful and heavy but the
  reaper cannot
    separate them out there they

are in the story of his life
  bright random useless
    year after year

taken with the serious tons
  weeds without value humorous
    beautiful weeds.

GLORIAS DE LA MAÑANA

Azul y azul oscuro
  rosa y rosa profundo
  blanco y rosado están

en todas partes en el laborioso
  trigal alzándose y meciéndose
  en su confiable

forja en el pequeño
  arrojo de sus cuerpos sus
  propios aparejos

atrapados en los tallos de trigo.
  La historia del segador es la historia
  del infinito trabajo de

tarea cuidadosa y dura pero el
  segador no puede
  separarlas ahí están

en la historia de su vida
  brillantes fortuitas inútiles
  año tras año

tomadas con las serias toneladas
  malezas sin valor graciosas
  bellas malezas.

Our neighbor, tall and blond and vigorous, the mother of many children, is sick. We did not know she was sick, but she has come to the fence, walking like a woman who is balancing a sword inside of her body, and besides that her long hair is gone, it is short and, suddenly, gray. I don't recognize her. It even occurs to me that it might be her mother. But it's her own laughter-edged voice, we have heard it for years over the hedges.

All summer the children, grown now and some of them with children of their own, come to visit. They swim, they go for long walks along the harbor, they make dinners for twelve, for fifteen, for twenty. In the early morning two daughters come to the garden and slowly go through the precise and silent gestures of T'ai Chi.

They all smile. Their father smiles too, and builds castles on the shore with the children, and drives back to the city, and drives back to the country. A carpenter is hired—a roof repaired, a porch rebuilt. Everything that can be fixed.

June, July, August. Every day, we hear their laughter. I think of the painting by van Gogh, the man in the chair. Everything wrong, and nowhere to go. His hands over his eyes.

AGOSTO

Nuestra vecina, alta y rubia y vigorosa, madre de muchos niños, está enferma. No sabíamos que lo estaba, pero se ha acercado a la valla, caminando como una mujer que balancea un espada dentro de su cuerpo, y además de eso su largo cabello ya no está, es corto y repentinamente gris. No la reconozco. Incluso pienso que podría ser su madre. Pero es su propia voz ribeteada de risa, la hemos oído durante años sobre los setos.

Durante todo el verano, los niños, ya mayores y algunos de ellos con hijos propios, vienen de visita. Nadan, van a dar largos paseos por el puerto, hacen cenas para doce, para quince, para veinte. Pronto por la mañana dos hijas salen al jardín y lentamente hacen los precisos y silenciosos gestos del taichí.

Todos sonríen. Su padre sonríe también y hace castillos en la costa con los niños, y conduce de vuelta a la ciudad y luego al campo. Se contrata a un ebanista; un tejado se repara, se rehace un porche. Todo lo que puede arreglarse.

Junio, julio, agosto. Cada día, oímos sus risas. Pienso en la pintura de Van Gogh, el hombre en la silla. Todo va mal y no hay a donde ir. Las manos en los ojos.

TOAD

I was walking by. He was sitting there.

It was full morning, so the heat was heavy on his sand-colored head and his webbed feet. I squatted beside him, at the edge of the path. He didn't move.

I began to talk. I talked about summer, and about time. The pleasures of eating, the terrors of the night. About this cup we call a life. About happiness. And how good it feels, the heat of the sun between the shoulder blades.

He looked neither up nor down, which didn't necessarily mean he was either afraid or asleep. I felt his energy, stored under his tongue perhaps, and behind his bulging eyes.

I talked about how the world seems to me, five feet tall, the blue sky all around my head. I said, I wondered how it seemed to him, down there, intimate with the dust.

He might have been Buddha—did not move, blink, or frown, not a tear fell from those gold-rimmed eyes as the refined anguish of language passed over him.

SAPO

Iba yo caminando. Él estaba sentado ahí.

Era a plena mañana, así que el calor pegaba fuerte en su cabeza color de arena y sus patas palmeadas. Me agaché junto a él, al filo del camino. No se movió.

Empecé a hablar. Hablé sobre el verano, y sobre el tiempo. Los placeres de la comida, los terrores de la noche. Sobre esta taza que llamamos una vida. Sobre la felicidad. Y qué bien sienta, el calor del sol entre los omóplatos.

Él no miró ni arriba ni abajo, lo que no quería decir que estuviera necesariamente asustado o adormilado. Sentí su energía, almacenada bajo su lengua quizás, y tras sus ojos saltones.

Hablé de lo que opino sobre el mundo, cinco pies de altura, el cielo azul en torno a mi cabeza. Dije que me preguntaba qué le parecía a él, ahí abajo, en intimidad con el polvo.

Podría haber sido Buda; no se movió, ni pestañeó ni frunció el ceño, ni una sola lágrima cayó de esos ojos ribeteados de oro mientras la refinada angustia del lenguaje le pasaba por encima.

I LOOKED UP

I looked up and there it was
among the green branches of the pitchpines—

thick bird,
a ruffle of fire trailing over the shoulders and down the back—

color of copper, iron, bronze—
lighting up the dark branches of the pine.

What misery to be afraid of death.
What wretchedness, to believe only in what can be proven.

When I made a little sound
it looked at me, then it looked past me.

Then it rose, the wings enormous and opulent,
and, as I said, wreathed in fire.

MIRÉ A LO ALTO

Miré a lo alto y ahí estaba
entre las verdes ramas de los pinos broncos,

grueso pájaro,
un volante de fuego deslizándose sobre los hombros y por la espalda,

color de cobre, hierro, bronce,
encendiendo las oscuras ramas del pino.

Qué miseria tener miedo a la muerte.
Qué desgracia creer en lo que solo puede probarse.

Cuando hice un leve sonido
me miró, luego miró por encima de mí.

Luego se alzó, las alas enormes y opulentas,
y, como dije, coronadas de fuego.

THE SEA MOUSE

What lay this morning
on the wet sand
was so ugly
I sighed with a kind of horror as I lifted it

into my hand
and looked under the soaked mat of what was almost fur,
but wasn't, and found
the face that has no eyes, and recognized

the sea mouse—
toothless, legless, earless too,
it had been flung out of the stormy sea
and dropped

into the world's outer weather, and clearly it was
done for. I studied
what was not even a fist
of gray corduroy;

I looked in vain
for elbows and wrists;
I counted
the thirty segments, with which

it had rippled its mouse-like dance
over the sea's black floor—not on
feet, which it did not have, but on
tiny buds tipped with bristles,

like paintbrushes—
to find and swallow
the least pulse, and so stay alive, and feel—
however a worm feels it—satisfaction.

EL RATÓN MARINO

Lo que estaba esta mañana
en la arena húmeda
era tan feo
que suspiré con cierto horror al ponérmelo

en la mano
y mirar bajo la estera calada de lo que era casi pelaje,
pero sin serlo, y descubrí
la cara que no tiene ojos, y reconocí

al ratón marino,
sin dientes ni piernas ni orejas,
había sido echado del mar tempestuoso
y arrojado

al clima externo del mundo, y claramente
estaba listo. Estudié
lo que no era siquiera un puño
de pana gris;

Traté de encontrar en vano
codos y muñecas;
conté
los treinta segmentos, con los cuales

había ondulado su danza ratonil
sobre el suelo negro del mar; no
de pie, pues no los tenía, pero en
pequeños capullos llenos de púas,

como pinceles;
para notar y tragar
el más mínimo pulso y así estar con vida y sentir,
sienta como sienta un gusano, satisfacción.

Before me
the sea still heaved, and the heavens were dark,
the storm unfinished,
and whatever was still alive

stirred in the awful cup of its power,
though it breathe like fire, though it love
the lung of its own life.
Little mat, little blot, little crawler,

it lay in my hand
all delicate and revolting.
With the tip of my finger
I stroked it,

tenderly, little darling, little dancer,
little pilgrim,
gray pouch slowly
filling with death.

Ante mí
el mar aún bramaba, y los cielos estaban negros,
la tormenta inacabada,
y lo que fuera que aún vivía

se movía en el horrible cuenco de su poder,
pero respira cual fuego, pero ama
el pulmón de su propia vida.
Pequeña estela, pequeña mancha, pequeño bicho,

yacía en mi mano
tan delicado y repugnante.
Con la punta del dedo
lo acaricié,

con ternura, pequeña dulzura, pequeño bailarín,
pequeño peregrino,
gris morral llenándose
poco a poco de muerte.

DE

POEMAS NUEVOS
Y REUNIDOS.
VOLUMEN UNO
(1992)

THE SUN

Have you ever seen
anything
in your life
more wonderful

than the way the sun,
every evening,
relaxed and easy,
floats toward the horizon

and into the clouds or the hills,
or the rumpled sea,
and is gone—
and how it slides again

out of the blackness,
every morning,
on the other side of the world,
like a red flower

streaming upward on its heavenly oils,
say, on a morning in early summer,
at its perfect imperial distance—
and have you ever felt for anything

such wild love—
do you think there is anywhere, in any language,
a word billowing enough
for the pleasure

that fills you,
as the sun
reaches out,
as it warms you

EL SOL

¿Has visto
algo
en tu vida
más maravilloso

que la manera en que el sol,
cada noche,
relajado y tranquilo,
flota hacia el horizonte

y en las nubes o en las colinas,
o en el mar rugoso,
y ya no está;
y cómo se desliza de nuevo

de entre la oscuridad
cada mañana,
en el otro lado del mundo,
como una flor roja

fluyendo hacia arriba con sus óleos celestiales,
pongamos, una mañana a principios de verano,
a su perfecta distancia imperial;
y has sentido alguna vez por algo

tal amor salvaje;
crees que hay en algún sitio, en algún idioma,
una palabra lo bastante henchida
para el placer

que te llena
cuando el sol
te alcanza,
cuando te calienta

as you stand there,
empty-handed–
or have you too
turned from this world–

or have you too
gone crazy
for power,
for things?

cuando estás ahí,
con las manos vacías;
o también tú te has
alejado de este mundo;

o también tú te has
vuelto loco
por el poder,
por las cosas?

GOLDENROD

On roadsides,
   in fall fields,
      in rumpy bunches,
         saffron and orange and pale gold,

in little towers,
   soft as mash,
      sneeze-bringers and seed-bearers,
         full of bees and yellow beads and perfect flowerlets

and orange butterflies.
   I don't suppose
      much notice comes of it, except for honey,
         and how it heartens the heart with its

blank blaze.
   I don't suppose anything loves it except, perhaps,
      the rocky voids
         filled by its dumb dazzle.

For myself,
   I was just passing by, when the wind flared
      and the blossoms rustled,
         and the glittering pandemonium

leaned on me.
   I was just minding my own business
      when I found myself on their straw hillsides,
         citron and butter-colored,

and was happy, and why not?
   Are not the difficult labors of our lives
      full of dark hours?
         And what has consciousness come to anyway, so far,

SOLIDAGO

En los arcenes,
   en los campos otoñales,
      en ramos prietos,
         azafrán y naranja y oro pálido,

en pequeñas torres,
   suaves como puré,
      estornudadores y portadores de semillas,
         llenos de abejas y amarillas cuentas y florecillas

y mariposas naranjas.
   No creo
      despierte mucha atención, salvo por la miel,
         y cómo reconforta el corazón con su

llamarada virgen.
   No creo que nada lo ame salvo tal vez
      los vacíos rocosos
         con su mudo resplandor.

En cuanto a mí,
   pasaba por ahí, cuando el viento estalló
      y las flores susurraron,
         y el resplandeciente pandemonio

se inclinó hacia mí.
   Estaba pensando en mis cosas
      cuando me vi a mí misma en sus laderas de paja,
         coloreadas de mantequilla y cítrico,

y estaba feliz, ¿y por qué no?
   ¿No están las difíciles labores de nuestras vidas
      llenas de horas oscuras?
         ¿Y a qué ha llegado hasta ahora la conciencia

that is better than these light-filled bodies?
All day
on their airy backbones
they toss in the wind,

they bend as though it was natural and godly to bend,
they rise in a stiff sweetness,
in the pure peace of giving
one's gold away.

que sea mejor que estos cuerpos llenos de luz?
   Todo el día
      con sus aéreos espinazos
         se arrojan al viento,

se doblan como si fuera natural y piadoso hacerlo,
   se alzan en rígida dulzura,
      en la pura paz de echar
         el propio oro afuera.

WHEN DEATH COMES

When death comes
like the hungry bear in autumn;
when death comes and takes all the bright coins from his purse

to buy me, and snaps the purse shut;
when death comes
like the measle-pox;

when death comes
like an iceberg between the shoulder blades,

I want to step through the door full of curiosity, wondering:
what is it going to be like, that cottage of darkness?

And therefore I look upon everything
as a brotherhood and a sisterhood,
and I look upon time as no more than an idea,
and I consider eternity as another possibility,

and I think of each life as a flower, as common
as a field daisy, and as singular,

and each name comfortable music in the mouth,
tending, as all music does, toward silence,

and each body a lion of courage, and something
precious to the earth.

When it's over, I want to say: all my life
I was a bride married to amazement.
I was the bridegroom, taking the world into my arms.

When it's over, I don't want to wonder
if I have made of my life something particular, and real.
I don't want to find myself sighing and frightened,
or full of argument.

I don't want to end up simply having visited this world.

CUANDO LA MUERTE LLEGA

Cuando la muerte llega
como el oso hambriento en otoño;
cuando la muerte llega y coge todas las brillantes monedas de su cartera

para comprarme, y restalla la cartera al cerrarse;
cuando la muerte llega
como el sarampión;

cuando la muerte llega
como un iceberg entre los omóplatos,

quiero atravesar la puerta llena de curiosidad, preguntando:
¿cómo va a ser esa cabaña de oscuridad?

Y por tanto lo contemplo todo
como a una hermandad masculina y femenina,
y concibo el tiempo no más que como una idea,
y considero la eternidad como otra posibilidad,

y pienso en cada vida como una flor, tan vulgar
como una margarita silvestre, y tan singular,

y cada una nombra una confortable música en la boca,
tendiendo, como toda música, al silencio,

y cada cuerpo un león de coraje, y algo
precioso para la tierra.

Cuando esto acabe, quiero decir: toda mi vida
fui una novia casada con el asombro.
Fui el novio, llevando al mundo en brazos.

Cuando se acabe, no quiero preguntarme
si he hecho de mi vida algo particular, y real.
No quiero verme a mí misma suspirando y asustada,
o llena de disputa.

No quiero terminar habiendo simplemente visitado este mundo.

WHELKS

Here are the perfect
fans of the scallops,
quahogs, and weedy mussels
still holding their orange fruit—
and here are the whelks—
whirlwinds,
each the size of a fist,
but always cracked and broken—
clearly they have been traveling
under the sky-blue waves
for a long time.
All my life
I have been restless—
I have felt there is something
more wonderful than gloss—
than wholeness—
than staying at home.
I have not been sure what it is.
But every morning on the wide shore
I pass what is perfect and shining
to look for the whelks, whose edges
have rubbed so long against the world
they have snapped and crumbled—
they have almost vanished,
with the last relinquishing
of their unrepeatable energy,
back into everything else.
When I find one
I hold it in my hand,
I look out over that shanking fire,
I shut my eyes. Not often,
but now and again there's a moment
when the heart cries aloud:
yes, I am willing to be
that wild darkness,
that long, blue body of light.

CARACOLAS

He aquí los perfectos
abanicos de las veneras,
las almejas, y los largos mejillones
aún con su fruto naranja;
y aquí están las caracolas,
torbellinos,
cada una del tamaño de un puño,
pero siempre agrietadas y rotas;
claramente han estado viajando
bajo las olas azul celeste
durante mucho tiempo.
Toda mi vida
he sido incansable;
he sentido que hay algo
más maravilloso que el lustre,
que la totalidad,
que estar en casa.
No he estado segura de qué es.
Pero cada mañana en la ancha costa
atravieso lo que es perfecto y brillante
para mirar las caracolas, cuyos bordes
se han frotado tanto tiempo contra el mundo
que se han chascado y desmenuzado;
casi se han deshecho,
con la última renuncia
de su energía irrepetible,
de vuelta a todo lo demás.
Cuando encuentro una
la sostengo en la mano,
considero ese fuego tembloroso,
cierro los ojos. No es frecuente,
pero de vez en cuando hay un momento
en que el corazón grita fuerte:
sí, quisiera ser
esa salvaje oscuridad,
esa largo, azul cuerpo de luz.

GOLDFINCHES

In the fields
we let them have—
in the fields
we don't want yet—

where thistles rise
out of the marshlands of spring, and spring open—
each bud
a settlement of riches—

a coin of reddish fire—
the finches
wait for midsummer,
for the long days,

for the brass heat,
for the seeds to begin to form in the hardening thistles,
dazzling as the teeth of mice,
but black,

filling the face of every flower.
Then they drop from the sky.
A buttery gold,
they swing on the thistles, they gather

the silvery down, they carry it
in their finchy beaks
to the edges of the fields,
to the trees,

as though their minds were on fire

with the flower of one perfect idea—
and there they build their nests
and lay their pale-blue eggs,

JILGUEROS

En los campos
les dejamos tener;
en los campos
no queremos aún;

donde se alzan los cardos
en las marismas de primavera, y brotan abiertos;
cada capullo
un asentamiento de riquezas;

una moneda de fuego rojizo;
los jilgueros
esperan el pleno verano,
los largos días,

el calor cobrizo,
a que las semillas empiecen a formarse en los endurecidos cardos,
deslumbrantes como dientes de ratón,
pero negras,

llenando la cara de cada flor.
Luego se caen del cielo.
Un oro mantecoso,
se balancean en los cardos, recogen

abajo lo plateado, se lo llevan
con sus picos pinzones
a los extremos de los campos,
a los árboles,

como si sus mentes se hubieran incendiado

con la flor de una idea perfecta;
y ahí construyen sus nidos
y depositan sus huevos azul pálido,

every year,
and every year
the hatchlings wake in the swaying branches
in the silver baskets,

and love the world.
Is it necessary to say any more?
Have you heard them singing in the wind, above the final fields?
Have you ever been so happy in your life?

cada año,
y cada año
los polluelos despiertan en las ramas oscilantes
en las cestas de plata,

y aman el mundo.
¿Es necesario decir algo más?
¿Los habéis oído cantar al viento, por encima de los campos tardíos?
¿Habéis sido alguna vez tan felices?

POPPIES

The poppies send up their
orange flares; swaying
in the wind, their congregations
are a levitation

of bright dust, of thin
and lacy leaves.
There isn't a place
in this world that doesn't

sooner or later drown
in the indigos of darkness,
but now, for a while,
the roughage

shines like a miracle
as it floats above everything
with its yellow hair.
Of course nothing stops the cold,

black, curved blade
from hooking forward—
of course
loss is the great lesson.

But also I say this: that light
is an invitation
to happiness,
and that happiness,

when it's done right,
is a kind of holiness,
palpable and redemptive.
Inside the bright fields,

AMAPOLAS

Las amapolas sueltan sus
fulgores naranjas; oscilando
en el viento, sus congregaciones
son una levitación

de polvo brillante, de finas
hojas de encaje.
No hay ningún lugar
en este mundo que tarde

o temprano no se hunda
en los índigos de la oscuridad,
pero ahora, por un tiempo,
la fibra

brilla como un milagro
mientras flota por encima de todo
con su cabello amarillo.
Por supuesto que nada detiene a la fría,

negra, curvada hoja
de seguir atrapando;
por supuesto
que la pérdida es la gran lección.

Pero también digo esto: la luz
es una invitación
a la felicidad,
y esa felicidad,

cuando se hace bien,
es una especie de santidad,
palpable y redentora.
En los campos resplandecientes,

touched by their rough and spongy gold,
I am washed and washed
in the river
of earthly delight—

and what are you going to do—
what can you do
about it—
deep, blue night?

tocada por su oro áspero y esponjoso,
soy lavada y lavada
en el río
del deleite terreno;

¿y qué vas a hacer tú,
qué le vas
a hacer,
honda noche azul?

WATER SNAKE

I saw him
in a dry place
on a hot day,
a traveler
making his way
from one pond
to another,
and he lifted up
his chary face
and looked at me
with his gravel eyes,
and the feather of his tongue
shot in and out
of his otherwise clamped mouth,
and I stopped on the path
to give him room,
and he went past me
with his head high,
loathing me, I think,
for my long legs,
my poor body, like a post,
my many fingers,
for he didn't linger
but, touching the other side of the path,
he headed, in long lunges and quick heaves,
straight to the nearest basin
of sweet black water and weeds,
and solitude—
like an old sword
that suddenly picked itself up and went off,
swinging, swinging
through the green leaves.

SERPIENTE ACUÁTICA

La vi
en un sitio seco
un día caluroso,
un viajero
camino
de un estanque
a otro,
y levantó
su cauto rostro
y me miró
con sus ojos de grava,
y la pluma de su lengua
disparada adentro y fuera
de su por otra parte pinzada boca,
y me paré en el sendero
para darle espacio,
y me pasó de largo
con la cabeza alta,
detestándome, creo,
por mis largas piernas,
mi pobre cuerpo, como un poste,
mis muchos dedos,
pues no se detuvo
sino que, al tocar el otro lado del sendero,
se fue, con largas embestidas y rápidos saltos,
directa al más cercano cuenco
de dulce agua negra con maleza
y soledad;
como una vieja espada
que de pronto se agarrara a sí misma y saliera,
balanceándose, balanceándose
a través de las hojas verdes.

WHITE FLOWERS

Last night
in the fields
I lay down in the darkness
to think about death,
but instead I fell asleep,
as if in a vast and sloping room
filled with those white flowers
that open all summer,
sticky and untidy,
in the warm fields.
When I woke
the morning light was just slipping
in front of the stars,
and I was covered
with blossoms.
I don't know
how it happened—
I don't know
if my body went diving down
under the sugary vines
in some sleep-sharpened affinity
with the depths, or whether
that green energy
rose like a wave
and curled over me, claiming me
in its husky arms.
I pushed them away, but I didn't rise.
Never in my life had I felt so plush,
or so slippery,
or so resplendently empty.
Never in my life
had I felt myself so near
that porous line
where my own body was done with
and the roots and the stems and the flowers
began.

FLORES BLANCAS

La noche pasada
en los campos
me eché en la oscuridad
para pensar en la muerte,
pero en cambio me dormí,
como en un vasto e inclinado cuarto
lleno de esas blancas flores
que están abiertas todo el verano,
pegajosas y caóticas,
en los campos cálidos.
Cuando desperté
la luz matutina se deslizaba
frente a las estrellas,
y yo estaba cubierta
de pétalos.
No sé
cómo ocurrió,
no sé
si mi cuerpo se fue buceando
bajo las trepadoras dulces
con cierta afinidad pulida en el sueño
a lo hondo, o si
esa verde energía
se alzó como una ola
y se me enroscó, reclamándome
en sus fornidos brazos.
Los rechacé, pero no me levanté.
Nunca en mi vida me había sentido tan afelpada,
o tan resbaladiza,
o tan refulgentemente vacía.
Nunca en mi vida
había sentido tan cerca
esa línea porosa
donde mi propio cuerpo terminaba
y las raíces y los tallos y las flores
empezaban.

PEONIES

This morning the green fists of the peonies are getting ready
    to break my heart
        as the sun rises,
            as the sun strokes them with his old, buttery fingers

and they open—
    pools of lace,
        white and pink—
            and all day the black ants climb over them,

boring their deep and mysterious holes
    into the curls,
        craving the sweet sap,
            taking it away

to their dark, underground cities—
    and all day
        under the shifty wind,
            as in a dance to the great wedding,

the flowers bend their bright bodies,
    and tip their fragrance to the air,
        and rise,
            their red stems holding

all that dampness and recklessness
    gladly and lightly,
        and there it is again—
            beauty the brave, the exemplary,

blazing open.
    Do you love this world?
        Do you cherish your humble and silky life?
            Do you adore the green grass, with its terror beneath?

PEONÍAS

Esta mañana los verdes puños de las peonías se están preparando
para romperme el corazón
   mientras el sol sale
      mientras el sol las golpea con sus viejos, mantecosos dedos

y se abren
   pozas de encaje,
      blancas y rosas,
         y todo el día las negras hormigas trepan por ellas,

taladrando sus hondos y misteriosos agujeros
   en los rulos,
      ansiando la dulce savia,
         llevándosela

a sus oscuras, subterráneas ciudades;
   y durante todo el día
      bajo el viento oscilante,
         como en un baile para la gran boda,

las flores inclinan sus brillantes cuerpos,
   y vuelcan su fragancia al aire,
      y se alzan,
         sus rojos tallos sosteniendo

toda esa humedad y esa temeridad
   alegres y leves,
      y ahí está otra vez,
         lo abierto, bello, ejemplar,

valiente.
   ¿Amas el mundo?
      ¿Valoras tu humilde y sedosa vida?
         ¿Adoras la verde yerba con su terror abajo?

Do you also hurry, half-dressed and barefoot, into the garden,
   and softly,
      and exclaiming of their dearness,
         fill your arms with the white and pink flowers,

with their honeyed heaviness, their lush trembling,
   their eagerness
      to be wild and perfect for a moment, before they are
         nothing, forever?

¿También te apresuras, medio vestida y descalza, al jardín,
   y con suavidad,
      y admirándote de su preciosidad,
        te llenas los brazos con flores blancas y rosas,

con su densidad de miel, su temblorosa exuberancia,
   su ansia
      de ser salvajes y perfectas por un instante, antes de que sean
      para siempre nada?

THE EGRET

Every time
but one
the little fish
and the green
and spotted frogs
know
the egret's bamboo legs
from the thin
and polished reeds
at the edge
of the silky world
of water.
Then,
in their last inch of time,
they see,
for an instant,
the white froth
of her shoulders,

and the white scrolls
of her belly,
and the white flame
of her head.
What more can you say
about such wild swimmers?
They were here,
they were silent,
they are gone, having tasted
sheer terror.
Therefore I have invented words
with wich to stand back
on the weedy shore—
with which to say:
Look! Look!
What is this dark death
that opens
like a white door?

LA GARCETA

Cada vez
salvo una
el pececillo
y las verdes
y moteadas ranas
conocen
las patas de bambú de la garceta
en los finos
y pulidos juncos
en el confín
del sedoso mundo
del agua.
Luego,
en su última pulgada de tiempo,
ven,
por un instante,
la blanca espuma
de sus hombros,

y los blancos rollos
de su vientre,
y la blanca llama
de su cabeza.
¿Qué más se puede decir
acerca de esos nadadores salvajes?
Estuvieron aquí,
estuvieron en silencio,
ya se han ido, habiendo probado
el puro terror.
Por ello he inventado palabras
con las que mantenerme alejada
en la costa llena de maleza;
con las que decir:
¡Mirad! ¡Mirad!
¿Qué es esta muerte oscura
que se abre
como una puerta blanca?

RICE

It grew in the black mud.
It grew under the tiger's orange paws.
Its stems thinner than candles, and as straight.
Its leaves like the feathers of egrets, but green.
The grains cresting, wanting to burst.
Oh, blood of the tiger.

I don't want you just to sit down at the table.
I don't want you just to eat, and be content.
I want you to walk out into the fields
where the water is shining, and the rice has risen.
I want you to stand there, far from the white tablecloth.
I want you to fill your hands with the mud, like a blessing.

ARROZ

Creció en el barro oscuro.
Creció bajo las garras naranjas del tigre.
Sus tallos más finos que velitas, y tan firmes.
Sus hojas como plumas de garcetas, pero verdes.
Los granos en la cima, queriendo estallar.
Oh, sangre del tigre.

No quiero solo sentarme a la mesa.
No quiero solo comer y estar bien.
Quiero que salgáis a caminar a los campos
donde el agua resplandece, y el arroz ha crecido.
Quiero que estéis ahí, lejos del blanco mantel.
Quiero que os llenéis las manos de barro, como una bendición.

RAIN

1.

All afternoon it rained, then
such power came down from the clouds
on a yellow thread,
as authoritative as God is supposed to be.
When it hit the tree, her body
opened forever.

2. The Swamp

Last night, in the rain, some of the men climbed over
the barbed-wire fence of the detention center.
In the darkness they wondered if they could do it, and knew
they had to try to do it.
In the darkness they climbed the wire, handful after handful
of barbed wire.
Even in the darkness most of them were caught and sent back
to the camp inside.
But a few are still climbing the barbed wire, or wading through
the blue swamp on the other side.

What does barbed wire feel like when you grip it, as though
it were a loaf of bread, or a pair of shoes?
What does barbed wire feel like when you grip it, as though
it were a plate and a fork, or a handful of flowers?
What does barbed wire feel like when you grip it, as though
it were the handle of a door, working papers, a clean sheet
you want to draw over your body?

LLUVIA

1.

Llovió toda la tarde, luego
qué poder descendió de las nubes
en un hilo amarillo,
con tanta autoridad como la que se le supone a Dios.
Cuando dio en el árbol, su cuerpo
se abrió para siempre.

2. El pantano

Anoche, bajo la lluvia, algunos de los hombres treparon
    por la cerca de alambre de espino del centro de detención.
En la oscuridad se preguntaron si podían hacerlo, y supieron
    que debían intentarlo.
En la oscuridad treparon el alambre, manojo tras manojo
    de alambre de espino.
Aun en la oscuridad muchos fueron atrapados y devueltos
    al interior del campo.
Pero unos pocos aún trepan el alambre de espino, o vadean a través
    del pantano azul al otro lado.

¿Qué se siente al agarrar el alambre de espino, como si
    fuera una barra de pan, o un par de zapatos?
¿Qué hace el alambre de espino cuando lo agarras, como si
    fuera un plato y un tenedor, o un manojo de flores?
¿Qué hace el alambre de espino cuando lo agarras, como si
    fuera la manilla de una puerta, papeles de trabajo, una sábana limpia
    que quisieras extender sobre tu cuerpo?

3.

Or this one: on a rainy day, my uncle
lying in the flower bed,
cold and broken,
dragged from the idling car
with its plug of rags, and its gleaming
length of hose. My father
shouted,
then the ambulance came,
then we all looked at death,
then the ambulance took him away.
From the porch of the house
I turned back once again
looking for my father, who had lingered,
who was still standing in the flowers,
who was that motionless muddy man,
who was that tiny figure in the rain.

4. Early Morning, My Birthday

The snails on the pink sleds of their bodies are moving
*   among the morning glories.*
The spider is asleep among the red thumbs
*   of the raspberries.*
What shall I do, what shall I do?

The rain is slow.
The little birds are alive in it.
Even the beetles.

The green leaves lap it up.
What shall I do, what shall I do?

The wasp sits on the porch of her paper castle.
The blue heron floats out of the clouds.
The fish leap, all rainbow and mouth, from the dark water.

3.

O este: un día lluvioso, mi tío
echado en el parterre de flores,
helado y roto,
arrastrado del coche en ralentí
con su tapón de harapos, y su reluciente
largo de manga. Mi padre
gritó,
luego vino la ambulancia,
luego todos miramos a la muerte,
luego la ambulancia se lo llevó.
Desde el porche de la casa
me volví una vez más
buscando a mi padre, que se había demorado,
que estaba aún ahí de pie entre las flores,
que era ese inmóvil hombre enfangado,
que era esa diminuta figura bajo la lluvia.

4. Pronto por la mañana. Mi cumpleaños

Los caracoles en los rosados trineos de sus cuerpos se mueven
        entre las glorias matutinas.
La araña está dormida entre los rojos pulgares
        de las frambuesas.
¿Qué voy a hacer, qué voy a hacer?

Lenta es la lluvia.
Los pajarillos están vivos en ella.
Incluso los escarabajos.

Las verdes hojas la lamen.
¿Qué voy a hacer, qué voy a hacer?

La avispa se sienta en el porche de su castillo de papel.
La garza azul flota por las nubes.
El pez salta, todo arcoíris y boca, del agua oscura.

This morning the water lilies are no less lovely, I think,
than the lilies of Monet.
And I do not want anymore to be useful, to be docile, to lead
children out of the fields into the text
of civility to teach them that they are (they are not) better
than the grass.

5. At the Edge of the Ocean

I have heard this music before,
saith the body.

6. The Garden

The kale's
puckered sleeve,
the pepper's
hollow bell,
the lacquered onion.

Beets, borage, tomatoes.
Green beans.

I came in and I put everything
on the counter: chives, parsley, dill,
the squash like a pale moon,
peas in their silky shoes, the dazzling
rain-drenched corn.

7. The Forest

At night
under the trees
the black snake
jellies forward
rubbing

Esta mañana los lirios de agua no son menos encantadores, me parece,
    que los lirios de Monet.
Y ya no quiero seguir siendo útil, ser dócil, guiar
a niños desde el campo al texto
de la civilidad para enseñarles que son (no lo son) mejores
    que la yerba.

5. Al filo del océano

He oído esta música antes,
dijo el cuerpo.

6. El jardín

La manga rizada
de la berza,
la campana vacía
del pimiento,
la cebolla laqueada.

Remolachas, borrajas, tomates.
Alubias verdes.

Entré y lo puse todo
en el mostrador: cebollino, perejil, eneldo,
la calabaza como una luna pálida,
guisantes con sus zapatos sedosos, el deslumbrante
maíz empapado de lluvia.

7. El bosque

De noche
bajo los árboles
la negra serpiente
avanza gelatinosa
frotando

roughly
the stems of the bloodroot,
the yellow leaves,
little boulders of bark,
to take off
the old life.
I don't know
if he knows
what is happening.
I don't know
if he knows
it will work.
In the distance
the moon and the stars
give a little light.
In the distance
the owl cries out.

In the distance
the owl cries out.
The snake knows
these are the owl's woods,
these are the woods of death,
these are the woods of hardship
where you crawl and crawl,
where you live in the husks of trees,
where you lie on the wild twigs
and they cannot bear your weight,
where life has no purpose
and is neither civil nor intelligent.

Where life has no purpose,
and is neither civil nor intelligent,
it begins
to rain,
it begins
to smell like the bodies
of flowers.
At the back of the neck
the old skin splits.
The snake shivers

áspera
los tallos de la sanguinaria,
las hojas amarillas,
pequeñas rocas de corteza,
para despojarse
de la vieja vida.
No sé
si sabe
lo que está ocurriendo.
No sé
si sabe
si funcionará.
En la distancia
la luna y las estrellas
dan un poco de luz.
A lo lejos
el búho chilla.

A lo lejos
el búho chilla.
La serpiente sabe
que estos son los bosques del búho,
que estos son los bosques de la muerte,
que estos son los bosques de la adversidad,
donde reptas y reptas,
donde vives en las cáscaras de los árboles,
donde yaces en las silvestres ramitas
que no pueden soportar tu peso,
donde la vida no tiene ningún propósito
y no es ni civil ni inteligente.

Ahí donde la vida no tiene propósito
y no es ni civil ni inteligente,
empieza
a llover,
empieza
a oler como el cuerpo
de las flores.
Atrás del cuello
la vieja piel se parte.
La serpiente se estremece

but does not hesitate.
He inches forward.
He begins to bleed through
like satin.

pero no titubea.
Avanza una pulgada.
Empieza a sangrar ahí
como satén.

PICKING BLUEBERRIES,
AUSTERLITZ, NEW YORK, 1957

Once, in summer,
  in the blueberries,
    I fell asleep, and woke
      when a deer stumbled against me.

I guess
  she was so busy with her own happiness
    she had grown careless
      and was just wandering along

listening
  to the wind as she leaned down
    to lip up the sweetness.
      So, there we were

with nothing between us
  but a few leaves, and the wind's
    glossy voice
      shouting instructions.

The deer
  backed away finally
    and flung up her white tail
      and went floating off toward the trees—

but the moment before she did that
  was so wide and so deep
    it has lasted to this day;
      I have only to think of her—

the flower of her amazement
  and the stalled breath of her curiosity,
    and even the damp touch of her solicitude
      before she took flight—

RECOGIENDO ARÁNDANOS,
AUSTERLITZ, NUEVA YORK, 1957

Una vez, en verano,
   en los arándanos,
     me dormí y me desperté
      cuando una cierva se topó conmigo.

Supongo
   que estaba tan ocupada en su felicidad
     había crecido incauta
      e iba simplemente por ahí

escuchando
   el viento mientras se inclinaba
     para morder la dulzura.
      Así que ahí estábamos

con nada entre nosotras
   salvo unas pocas hojas, y la voz
     lustrosa del viento
      gritando instrucciones.

La cierva
   se volvió finalmente
     y levantó su cola blanca
      y se fue flotando hacia los árboles;

pero el instante anterior a eso
   fue tan vasto y tan profundo
     que ha durado hasta hoy;
      solo tengo que pensar en ella;

la flor de su asombro
   y el calado aliento de su curiosidad,
     y aun el húmedo roce de su solicitud
      antes de que emprendiera el vuelo;

to be absent again from this world
and alive, again, in another,
 for thirty years
  sleepy and amazed,

rising out of the rough weeds,
listening and looking.
 Beautiful girl,
  where are you?

para ausentarse de nuevo de este mundo
y estar viva, de nuevo, en otro,
durante treinta años
soñolienta y sorprendida,

alzándose entre las malezas,
escuchando y mirando.
Bella joven,
¿dónde estás?

OCTOBER

1.

There's this shape, black as the entrance to a cave.
A longing wells up in its throat
like a blossom
as it breathes slowly.

What does the world
mean to you if you can't trust it
to go on shining when you're

not there? And there's
a tree, long-fallen; once
the bees flew to it, like a procession
of messengers, and filled it
with honey.

2.

I said to the chickadee, singing his heart out in the
    green pine tree:

little dazzler,
little song,
little mouthful.

3.

The shape climbs up out of the curled grass. It
grunts into view. There is no measure
for the confidence at the bottom of its eyes—
there is no telling
the suppleness of its shoulders as it turns
and yawns.

OCTUBRE

1.

Está esta forma, negra como la entrada a una cueva.
Una añoranza brota de su cuello
como un florecer
mientras respira despacio.

¿Qué significa el mundo
para ti si no puedes confiarle
que siga brillando cuando tú

no estés? Y está
un árbol, hace tiempo caído; un día
las abejas lo rondaban, como una procesión
de mensajeros, y lo llenaban
de miel.

2.

Le dije al carbonero, sacándose el corazón con su canto
    ahí fuera en el pino verde:

pequeño cegador,
pequeña canción,
pequeña bocanada.

3.

La forma trepa de entre la yerba rizada. Gruñe
a la vista. No hay medida
para la seguridad al fondo de sus ojos;
nada se revela
en la agilidad de sus hombros mientras se vuelve
y bosteza.

Near the fallen tree
something—a leaf snapped loose
from the branch and fluttering down—tries to pull me
into its trap of attention.

4.

It pulls me
into its trap of attention.

And when I turn again, the bear is gone.

5.

Look, hasn't my body already felt
like the body of a flower?

6.

Look, I want to love this world
as though it's the last chance I'm ever going to get
to be alive
and know it.

7.

Sometimes in late summer I won't touch anything, not
the flowers, not the blackberries
brimming in the thickets; I won't drink
from the pond; I won't name the birds or the trees;
I won't whisper my own name.

   Cerca del árbol caído
algo –una hoja caída
de la rama y ondeando hacia abajo– intenta empujarme
hacia su trampa de atención.

4.

Me empuja
hacia su trampa de atención.

Y cuando me vuelvo otra vez, el oso se ha ido.

5.

Mirad, ¿no se ha sentido mi cuerpo
como el de una flor?

6.

Mirad, quiero amar este mundo
como si fuera la última oportunidad para estar
viva
y conocerlo.

7.

A veces a finales de verano no toco nada, ni
las flores, ni las moras
reventando en los matorrales; no bebo
del estanque; no nombro los pájaros o los árboles;
no susurraré mi propio nombre.

One morning
the fox came down the hill, glittering and confident,
and didn't see me—and I thought:

so this is the world.
I'm not in it.
It is beautiful.

                                        Una mañana
el zorro bajó de la colina, refulgente y seguro,
y no me vio; y yo pensé:

así que esto es el mundo.
No estoy en él.
Es bello.

DE

CASA DE LUZ

(1990)

Is the soul solid, like iron?
Or is it tender and breakable, like
the wings of a moth in the beak of the owl?
Who has it, and who doesn't?
I keep looking around me.
The face of the moose is as sad
as the face of Jesus.
The swan opens her white wings slowly.
In the fall, the black bear carries leaves into the darkness.
One question leads to another.
Does it have a shape? Like an iceberg?
Like the eye of a hummingbird?
Does it have one lung, like the snake and the scallop?
Why should I have it, and not the anteater
who loves her children?
Why should I have it, and not the camel?
Come to think of it, what about the maple trees?
What about the blue iris?
What about all the little stones, sitting alone in the moonlight?
What about roses, and lemons, and their shining leaves?
What about the grass?

ALGUNAS PREGUNTAS QUE PODRÍAS HACER

¿Es el alma sólida, como el hierro?
¿O es tierna y quebradiza, como
las alas de una polilla en el pico de un búho?
¿Quién la tiene y quién no?
Sigo mirando a mi alrededor.
La cara del alce es tan triste
como la cara de Jesús.
El cisne abre sus blancas alas lentamente.
En otoño, el oso negro lleva hojas a la oscuridad.
Una pregunta lleva a otra.
¿Tiene forma? ¿Como un iceberg?
¿Como el ojo de un colibrí?
¿Tiene un pulmón, como la serpiente y la vieira?
¿Por qué debería tenerla yo y no el oso hormiguero
que ama a sus crías?
¿Por qué debería tenerla yo y no el camello?
Piensa en ello, ¿qué me dices de los arces?
¿Qué de los iris azules?
¿Qué sobre todas las piedrecillas, sentadas solas bajo la luz de la luna?
¿Qué sobre las rosas y los limones y sus hojas brillantes?
¿Qué sobre la hierba?

THE BUDDHA'S LAST INSTRUCTION

"Make of yourself a light,"
said the Buddha,
before he died.
I think of this every morning
as the east begins
to tear off its many clouds
of darkness, to send up the first
signal—a white fan
streaked with pink and violet,
even green.
An old man, he lay down
between two sala trees,
and he might have said anything,
knowing it was his final hour.
The light burns upward,
it thickens and settles over the fields.
Around him, the villagers gathered
and stretched forward to listen.
Even before the sun itself
hangs, disattached, in the blue air,
I am touched everywhere
by its ocean of yellow waves.
No doubt he thought of everything
that had happened in his difficult life.
And then I feel the sun itself
as it blazes over the hills,
like a million flowers on fire—
clearly I'm not needed,
yet I feel myself turning
into something of inexplicable value.
Slowly, beneath the branches,
he raised his head.
He looked into the faces of that frightened crowd.

LA ÚLTIMA ENSEÑANZA DE BUDA

«Conviértete en luz»,
dijo Buda
antes de morir.
Pienso en ello cada mañana
mientras oriente empieza
a arrancarse sus muchas nubes
de oscuridad, para mandar la primera
señal, un abanico blanco
manchado de rosa y violeta,
incluso de verde.
Un viejo se echa
entre dos árboles sala,
y podría haber dicho cualquier cosa,
sabiendo que había llegado su hora.
La luz arde en ascenso,
se espesa y se asienta en los campos.
A su alrededor, los aldeanos se arremolinan
y se asoman para escuchar.
Incluso antes de que el sol
cuelgue, suelto, en el aire azul,
me alcanza en todas partes
su océano de olas amarillas.
Sin duda pensó en todo
lo que había ocurrido en su difícil vida.
Y entonces siento al sol mismo
arder sobre las colinas,
como un millón de flores incendiadas;
claramente no se me necesita,
pero siento que me transformo
en algo de valor inexplicable.
Poco a poco, bajo las ramas,
levantó la cabeza.
Miró las caras de esa multitud asustada.

THE SUMMER DAY

Who made the world?
Who made the swan, and the black bear?
Who made the grasshopper?
This grasshopper, I mean—
the one who has flung herself out of the grass,
the one who is eating sugar out of my hand,
who is moving her jaws back and forth instead of up and down—
who is gazing around with her enormous and complicated eyes.
Now she lifts her pale forearms and thoroughly washes her face.
Now she snaps her wings open, and floats away.
I don't know exactly what a prayer is.
I do know how to pay attention, how to fall down
into the grass, how to kneel down in the grass,
how to be idle and blessed, how to stroll through the fields,
which is what I have been doing all day.
Tell me, what else should I have done?
Doesn't everything die at last, and too soon?
Tell me, what is it you plan to do
with your one wild and precious life?

EL DÍA DE VERANO

¿Quién hizo el mundo?
¿Quién hizo al cisne, y al oso negro?
¿Quién hizo al saltamontes?
A este saltamontes, me refiero;
el mismo que ha saltado de la yerba,
el mismo que me está comiendo azúcar de la mano,
que está moviendo las mandíbulas atrás y adelante en lugar de arriba y abajo;
que está mirando en derredor con sus enormes y complicados ojos.
Ahora levanta sus pálidos antebrazos y se lava la cara a conciencia.
Ahora chasca sus alas abiertas y se va volando.
No sé muy bien qué es una plegaria.
No sé cómo prestar atención, cómo caer
en la yerba, cómo arrodillarme en la yerba,
cómo estar vacía y bendita, cómo pasear por los campos,
que es lo que he estado haciendo todo el día.
Decidme, ¿qué más debería haber hecho?
¿No muere todo al final y demasiado pronto?
Decidme, ¿qué es lo que planeáis hacer
con vuestra única, preciosa y salvaje vida?

SPRING

Somewhere
    a black bear
        has just risen from sleep
            and is staring

down the mountain.
    All night
        in the brisk and shallow restlessness
            of early spring

I think of her,
    her four black fists
        flicking the gravel,
            her tongue

like a red fire
    touching the grass,
        the cold water.
            There is only one question;

how to love this world.
    I think of her
        rising
            like a black and leafy ledge

to sharpen her claws against
    the silence
        of the trees.
            Whatever else

my life is
    with its poems
        and its music
            and its glass cities,

PRIMAVERA

En alguna parte
    una osa negra
        acaba de salir del sueño
           y está mirando

abajo en la montaña.
    Toda la noche
        en la abrupta y somera agitación
           de la primavera temprana

pienso en ella,
    sus cuatro negros puños
        golpeando la grava,
           su lengua

como un fuego rojo
    tocando la yerba,
        el agua fría.
           Hay solo una cuestión;

cómo amar este mundo.
    Pienso en ella
        alzándose
           cual un negro y frondoso saliente

para afilar sus garras contra
    el silencio
        de los árboles.
           Sea lo que sea

mi vida
    con sus poemas
        y su música
           y sus ciudades de cristal,

it is also this dazzling darkness
coming
down the mountain,
breathing and tasting;

all day I think of her—
her white teeth,
her wordlessness,
her perfect love.

es también esta deslumbrante oscuridad
    bajando
        de la montaña,
            respirando y probando;

todo el día pienso en ella,
    sus dientes blancos,
        su ausencia de palabras,
            su amor perfecto.

LITTLE OWL WHO LIVES IN THE ORCHARD

His beak could open a bottle,
and his eyes—when he lifts their soft lids—
go on reading something
just beyond your shoulder—
Blake, maybe,
or the Book of Revelation.

Never mind that he eats only
the black-smocked crickets,
and dragonflies if they happen
to be out late over the ponds, and of course
the occasional festal mouse.
Never mind that he is only a memo
from the offices of fear—

it's not size but surge that tells us
when we're in touch with something real,
and when I hear him in the orchard
fluttering
down the little aluminum
ladder of his scream—
when I see his wings open, like two black ferns,

a flurry of palpitations
as cold as sleet
rackets across the marshlands
of my heart,
like a wild spring day.

Somewhere in the universe,
in the gallery of important things,
the babyish owl, ruffled and rakish,
sits on its pedestal.
Dear, dark dapple of plush!
A message, reads the label,

EL PEQUEÑO BÚHO QUE VIVE EN LOS FRUTALES

Su pico podría abrir una botella
y sus ojos –cuando levanta los suaves párpados–
siguen leyendo algo
justo por encima de tu hombro,
Blake, tal vez,
o el Libro de la Revelación.

No importa que coma tan solo
los grillos de bata negra,
y las libélulas si llegan
a estar fuera tarde en los estanques, y por supuesto
el esporádico ratón festivo.
No importa que solo sea un informe
de las oficinas del miedo;

no es el tamaño sino el aumento lo que nos dice
cuándo estamos en contacto con algo real,
y cuando lo oigo en los frutales
aleteando
y bajando la pequeña escalera
de aluminio de su grito,
cuando veo sus alas abiertas, como dos helechos negros,

una oleada de palpitaciones
fría como aguanieve
retumba a través de las marismas
de mi corazón,
como un día de primavera salvaje.

En alguna parte del universo,
en la galería de cosas importantes,
el pueril búho, agitado y vividor,
se sienta en su pedestal.
¡Querida, oscura mancha de felpa!
Un mensaje, se lee en la etiqueta,

from that mysterious conglomerate:
Oblivion and Co.
The hooked head stares
from its blouse of dark, feathery lace.
It could be a valentine.

de ese misterioso conglomerado:
Olvido y Cía.
La cabeza aguileña contempla
desde su blusa de encaje oscuro y emplumado.
Podría ser una postal de San Valentín.

THE KOOKABURRAS

In every heart there is a coward and a procrastinator.
In every heart there is a god of flowers, just waiting
to come out of its cloud and lift its wings.
The kookaburras, kingfishers, pressed against the edge of
their cage, they asked me to open the door.
Years later I wake in the night and remember how I said to them,
no, and walked away.
They had the brown eyes of soft-hearted dogs.
They didn't want to do anything so extraordinary, only to fly
home to their river.
By now I suppose the great darkness has covered them.
As for myself, I am not yet a god of even the palest flowers.
Nothing else has changed either.
Someone tosses their white bones to the dung-heap.
The sun shines on the latch of their cage.
I lie in the dark, my heart pounding.

LAS CUCABURRAS

En cada corazón hay un cobarde y un desidioso.
En cada corazón hay un dios de flores, aguardando tan solo
salir de su nube y desplegar sus alas.
Las cucaburras, los alciones, apretados contra el filo de
su jaula, me pidieron abrir la puerta.
Años más tarde me despierto en la noche y recuerdo cómo les dije
no, y me marché.
Tenían los ojos marrones de los perros bonachones.
No querían hacer nada tan extraordinario, tan solo volar
de casa al río.
Pero ahora supongo que la gran oscuridad los ha cubierto.
En cuanto a mí, no soy aún una diosa ni tan siquiera de la más nimia de las flores.
Nada más ha cambiado tampoco.
Alguien tira sus blancos huesos al muladar.
El sol brilla en el pestillo de su jaula.
Me echo en la oscuridad, con el corazón palpitando.

ROSES, LATE SUMMER

What happens
to the leaves after
they turn red and golden and fall
away? What happens

to the singing birds
when they can't sing
any longer? What happens
to their quick wings?

Do you think there is any
personal heaven
for any of us?
Do you think anyone,

the other side of that darkness,
will call to us, meaning us?
Beyond the trees
the foxes keep teaching their children

to live in the valley.
so they never seem to vanish, they are always there
in the blossom of light
that stands up every morning

in the dark sky.
And over one more set of hills,
along the sea,
the last roses have opened their factories of sweetness

and are giving it back to the world.
If I had another life
I would want to spend it all on some
unstinting happiness.

ROSAS, VERANO TARDÍO

¿Qué les ocurre
a las hojas después
de que se vuelvan rojas y doradas
y se caigan? ¿Qué les ocurre

a los pájaros cantores
cuando ya no pueden cantar
nunca más? ¿Qué les ocurre
a sus alas veloces?

¿Creéis que hay
un cielo personal
para alguno de nosotros?
¿Creéis que alguien,

al otro lado de esa oscuridad,
nos llamará, de verdad a nosotros?
Más allá de los árboles
los zorros siguen enseñando a sus crías

a vivir en el valle,
de modo que nunca parecen esfumarse, están ahí siempre
en la floración de la luz
que aparece cada mañana

en el cielo oscuro.
Y sobre otro conjunto de colinas,
a lo largo del mar,
las últimas rosas han abierto sus fábricas de dulzura

y la están devolviendo al mundo.
Si tuviera otra vida
me gustaría pasarla toda en alguna
pródiga felicidad.

I would be a fox, or a tree
full of waving branches.
I wouldn't mind being a rose
in a field full of roses.

Fear has not yet occurred to them, nor ambition.
Reason they have not yet thought of.
Neither do they ask how long they must be roses, and then what.
Or any other foolish question.

Sería un zorro, o un árbol
lleno de ramas ondulantes.
No me importaría ser una rosa
en un campo lleno de rosas.

No han experimentado aún el miedo, ni la ambición.
Aún no han pensado en la razón.
Tampoco han preguntado por cuánto tienen que ser rosas, y luego qué.
O cualquier otra pregunta estúpida.

WHITE OWL FLIES INTO AND
OUT OF THE FIELD

Coming down
out of the freezing sky
with its depths of light,
like an angel,
or a buddha with wings,
it was beautiful
and accurate,
striking the snow and whatever was there
with a force that left the imprint
of the tips of its wings—
five feet apart—and the grabbing
thrust of its feet,
and the indentation of what had been running
through the white valleys
of the snow—

and then it rose, gracefully,
and flew back to the frozen marshes,
to lurk there,
like a little lighthouse,
in the blue shadows—
so I thought:
maybe death
isn't darkness, after all,
but so much light
wrapping itself around us—

as soft as feathers—
that we are instantly weary
of looking, and looking, and shut our eyes,

not without amazement,
and let ourselves be carried,
as through the translucence of mica,
to the river

UN BÚHO BLANCO ENTRA
Y SALE VOLANDO DEL CAMPO

Descendiendo
del cielo helado
con sus honduras de luz,
como un ángel,
o un buda con alas,
era bello
y exacto,
golpeando la nieve y lo que allí hubiera
con una fuerza que dejó la huella
de las puntas de sus alas,
cinco pies de ancho, y el asaltante
empellón de sus patas,
y la hendidura de lo que había estado corriendo
a través de los blancos valles
de la nieve;

y luego se alzó, graciosamente,
y voló de vuelta a los helados pantanos,
para merodear por ahí,
como un pequeño faro,
en las sombras azules;
así que pensé:
quizá la muerte
no sea oscuridad, después de todo,
sino tanta luz
envolviéndose a nuestro alrededor,

suave como las plumas,
que enseguida nos cansamos
de mirar y mirar, y cerramos los ojos

no sin asombro
y nos dejamos llevar,
como a través de la transparencia de la mica,
al río

that is without the least dapple or shadow—
that is nothing but light—scalding, aortal light—
in which we are washed and washed
out of our bones.

que no tiene ni la más mínima mancha o sombra,
que no es nada sino luz, hirviente, aórtica luz,
en la que somos lavados y lavados
fuera de nuestros huesos.

SINGAPORE

In Singapore, in the airport,
a darkness was ripped from my eyes.
In the women's restroom, one compartment stood open.
A woman knelt there, washing something
*   in the white bowl.*

Disgust argued in my stomach
and I felt, in my pocket, for my ticket.

A poem should always have birds in it.
Kingfishers, say, with their bold eyes and gaudy wings,
Rivers are pleasant, and of course trees.
A waterfall, or if that's not possible, a fountain
*   rising and falling.*
A person wants to stand in a happy place, in a poem.

When the woman turned I could not answer her face.
Her beauty and her embarrassment struggled together, and
*   neither could win.*
She smiled and I smiled. What kind of nonsense is this?
Everybody needs a job.

Yes, a person wants to stand in a happy place, in a poem.
But first we must watch her as she stares down at her labor,
*   which is dull enough.*
She is washing the tops of the airport ashtrays, as big as
*   hubcaps, with a blue rag.*
Her small hands turn the metal, scrubbing and rinsing.
She does not work slowly, nor quickly, but like a river.
Her dark hair is like the wing of a bird.
I don't doubt for a moment that she loves her life.
And I want her to rise up from the crust and the slop
*   and fly down to the river.*
This probably won't happen.
But maybe it will.
If the world were only pain and logic, who would want it?

SINGAPUR

En Singapur, en el aeropuerto,
una oscuridad se me desgarró en los ojos.
En el baño de mujeres, un compartimento estaba abierto.
Se veía a una mujer arrodillada, limpiando algo
     en la taza blanca.

El asco protestó en mi estómago
y sentí, en el bolsillo, mi billete.

Un poema debería contener siempre pájaros.
Alciones, digamos, con sus intensos ojos y sus alas chillonas;
los ríos son agradables, y por supuesto los árboles.
Una cascada, o si eso no es posible, una fuente
     brotando y fluyendo.
Una persona quiere estar en un lugar feliz, en un poema.

Cuando la mujer se volvió no pude contestar a su cara.
Su belleza y su apuro forcejeaban, pero ninguno
     lograba imponerse.
Sonreía y sonreía. ¿Qué tontería es esta?
Todo el mundo necesita un trabajo.

Sí, una persona quiere estar en un lugar feliz, en un poema.
Pero primero debemos observarla bajando la mirada a su labor,
     que es bastante dura.
Está limpiando la superficie de los ceniceros del aeropuerto, grandes
     como tapacubos, con un trapo azul.
Sus manitas giran el metal, fregando y enjuagando.
No trabaja con lentitud ni rapidez, sino como un río.
Su cabello oscuro es como el ala de un ave.
No dudo ni un instante de que ama su vida.
Y quiero que se levante de la costra y la porquería
     y baje volando al río.
Esto probablemente no ocurrirá.
Pero quizá sí.
Si el mundo solo fuera dolor y lógica, ¿quién lo querría?

543

Of course, it isn't.
Neither do I mean anything miraculous, but only
the light that can shine out of a life. I mean
the way she unfolded and refolded the blue cloth,
the way her smile was only for my sake; I mean
the way this poem is filled with trees, and birds.

No lo es, por supuesto.
Tampoco me refiero a nada milagroso, sino solo
a la luz que puede despedir una vida. Me refiero
a la manera en que desplegaba y plegaba el paño azul;
esa forma de su sonrisa por mi causa; me refiero
a la manera en que este poema está lleno de árboles y pájaros.

THE HERMIT CRAB

Once I looked inside
  the darkness
    of a shell folded like a pastry,
      and there was a fancy face—

or almost a face—
  it turned away
    and frisked up its brawny forearms
      so quickly

against the light
  and my looking in
    I scarcely had time to see it,
      gleaming

under the pure white roof
  of old calcium.
      When I set it down, it hurried
        along the tideline

of the sea,
  which was slashing along as usual,
    shouting and hissing
      toward the future,

turning its back
  with every tide on the past,
    leaving the shore littered
      every morning

with more ornaments of death—
  what a pearly rubble
    from which to choose a house
      like a white flower—

EL CANGREJO ERMITAÑO

Una vez miré en el interior
  de la oscuridad
    de una concha doblada como un hojaldre,
      y apareció una cara curiosa,

o casi una cara,
  se volvió
    y blandió sus fornidos antebrazos
      tan rápido

contra la luz
  y mi intromisión
    que apenas tuve tiempo de verlo,
      refulgiendo

bajo el tejado blanco puro
  del viejo calcio.
    Cuando lo dejé en el suelo, se apresuró
      a lo largo del filo

del mar,
  que iba segando como siempre,
    bramando y siseando
      hacia el futuro,

volviendo la espalda
  con cada marea del pasado,
    dejando la costa plagada
      cada mañana

con más ornamentos de muerte,
  qué restos nacarados
    entre los que elegir una casa
      como una blanca flor,

and what a rebellion
  to leap into it
    and hold on,
      connecting everything,

the past to the future—
  which is of course the miracle—
    which is the only argument there is
      against the sea.

y qué rebeldía
   saltar ahí
      y aguantar,
         conectándolo todo,

el pasado con el futuro,
    que es por supuesto el milagro,
       que es el único argumento que hay
       contra el mar.

THE KINGFISHER

The kingfisher rises out of the black wave
like a blue flower, in his beak
he carries a silver leaf. I think this is
the prettiest world—so long as you don't mind
a little dying, how could there be a day in your whole life
that doesn't have its splash of happiness?
There are more fish than there are leaves
on a thousand trees, and anyway the kingfisher
wasn't born to think about it, or anything else.
When the wave snaps shut over his blue head, the water
remains water—hunger is the only story
he has ever heard in his life that he could believe.
I don't say he's right. Neither
do I say he's wrong. Religiously he swallows the silver leaf
with its broken red river, and with a rough and easy cry
I couldn't rouse out of my thoughtful body
if my life depended on it, he swings back
over the bright sea to do the same thing, to do it
(as I long to do something, anything) perfectly.

EL MARTÍN PESCADOR

El martín pescador surge de la ola negra
como una flor azul, lleva en el pico
una hoja plateada. Creo que es este
el mundo más precioso, siempre que no te importe
un poco de muerte, ¿cómo podría haber un solo día en toda tu vida
que no tenga su ráfaga de felicidad?
Hay más pescado que hojas
en un millar de árboles, y sea como sea el martín pescador
no nació para pensar en ello, ni en ninguna otra cosa.
Cuando la ola chasca cerrada sobre su cabeza azul, el agua
sigue siendo agua; el hambre es la única historia
creíble que ha escuchado en su vida.
No digo que tenga razón. Tampoco
que se equivoque. Religiosamente se traga la hoja plateada
con su roto río rojo, y con un áspero y fácil grito
que no podría arrancar de mi cuerpo pensativo
aunque mi vida dependiera de ello, se columpia de regreso
por encima del mar brillante para hacer lo mismo, para hacerlo
(como yo quisiera hacer algo, cualquier cosa) a la perfección.

THE SWAN

Across the wide waters
  something comes
    floating–a slim
      and delicate

ship, filled
  with white flowers–
    and it moves
      on its miraculous muscles

as though time didn't exist,
  as though bringing such gifts
    to the dry shore
      was a happiness

almost beyond bearing.
  And now it turns its dark eyes,
    it rearranges
      the clouds of its wings,

it trails
  an elaborate webbed foot,
    the color of charcoal.
      Soon it will be here.

Oh, what shall I do
  when that poppy-colored beak
    rests in my hand?
      Said Mrs. Blake of the poet:

I miss my husband's company–
  he is so often
    in paradise.
      Of course! the path to heaven

EL CISNE

A través de las amplias aguas
   algo llega
      flotando; un fino
      y delicado

barco, lleno
   de flores blancas;
      y se mueve
         con sus músculos milagrosos

como si el tiempo no existiera,
   como si transportar esos dones
      a la orilla seca
         fuera una felicidad

casi más allá de lo soportable.
   Y ahora vuelve sus ojos oscuros,
      recompone
         las nubes de sus alas,

arrastra
   una elaborada pata palmeada,
      color del carbón vegetal.
         Pronto estará aquí.

Oh, ¿qué voy a hacer
   cuando ese pico color amapola
      descanse en mi mano?
         Dijo la Sra. Blake del poeta:

Echo de menos la compañía de mi marido;
   está tan a menudo
      en el paraíso.
         ¡Por supuesto! El camino al cielo

doesn't lie down in flat miles.
It's in the imagination
with which you perceive
this world,

and the gestures
with which you honor it.
Oh, what will I do, what will I say, when those
white wings
touch the shore?

no pasa por llanuras.
    Es en la imaginación
      donde se percibe
        este mundo,

y los gestos
    con los que lo honras.
      Oh, ¿qué voy a hacer, qué diré, cuando esas
        blancas alas
      toquen la orilla?

TURTLE

Now I see it–
it nudges with its bulldog head
the slippery stems of the lilies, making them tremble;
and now it noses along in the wake of the little brown teal

who is leading her soft children
from one side of the pond to the other; she keeps
close to the edge
and they follow closely, the good children–

the tender children,
the sweet children, dangling their pretty feet
into the darkness.
And now will come–I can count on it–the murky splash,

the certain victory
of that pink and gassy mouth, and the frantic
circling of the hen while the rest of the chicks
flare away over the water and into the reeds, and my heart

will be most mournful
on their account. But, listen,
what's important?
Nothing's important

except that the great and cruel mystery of the world,
of which this is a part,
not be denied. Once,
I happened to see, on a city street, in summer,

a dusty, fouled turtle plodding along–
a snapper–
broken out I suppose from some backyard cage–
and I knew what I had to do–

TORTUGA

Ahora la veo;
ronda con su cabeza de bulldog
los resbaladizos tallos de los lirios, haciéndolos temblar;
y ahora va hocicando tras la pequeña cerceta común

que va guiando a sus suaves crías
de un lado al otro del estanque; se mantiene
cerca del filo
y ellas siguen pegadas, las buenas crías;

las tiernas criaturas,
las dulces crías, colgando sus bellas patas
en la oscuridad.
Y ahora vendrá –lo estoy viendo–, el turbio salpicón,

la victoria certera
de esa boca rosada y gaseosa, y el agitado
circundar de la gallina mientras el resto de polluelos
desvanecen su fulgor en el agua y entre los juncos, y mi corazón

se afligirá tanto
por su causa. Pero, escucha,
¿qué es lo importante?
Nada es importante

salvo que el gran y cruel misterio del mundo,
del que esto es una parte,
no se niegue. Una vez
acerté a ver, en una calle urbana, en verano,

una sucia, repulsiva tortuga arrastrándose,
un pargo,
salida supongo de alguna jaula doméstica,
y supe lo que tenía que hacer;

I looked it right in the eyes, and I caught it—
I put it, like a small mountain range,
into a knapsack, and I took it out
of the city, and I let it

down into the dark pond, into
the cool water,
and the light of the lilies,
to live.

la miré a los ojos y la cogí;
la puse, como una pequeña cordillera,
en una mochila y la saqué
de la ciudad, y la dejé

en el oscuro estanque, en
el agua fría,
y en la luz de los lirios,
para que viviera.

THE LOON ON OAK-HEAD POND

cries for three days, in the gray mist.
cries for the north it hopes it can find.

plunges, and comes up with a slapping pickerel.
blinks its red eye.

cries again.

you come every afternoon, and wait to hear it.
you sit a long time, quiet, under the thick pines,
in the silence that follows.

as though it were your own twilight.
as though it were your own vanishing song.

EL COLIMBO EN EL ESTANQUE DE OAK-HEAD

grita durante tres días, en la niebla gris.
grita por el norte que espera encontrar.

se zambulle y sale con un lucio restallante.
parpadea con sus ojos rojos.

grita de nuevo.

vienes cada tarde, y esperas oírlo.
te sientas un buen rato, quieta, bajo los pinos espesos,
en el silencio que sigue.

como si fuera tu propio crepúsculo.
como si fuera tu propia canción evanescente.

FIVE A.M. IN THE PINEWOODS

I'd seen
their hoofprints in the deep
needles and knew
they ended the long night

under the pines, walking
like two mute
and beautiful women toward
the deeper woods, so I

got up in the dark and
went there. They came
slowly down the hill
and looked at me sitting under

the blue trees, shyly
they stepped
closer and stared
from under their thick lashes and even

nibbled some damp
tassels of weeds. This
is not a poem about a dream,
though it could be.

This is a poem about the world
that is ours, or could be.
Finally
one of them—I swear it!—

would have come to my arms.
But the other
stamped sharp hoof in the
pine needles like

CINCO A. M. EN LOS PINARES

Había visto
las huellas de sus pezuñas en las agujas
hondas y sabía
que terminaban la larga noche

bajo los pinos, caminando
como dos mudas
y bellas mujeres hacia
los bosques profundos, así

que me levanté en la oscuridad y
me fui allí. Bajaron
poco a poco de la colina
y me miraron sentada bajo

los árboles azules, tímidas
avanzaron
más cerca y miraron
bajo sus gruesas pestañas y aun

mordisquearon unas húmedas
borlas de maleza. Esto
no es un poema sobre un sueño,
aunque podría serlo.

Esto es un poema sobre el mundo
que es nuestro, o podría serlo.
Finalmente
una de ellas –¡lo juro!–

hubiera venido a mis brazos.
Pero la otra
estampó la pezuña afilada en las
agujas de los pinos como

the tap of sanity,
and they went off together through
the trees. When I woke
I was alone,

I was thinking:
so this is how you swim inward,
so this is how you flow outward,
so this is how you pray.

la espita de la cordura,
y se fueron juntas a través
de los árboles. Cuando me levanté
estaba sola,

estaba pensando:
así que así es como nadas adentro,
así que así es como fluyes afuera,
así que así es como rezas.

SOME HERONS

A blue preacher
flew toward the swamp,
in slow motion.

On the leafy banks,
an old Chinese poet,
hunched in the white gown of his wings,

was waiting.
The water
was the kind of dark silk

that has silver lines
shot through it
when it is touched by the wind

or is splashed upward,
in a small, quick flower,
by the life beneath it.

The preacher
made his difficult landing,
his skirts up around his knees.

The poet's eyes
flared, just as a poet's eyes
are said to do

when the poet is awakened
from the forest of meditation.
It was summer.

It was only a few moments past the sun's rising,
which meant that the whole long sweet day
lay before them.

ALGUNAS GARZAS

Un víreo azul
voló hacia la ciénaga
a cámara lenta.

En las orillas frondosas,
un viejo poeta chino,
encorvado en la blanca túnica de sus alas,

aguardaba.
El agua
era el tipo de oscura seda

que tiene vetas de plata
disparadas al través
cuando la toca el viento

o estalla salpicando
en una pequeña flor rápida
por la vida abajo.

El víreo
hizo su aterrizaje difícil,
las faldas alzadas en las rodillas.

Los ojos del poeta
refulgieron, tal y como
se supone que lo hacen

cuando el poeta despierta
del bosque de la meditación.
Era verano.

Fue tan solo unos instantes tras la salida del sol,
lo que significaba que todo el dulce día largo
tenían por delante.

They greeted each other,
rumpling their gowns for an instant,
and then smoothing them.

They entered the water,
and instantly two more herons—
equally as beautiful—

joined them and stood just beneath them
in the black, polished water
where they fished, all day.

Se saludaron,
arrugando sus túnicas por un momento,
y luego alisándolas.

Entraron en el agua,
y enseguida dos garzas más,
igual de bellas,

se les unieron justo debajo
en la negra, pulida agua
donde pescaron todo el día.

DE

TRABAJO DE SUEÑO

(1986)

ONE OR TWO THINGS

1.

Don't bother me.
I've just
been born.

2.

The butterfly's loping flight
carries it through the country of the leaves
delicately, and well enough to get it
where it wants to go, wherever that is, stopping
here and there to fuzzle the damp throats
of flowers and the black mud; up
and down it swings, frenzied and aimless; and sometimes

for long delicious moments it is perfectly
lazy, riding motionless in the breeze on the soft stalk
of some ordinary flower.

3.

The god of dirt
came up to me many times and said
so many wise and delectable things, I lay
on the grass listening
to his dog voice,
crow voice,
frog voice; now,
he said, and now,
and never once mentioned forever,

UNA O DOS COSAS

1.

No me molestes.
Acabo
de nacer.

2.

El vuelo zancudo de la mariposa
la lleva a través del país de las hojas
con delicadeza, y bastante bien para llegar
a donde quiere ir, sea donde sea, parándose
aquí y ahí para emborrachar las gargantas húmedas
de las flores y el negro barro; arriba
y abajo se balancea, frenética y sin rumbo, y a veces

durante largos deliciosos momentos se muestra perfectamente
perezosa, montada inmóvil en la brisa del suave tallo
de alguna flor ordinaria.

3.

El dios de la suciedad
se me acercó muchas veces y dijo
tantas cosas sabias y exquisitas, me echo
en la yerba escuchando
su voz de perro,
su voz de cuervo,
voz de rana; *ahora,*
dijo, y *ahora,*
y ni una sola vez mencionó *para siempre,*

4.

which has nevertheless always been,
like a sharp iron hoof,
at the center of my mind.

5.

One or two things are all you need
to travel over the blue pond, over the deep
roughage of the trees and through the stiff
flowers of lightning—some deep
memory of pleasure, some cutting
knowledge of pain.

6.

But to lift the hoof!
For that you need
an idea.

7.

For years and years I struggled
just to love my life. And then

the butterfly
rose, weightless, in the wind.
"Don't love your life
too much," it said,

and vanished
into the world.

4.

que de todas maneras siempre ha estado,
como una afilada pezuña de hierro,
en el centro de mi mente.

5.

Una o dos cosas es todo lo que necesitas
para viajar sobre el estanque azul, sobre la honda
fibra de los árboles y a través de las tiesas
flores de los relámpagos; cierta memoria
profunda del placer, cierto conocimiento
hiriente del placer.

6.

¡Mas alzar la pezuña!
Para eso se necesita
una idea.

7.

Durante años y años me esforcé
en amar mi vida. Y luego

la mariposa
se alzó, ingrávida, en el viento.
«No ames tu vida
demasiado», dijo,

y se desvaneció
en el mundo.

MORNING POEM

Every morning
the world
is created.
Under the orange

sticks of the sun
the heaped
ashes of the night
turn into leaves again

and fasten themselves to the high branches
and the ponds appear
like black cloth
on which are painted islands

of summer lilies.
If it is your nature
to be happy
you will swim away along the soft trails

for hours, your imagination
alighting everywhere.
And if your spirit
carries within it

the thorn
that is heavier than lead—
if it's all you can do
to keep on trudging—

there is still
somewhere deep within you
a beast shouting that the earth
is exactly what it wanted—

POEMA MATUTINO

Cada mañana
se crea
el mundo.
Bajo las varillas

anaranjadas del sol
las amontonadas
cenizas de la noche
se vuelven hojas de nuevo

y se sujetan a las altas ramas
y los estanques aparecen
como paños oscuros
en los que hay pintadas islas

de lirios estivales.
Está en tu naturaleza
ser feliz
irás nadando por los suaves senderos

durante horas, posándose
tu imaginación por doquier.
Y si tu espíritu
conlleva

la espina
más pesada que el plomo,
es todo lo que puedes hacer
para seguir tirando,

hay aún
en alguna parte profunda de ti
una bestia gritando que la tierra
es eso exactamente lo que quería;

each pond with its blazing lilies
is a prayer heard and answered
lavishly,
every morning,

whether or not
you have ever dared to be happy,
whether or not
you have ever dared to pray.

cada estanque con sus lirios ardientes
es una plegaria escuchada y atendida
fastuosamente,
cada mañana,

te hayas o no te hayas
atrevido alguna vez a ser feliz,
te hayas o no te hayas
atrevido alguna vez a rezar.

WILD GEESE

You do not have to be good.
You do not have to walk on your knees
for a hundred miles through the desert repenting.
You only have to let the soft animal of your body
    love what it loves.
Tell me about despair, yours, and I will tell you mine.
Meanwhile the world goes on.
Meanwhile the sun and the clear pebbles of the rain
are moving across the landscapes,
over the prairies and the deep trees,
the mountains and the rivers.
Meanwhile the wild geese, high in the clean blue air,
are heading home again.
Whoever you are, no matter how lonely,
the world offers itself to your imagination,
calls to you like the wild geese, harsh and exciting—
over and over announcing your place
in the family of things.

GANSOS SALVAJES

No tienes que ser buena.
No tienes que andar de rodillas
cientos de millas a través del desierto lamentándote.
Tan solo tienes que dejar al suave animal de tu cuerpo
    amar lo que ama.
Háblame de la desesperación, la tuya, y yo te hablaré de la mía.
Entre tanto el mundo continúa.
Entre tanto el sol y la clara gravilla de la lluvia
se van moviendo a través de los paisajes,
sobre las praderas y los hondos árboles,
las montañas y los ríos.
Entre tanto los gansos salvajes, elevados en el límpido aire azul,
están volviendo a casa otra vez.
Quienquiera que seas, sin importar lo sola que estés,
el mundo se ofrece a tu imaginación,
te reclama como los gansos salvajes, severos y excitantes;
anunciando una y otra vez tu lugar
en la familia de las cosas.

SHADOWS

Everyone knows the great energies running amok cast
terrible shadows, that each of the so-called
senseless acts has its thread looping
back through the world and into a human heart.
   And meanwhile
the gold-trimmed thunder
wanders the sky; the river
may be filling the cellars of the sleeping town.
Cyclone, fire, and their merry cousins
   bring us to grief—but these are the hours
with the old wooden-god faces;
we lift them to our shoulders like so many
black coffins, we continue walking
into the future. I don't mean
   there are no bodies in the river,
or bones broken by the wind. I mean
everyone who has heard the lethal train-roar
of the tornado swears there was no mention ever
of any person, or reason—I mean
   the waters rise without any plot upon
history, or even geography. Whatever
power of the earth rampages, we turn to it
dazed but anonymous eyes; whatever
the name of the catastrophe, it is never
   the opposite of love.

SOMBRAS

Todo el mundo sabe que las grandes energías frenéticas arrojan
terribles sombras, que cada uno de los llamados
actos sin sentido tiene su hilo desovillándose
a través del mundo y hacia el corazón humano.
   Y entre tanto
el trueno troquelado de oro
vaga por el cielo; el río
quizá llena los sótanos de la ciudad durmiente.
El ciclón, el fuego y sus alegres primos
   nos conducen al dolor; pero estas son las horas
con los viejos rostros de dioses de madera;
los alzamos sobre los hombros como tantos
negros ataúdes, seguimos caminando
hacia el futuro. No quiero decir
   que no haya cuerpos en el río,
o huesos rotos por el viento. Me refiero
a que cualquiera que haya oído el mortal y atronador tren
del tornado jura que no hubo ninguna mención jamás
de ninguna persona o razón; quiero decir
   que las aguas suben sin conspirar contra
la historia, ni aun contra la geografía. Sea cual sea
el poder de la tierra que embista, lo miramos
con ojos deslumbrados pero anónimos; sea cual sea
el nombre de la catástrofe, nunca se trata
   de lo opuesto al amor.

THE JOURNEY

One day you finally knew
what you had to do, and began,
though the voices around you
kept shouting
their bad advice—
though the whole house
began to tremble
and you felt the old tug
at your ankles.
"Mend my life!"
each voice cried.
But you didn't stop.
You knew what you had to do,
though the wind pried
with its stiff fingers
at the very foundations—
though their melancholy
was terrible.
It was already late
enough, and a wild night,
and the road full of fallen
branches and stones.
But little by little,
as you left their voices behind,
the stars began to burn
through the sheets of clouds,
and there was a new voice,
which you slowly
recognized as your own,
that kept you company
as you strode deeper and deeper
into the world,
determined to do
the only thing you could do—
determined to save
the only life you could save.

EL VIAJE

Un día finalmente supiste
lo que debías hacer, y empezaste,
aunque las voces a tu alrededor
siguieron gritando
su mal consejo;
aunque la casa entera
empezó a temblar
y sentiste el viejo tirón
en tus tobillos.
«¡Arregla mi vida!»,
gritaban las voces.
Pero tú no parabas.
Sabías lo que debías hacer,
aunque el viento espiara
con sus dedos tiesos
en los mismísimos fundamentos;
aunque su melancolía
fuera terrible.
Era ya lo bastante
tarde, y noche salvaje,
y el camino lleno de ramas
caídas y piedras.
Pero poco a poco,
mientras dejabas sus voces atrás,
las estrellas empezaron a arder
a través de las sábanas de nubes,
y apareció una nueva voz
que poco a poco
reconociste como propia,
que te hacía compañía
mientras ibas dando pasos largos y hondos
hacia el mundo,
decidida a hacer
la única cosa que podías hacer;
decidida a salvar
la única vida que podías salvar.

POEM

The spirit
   likes to dress up like this:
      ten fingers,
         ten toes,

shoulders, and all the rest
   at night
      in the black branches,
         in the morning

in the blue branches
   of the world.
      It could float, of course,
         but would rather

plumb rough matter.
   Airy and shapeless thing,
      it needs
         the metaphor ofthe body,

lime and appetite,
   the oceanic fluids;
      it needs the body's world,
         instinct

and imagination
   and the dark hug of time,
      sweetness
         and tangibility,

to be understood,
   to be more than pure light
      that burns
         where no one is—

POEMA

Al espíritu
    le gusta vestirse así:
    diez dedos en las manos,
        en los pies,

hombros, y el resto
    de noche
        en las ramas negras,
            por la mañana

en las ramas azules
    del mundo.
        Podría flotar, por supuesto,
            pero quizá

sondearía a través de la materia.
    Aérea e informe cosa,
        necesita
            la metáfora del cuerpo,

cal y apetito,
    los fluidos oceánicos;
        necesita el cuerpo del mundo,
            instinto

e imaginación
    y el oscuro abrazo del tiempo,
        dulzura
            y tangibilidad,

ser entendido,
    ser más que la pura luz
        que arde
            donde nadie está–

so it enters us—
  in the morning
    shines from brute comfort
      like a stitch of lightning;

and at night
  lights up the deep and wondrous
    drownings of the body
      like a star.

por eso nos penetra–
    por la mañana
        brilla en el salvaje bienestar
            como una puntada de relámpago;

y de noche
    enciende los profundos y prodigiosos
        ahogos del cuerpo
            como un astro.

TWO KINDS OF DELIVERANCE

1.

Last night the geese came back,
slanting fast
from the blossom of the rising moon down
to the black pond. A muskrat
swimming in the twilight saw them and hurried

to the secret lodges to tell everyone
spring had come.

And so it had.
By morning when I went out
the last of the ice had disappeared, blackbirds
sang on the shores. Every year
the geese, returning,
do this, I don't
know how.

2.

The curtains opened and there was
an old man in a headdress of feathers,
leather leggings and a vest made
from the skin of some animal. He danced

i n a kind of surly rapture, and the trees
in the fields far away
began to mutter and suck up their long roots.
Slowly they advanced until they stood
pressed to the schoolhouse windows.

DOS FORMAS DE SALVACIÓN

1.

La noche pasada, los gansos volvieron
venciéndose rápido
de la floración de la luna saliente
hasta el estanque oscuro. Una rata almizclera
nadando en el crepúsculo los vio y se apresuró

a las secretas moradas para anunciar
que la primavera había llegado.

Y así era.
Cuando salí por la mañana
los restos de hielo habían desaparecido, los mirlos
cantaban en las orillas. Cada año
los gansos, al volver,
hacen lo mismo, no sé
cómo.

2.

Se abrió el telón y apareció
un viejo con un tocado de plumas,
mallas de cuero y un cinturón hecho
de la piel de algún animal. Bailaba

con una especie de rapto malhumorado, y los árboles
en los campos a lo lejos
empezaron a musitar y a sorber sus largas raíces.
Poco a poco avanzaron hasta quedar
pegados a las ventanas de la escuela.

3.

I don't know
lots of things but I know this: next year
when spring
flows over the starting point I'll think I'm going to
drown in the shimmering miles of it and then
one or two birds will fly me over
the threshold.
                    As for the pain
of others, of course it tries to be
abstract, but then

there flares up out of a vanished wilderness, like fire,
still blistering: the wrinkled face
of an old Chippewa
smiling, hating us,
dancing for his life.

3.

Ignoro
muchas cosas pero al menos sé que el año que viene,
cuando la primavera
fluya del punto de partida, pensaré que voy a
anegarme en sus centelleantes leguas y que luego
uno o dos pájaros me elevarán por encima
del umbral.
      En cuanto al dolor
de los demás, por supuesto intenta ser
abstracto, pero luego

se reaviva de entre un desvanecido yermo, cual fuego,
aún abrasando: la cara arrugada
de un viejo chippewa
sonriendo, odiándonos,
bailando por su vida.

BLACK SNAKES

Suddenly
there I was
on the warm rocks–fear
like a mallet
slung against
metal–it was
that sudden,
that loud,
though in truth
there was no sound, only
the rough wing of fright
rushing
through our bodies.
One flowed
under the leaves, the other flared
half its length
into the air
against my body, then swirled
away. Once I had steadied,
I thought: how valiant!
and I wished
I had come softly, I wished
they were my dark friends.
For a moment I stared
through the impossible gates.
Then I saw them, under the vines,
coiled, cringing,
wishing me gone
with their stone eyes.
Not knowing what I would do
next, their tongues
shook like fire
at the echoes of my body—
that column of death
plunging
through the delicate woods.

SERPIENTES NEGRAS

De pronto
ahí estaba yo
sobre las piedras calientes, miedo
cual una maza
golpeada contra
metal, fue
así de repentino,
así de alto,
aunque en realidad
no hubo ningún sonido, solo
la hirsuta ala del terror
corriendo
a través de nuestros cuerpos.
Una fluía
bajo las hojas, la otra fulgía
la mitad de su longitud
en el aire
contra mi cuerpo, luego se fue
ondeando. Cuando me repuse,
pensé: ¡qué valientes!
y deseé
haber llegado con calma, quise
que fueran mis oscuras amigas.
Por un instante me asomé
a través de las puertas imposibles.
Luego las vi, bajo las enredaderas,
ovilladas, encogiéndose,
deseando que me fuera
con sus ojos de piedra.
Sin saber lo que iba
a hacer, sus lenguas
se turbaron como fuego
con los ecos de mi cuerpo;
esa columna de muerte
clavándose
a través de los bosques delicados.

Sometimes,
walking for hours through the woods,
I don't know what I'm looking for,
maybe for something
shy and beautiful to come
frisking out of the undergrowth.

Once a fawn did just that.
My dog didn't know
what dogs usually do.
And the fawn didn't know.

As for the doe, she was probably
down in Round Pond, swizzling up
the sweet marsh grass and dreaming
that everything was fine.

⁓

The way I'd like to go on living in this world
wouldn't hurt anything, I'd just go on
walking uphill and downhill, looking around,
and so what if half the time I don't know
what for—

so what if it doesn't come
to a hill of beans—

so what if I vote liberal,

and am Jewish,
or Lutheran—

A veces,
caminando horas por los bosques,
no sé lo que busco,
quizá algo
tímido y bello que salga
retozando del sotobosque.

Una vez un cervatillo lo hizo.
Mi perro no sabía
qué suelen hacer los perros.
Y el cervatillo no lo sabía.

En cuanto a la cierva, quizá
había bajado a Round Pond, removiendo
la dulce marisma y soñando
que todo estaba bien.

—————∞∞∞—————

El modo en que quisiera seguir viviendo en este mundo
no haría daño a nadie, tan solo iría
andando cuesta arriba y abajo, mirando alrededor,
¿y qué más da si la mayoría de las veces no supiera
para qué;

qué más da si no
llega a nada;

y qué si voto a la izquierda,

y soy judía
o luterana;

or a game warden–

or a bingo addict–

and smoke a pipe?

———⊶∞⊷———

In the films of Dachau and Auschwitz and Bergen-Belsen
the dead rise from the earth
and are piled in front of us, the starved
stare across forty years,
and lush, green, musical Germany
shows again its iron claw, which won't

ever be forgotten, which won't
ever be understood, but which did,
slowly, for years, scrape across Europe

———⊶∞⊷———

while the rest of the world
did nothing.

———⊶∞⊷———

Oh, you never saw
such a good leafy place, and
everything was fine, my dog and the fawn
did a little dance,
they didn't get serious.
Then the fawn clambered away through the leaves

and my gentle dog followed me away.

———⊶∞⊷———

Oh, you never saw such a garden!
A hundred kinds of flowers in bloom!
A waterfall, for pleasure and nothing else!
The garden furniture is white,

o guarda de caza y pesca;

o adicta al bingo;

y me fumo una pipa?

———❦———

En las películas de Dachau y Auschwitz y Bergen-Belsen
los muertos se alzan de la tierra
y se apilan frente a nosotros, los famélicos
miran a través de cuarenta años,
y la suntuosa, verde, musical Alemania
muestra de nuevo su garra de hierro, que jamás

se olvidará, que jamás
se entenderá, pero que consiguió,
lenta, durante años, arañar Europa

———❦———

mientras el resto del mundo
no hacía nada.

———❦———

Oh, nunca se había visto
lugar frondoso tan ideal, y
todo estaba bien, mi perro y el cervatillo
se marcaron un pequeño baile,
pero no se pusieron serios.
Luego el cervatillo se escabulló entre las hojas

y mi buen perro me siguió.

———❦———

¡Oh, nunca se había visto un jardín así!
¡Cien clases de flores abiertas!
¡Una cascada, por placer y nada más!
Los muebles de exterior son blancos,

tables and chairs in the cool shade.
A man sits there, the long afternoon before him.

He is finishing lunch, some kind
of fruit, chicken, and a salad.
A bottle of wine with a thin and beaded neck.

He fills a glass.
You can tell it is real crystal.
He lifts it to his mouth and drinks peacefully.

It is the face of Mengele.

———❦———

Later
the doe came wandering back in the twilight.
She stepped through the leaves. She hesitated,
sniffing the air.

Then she knew everything.

———❦———

The forest grew dark.

She nuzzled her child wildly.

mesas y sillas en la fresca sombra.
Un hombre sentado ahí, la larga tarde ante él.

Está terminando de comer, algún tipo
de fruta, pollo, y una ensalada.
Una botella de vino con cuello fino perlado.

Se sirve una copa.
Se nota que es de buen cristal.
Se la lleva a la boca y bebe con serenidad.

Es la cara de Mengele.

Más tarde
la cierva volvió vagando en el crepúsculo.
Saltó de entre las hojas. Titubeó,
olisqueando el aire.

Y lo supo todo.

El bosque se oscureció.

La cierva achuchó a su cría locamente.

THE SUNFLOWERS

Come with me
   into the field of sunflowers.
      Their faces are burnished disks,
         their dry spines

creak like ship masts,
   their green leaves,
      so heavy and many,
         fill all day with the sticky

sugars of the sun.
   Come with me
      to visit the sunflowers,
         they are shy

but want to be friends;
   they have wonderful stories
      of when they were young—
         the important weather,

the wandering crows.
   Don't be afraid
      to ask them questions!
         Their bright faces,

which follow the sun,
   will listen, and all
      those rows of seeds—
         each one a new life!—

hope for a deeper acquaintance;
   each of them, though it stands
      in a crowd of many,
         like a separate universe,

LOS GIRASOLES

Ven conmigo
al campo de girasoles.
Sus rostros son discos quemados,
sus púas secas

crujen como mástiles,
sus hojas verdes,
tan pesadas y múltiples,
llenan el día con los pegajosos

azúcares del sol.
Ven conmigo
a visitar los girasoles,
son tímidos

pero quieren ser amigos;
tienen maravillosas historias
de cuando eran jóvenes;
el clima importante,

los cuervos errantes.
¡No tengas miedo
de hacerles preguntas!
Sus caras brillantes,

que siguen al sol,
escucharán, y todos
esos surcos de semillas;
¡cada uno una nueva vida!

esperanza para una más honda familiaridad;
cada uno de ellos, aunque está
en una gran multitud,
como un universo separado,

is lonely, the long work
of turning their lives
into a celebration
is not easy. Come

and let us talk with those modest faces,
the simple garments of leaves,
the coarse roots in the earth
so uprightly burning.

está a solas, la larga tarea
de transformar sus vidas
en una celebración
no es fácil. Ven

y hablemos con esas caras modestas,
las prendas simples de las hojas,
las rudas raíces en la tierra
ardiendo tan erguidas.

DE

PRIMITIVO
AMERICANO

(1983)

AUGUST

When the blackberries hang
swollen in the woods, in the brambles
nobody owns, I spend

all day among the high
branches, reaching
my ripped arms, thinking

of nothing, cramming
the black honey of summer
into my mouth; all day my body

accepts what it is. In the dark
creeks that run by there is
this thick paw of my life darting among

the black bells, the leaves; there is
this happy tongue.

AGOSTO

Cuando las moras cuelgan
hinchadas en los bosques, en las zarzas
que nadie posee, me paso

el día entre las altas
ramas, que tocan
mis brazos musculados, pensando

en nada, comprimiendo
la miel negra del verano
en mi boca; todo el día mi cuerpo

acepta lo que es. En los oscuros
arroyos que fluyen ahí está
esta gruesa garra de mi vida apresurándose

entre las stapelias, las hojas; está
esta lengua feliz.

THE KITTEN

More amazed than anything
I took the perfectly black
stillborn kitten
with the one large eye
in the center of its small forehead
from the house cat's bed
and buried it in a field
behind the house.

I suppose I could have given it
to a museum,
I could have called the local
newspaper.

But instead I took it out into the field
and opened the earth
and put it back
saying, it was real,
saying, life is infinitely inventive,
saying, what other amazements
lie in the dark seed of the earth, yes,

I think I did right to go out alone
and give it back peacefully, and cover the place
with the reckless blossoms of weeds.

EL GATITO

Más asombrada que otra cosa
cogí al perfectamente negro
gatito mortinato
con un solo gran ojo
en el centro de su pequeña frente
del lecho de la casita del gato
y lo enterré en un campo
detrás de la casa.

Supongo que podría haberlo dado
a un museo,
podría haber llamado al periódico
local.

Pero en cambio me lo llevé al campo
y abrí la tierra
y lo devolví
diciendo, era real,
diciendo, la vida es infinitamente inventiva,
diciendo, qué otros prodigios
yacen en la oscura semilla de la tierra, sí,

creo que hice lo correcto al ir sola
y devolverlo en paz, y cubrir el espacio
con las incautas floraciones de las malezas.

MOLES

Under the leaves, under
the first loose
levels of earth
they're there—quick
as beetles, blind
as bats, shy
as hares but seen
less than these—
traveling
among the pale girders
of appleroot,
rockshelf, nests
of insects and black
pastures of bulbs
peppery and packed full
of the sweetest food:
spring flowers.
Field after field
you can see the traceries
of their long
lonely walks, then
the rains blur
even this frail
hint of them—
so excitable,
so plush,
so willing to continue
generation after generation
accomplishing nothing
but their brief physical lives
as they live and die,
pushing and shoving
with their stubborn muzzles against
the whole earth,
finding it
delicious.

TOPOS

Bajo las hojas, bajo
los primeros holgados
niveles de la tierra
ahí están, rápidos
como escarabajos, ciegos
como murciélagos, tímidos
como liebres pero menos
vistos que estas,
viajando
entre las pálidas vigas
de los tubérculos,
repisas de piedra, nidos
de insectos y negras
pasturas de bulbos
color pimienta y colmados
del alimento más dulce:
flores de primavera.
Campo tras campo
se pueden ver las tracerías
de sus largos
solitarios caminos, luego
las lluvias borran
incluso este débil
indicio de ellos,
tan nerviosos,
tan afelpados,
tan deseosos de continuar
generación tras generación
llevando a cabo
solo sus breves vidas físicas
mientras viven y mueren,
presionando y empujando
con sus tercos bozales contra
la tierra entera,
encontrándolo
delicioso.

CLAPP'S POND

Three miles through the woods
Clapp's Pond sprawls stone gray
among oaks and pines,
the late winter fields

where a pheasant blazes up
lifting his yellow legs
under bronze feathers, opening
bronze wings;

and one doe, dimpling the ground as she touches
its dampness sharply, flares
out of the brush and gallops away.

By evening: rain.
It pours down from the black clouds,
lashes over the roof. The last
acorns spray over the porch; I toss
one, then two more
logs on the fire.

How sometimes everything
closes up, a painted fan, landscapes and moments
flowing together until the sense of distance—
say, between Clapp's Pond and me—
vanishes, edges slide together
like the feathers of a wing, everything
touches everything.

EL ESTANQUE DE POND

A tres millas a través de los bosques
el estanque de Pond extiende piedra gris
entre robles y pinos,
los tardíos campos invernales

donde un faisán llamea
elevando sus patas amarillas
bajo plumas de bronce, abriendo
alas de bronce;

y una cierva, acuchillando el suelo al tocar
su humedad, refulge
entre los matorrales y se va trotando.

⸎

Por la noche: lluvia.
Se derrama de las negras nubes,
restalla sobre el tejado. Las últimas
bellotas se caen en el porche; tiro
una, luego dos troncos
más al fuego.

⸎

Cómo todo a veces
se cierra, un abanico pintado, paisajes y momentos
fluyendo juntos hasta que el sentido de la distancia,
digamos, entre el estanque y yo,
se desvanece, los filos se deslizan
como plumas de un ala, todo
lo toca todo.

⸎

Later, lying half-asleep under
the blankets, I watch
while the doe, glittering with rain, steps
under the wet slabs of the pines, stretches
her long neck down to drink

from the pond
three miles away.

Más tarde, estirada medio dormida bajo
las mantas, observo
cómo la cierva, perlada de lluvia, anda
bajo las húmedas losas de los pinos, estira
su largo cuello para beber

———∞∞∞———

del estanque
a tres millas de aquí.

FIRST SNOW

The snow
began here
this morning and all day
continued, its white
rhetoric everywhere
calling us back to why, how,
whence *such beauty and* what
the meaning; such
an oracular fever! flowing
past windows, an energy it seemed
would never ebb, never settle
less than lovely! and only now,
deep into night,
it has finally ended.
The silence
is immense,
and the heavens still hold
a million candles; nowhere
the familiar things:
stars, the moon,
the darkness we expect
and nightly turn from. Trees
glitter like castles
of ribbons, the broad fields
smolder with light, a passing
creekbed lies
heaped with shining hills;
and though the questions
that have assailed us all day
remain—not a single
answer has been found—
walking out now
into the silence and the light
under the trees,
and through the fields,
feels like one.

PRIMERA NIEVE

La nieve
empezó aquí
esta mañana y todo el día
continuó, su blanca
retórica por doquier
devolviéndonos al *por qué, cómo,*
de dónde esa belleza y *qué*
sobre el significado; ¡vaya
fiebre oracular! ¡fluyendo
tras las ventanas, una energía que parecía
imposible de detener, incapaz de asentarse
sin encanto! y solo ahora,
en lo más hondo de la noche,
ha terminado por fin.
El silencio
es inmenso,
y los cielos aún sostienen
un millón de velas; en ninguna parte
las cosas familiares:
estrellas, la luna,
las oscuridad que esperamos
y que cada noche se vuelve forma. Los árboles
relucen como castillos
de cintas, los vastos campos
arden de luz, un pasajero
torrente aparece
cubierto de colinas brillantes;
y aunque las preguntas
que nos han asaltado todo el día
siguen –ni una sola
respuesta se ha encontrado–,
salir a caminar ahora
en el silencio y la luz
bajo los árboles,
y a través de los campos,
parece que sea una.

GHOSTS

1.

Have you noticed?

2.

Where so many millions of powerful bawling beasts
lay down on the earth and died
it's hard to tell now
what's bone, and what merely
was once.

The golden eagle, for instance,
has a bit of heaviness in him;
moreover the huge barns
seem ready, sometimes, to ramble off
toward deeper grass.

3.

1805
near the Bitterroot Mountains:
a man named Lewis kneels down
on the prairie watching

a sparrow's nest cleverly concealed in the wild hyssop
and lined with buffalo hair. The chicks,
not more than a day hatched, lean
quietly into the thick wool as if
content, after all,
to have left the perfect world and fallen,
helpless and blind
into the flowered fields and the perils
of this one.

FANTASMAS

1.

¿Te has fijado?

2.

Dónde tantos millones de poderosas bestias chillonas
yacen en la tierra y murieron
es difícil de decir ahora
qué es hueso, y qué simplemente
fue un día.

El águila dorada, por ejemplo,
lleva un poco de gravedad;
además los grandes graneros
parecen listos, a veces, para vagar
hacia la yerba más profunda.

3.

1805
cerca de las montañas Bitterroot:
un hombre llamado Lewis se arrodilla
en la pradera observando

el nido de un gorrión sagazmente oculto en el hisopo silvestre
y pautado con pelo de búfalo. Los polluelos,
apenas un día fuera del cascarón, se apoyan
quedos en la lana gruesa como si
estuvieran felices, después de todo,
de haber dejado el mundo perfecto para caer,
indefensos y ciegos,
en los campos floridos y los peligros
de este otro.

4.

In the book of the earth it is written:
nothing can die.

In the book of the Sioux it is written:
they have gone away into the earth to hide.
Nothing will coax them out again
but the people dancing.

5.

Said the old-timers:
the tongue
is the sweetest meat.

Passengers shooting from train windows
could hardly miss, they were
that many.

Afterward the carcasses
stank unbelievably, and sang with flies, ribboned
with slopes of white fat,
black ropes of blood—hellhunks
in the prairie heat.

6.

Have you noticed? *how the rain*
falls soft as the fall
of moccasins. Have you noticed?
how the immense circles still,
stubbornly, after a hundred years,
mark the grass where the rich droppings
from the roaring bulls
fell to the earth as the herd stood
day after day, moon after moon
in their tribal circle, outwaiting
the packs of yellow-eyed wolves that are also
have you noticed? *gone now.*

4.

En el libro de la tierra está escrito:
nada puede morir.

En el libro de los sioux está escrito:
se han ido a la tierra a esconderse.
Nadie les hará salir otra vez
salvo la gente bailando.

5.

Dijeron los viejos sabios:
la lengua
es la carne más dulce.

Pasajeros disparando de las ventanas de tren
no podían casi fallar, eran
tantos.

Después los cadáveres
apestaban increíblemente, y cantaban llenos de moscas, listados
con laderas de grasa blanca,
negras cuerdas de sangre; pedazos de infierno
en el calor de la pradera.

6.

¿Te has fijado? Cómo la lluvia
cae suave como la caída
de mocasines. *¿Te has fijado?*
cómo los inmensos círculos aún,
tozudos, después de un siglo,
marcan la hierba donde las densas deposiciones
de los toros rugientes
cayeron a la tierra mientras la manada
ahí estaba día tras día, luna tras luna
en su círculo tribal, burlando
los grupos de lobos de ojos amarillos también
¿te has fijado? idos ya.

7.

Once only, and then in a dream,
I watched while, secretly
and with the tenderness of any caring woman,
a cow gave birth
to a red calf, tongued him dry and nursed him
in a warm corner
of the clear night
in the fragrant grass
in the wild domains
of the prairie spring, and I asked them,
in my dream I knelt down and asked them
to make room for me.

7.

Una vez tan solo, y fue en un sueño,
vi cómo, secretamente
y con la ternura de una mujer cariñosa,
una vaca dio a luz
a un ternero rojo, lo secó con la lengua y lo arropó
en un rincón cálido
de la noche clara
en la yerba fragante
en los salvajes dominios
de la pradera primaveral, y yo les pregunté,
en mi sueño me arrodillé y les pedí
que me hicieran sitio.

SKUNK CABBAGE

And now as the iron rinds over
the ponds start dissolving,
you come, dreaming of ferns and flowers
and new leaves unfolding,
upon the brash
turnip-hearted skunk cabbage
slinging its bunched leaves up
through the chilly mud.
You kneel beside it. The smell
is lurid and flows out in the most
unabashed way, attracting
into itself a continual spattering
of protein. Appalling its rough
green caves, and the thought
of the thick root nested below, stubborn
and powerful as instinct!
But these are the woods you love,
where the secret name
of every death is life again—a miracle
wrought surely not of mere turning
but of dense and scalding reenactment. Not
tenderness, not longing, but daring and brawn
pull down the frozen waterfall, the past.
Ferns, leaves, flowers, the last subtle
refinements, elegant and easeful, wait
to rise and flourish.
What blazes the trail is not necessarily pretty.

COL DE LOS PANTANOS

Y ahora mientras el hierro se monda sobre
los estanques y empieza a disolverse,
tú llegas, soñando con helechos y flores
y nuevas hojas desplegándose
sobre la intrépida
col de los pantanos, corazón de nabo,
lanzando sus arracimadas hojas
por el fango gélido.
Te arrodillas a su lado. El olor
es fétido y surge fluyendo del modo
más descarado, atrayendo
para sí una constante salpicadura
de proteína. ¡Terribles sus ásperas
cuevas verdes, y la idea
de su gruesa raíz anidada abajo, terca
y poderosa como el instinto!
Pero estos son los bosques que amas,
donde el nombre secreto
de cada muerte es vida otra vez; un milagro
causado seguramente no solo por el mero devenir
sino también por la densa e hirviente representación. No
la ternura, ni la nostalgia, sino la atrevida y vigorosa
rotura de la cascada helada, el pasado.
Helechos, hojas, flores, las últimas finuras
sutiles, elegantes y serenas, aguardan
levantarse y florecer.
Lo que señaliza el camino no es necesariamente hermoso.

THE SNAKES

I once saw two snakes,
northern racers,
hurrying through the woods,
their bodies
like two black whips
lifting and dashing forward;
in perfect concert
they held their heads high
and swam forward
on their sleek bellies;
under the trees,
through vines, branches,
over stones,
through fields of flowers,
they traveled
like a matched team
like a dance
like a love affair.

LAS SERPIENTES

Una vez vi dos serpientes,
corredoras del norte,
apresurándose entre los bosques,
sus cuerpos
como dos negros látigos
elevándose y arrojándose;
en perfecta armonía
mantenían las cabezas altas
y avanzaban nadando
con sus lisos vientres;
bajo los árboles,
a través de enredaderas, ramas,
sobre las piedras,
a través de los campos de flores,
viajaban
como una pareja en equipo
como una danza
como un amorío.

WHITE NIGHT

All night
  I float
    in the shallow ponds
      while the moon wanders
burning,
  bone white,
    among the milky stems.
      Once
I saw her hand reach
  to touch the muskrat's
    small sleek head
      and it was lovely, oh,
I don't want to argue anymore
  about all the things
    I thought I could not
      live without! Soon
the muskrat
  will glide with another
    into their castle
      of weeds, morning
will rise from the east
  tangled and brazen,
    and before that
      difficult
and beautiful
  hurricane of light
    I want to flow out
      across the mother
of all waters,
  I want to lose myself
    on the black
      and silky currents,
yawning,
  gathering
    the tall lilies
      of sleep.

NOCHE BLANCA

Toda la noche
  floto
    en los estanques bajos
      mientras la luna vaga
ardiendo,
  hueso blanco,
    entre los tallos lácteos.
      Una vez
vi su mano llegar
  a tocar la pulcra cabeza
    pequeña de la rata almizclera
      y era preciosa, oh,
¡no quiero discutir más
  sobre todas las cosas
    sin las que creía que no
      podría vivir! Pronto
la rata almizclera
  se deslizará con otra
    en su castillo
      de maleza, el alba
se alzará de oriente
  enmarañada y osada,
    y antes de ese
      difícil
y bello
  huracán de luz
    quiero manar
      de la madre
de todas las aguas,
  quiero perderme
    en las oscuras
      y sedosas corrientes,
bostezando,
  recogiendo
    los altos lirios
      del sueño.

THE FISH

The first fish
I ever caught
would not lie down
quiet in the pail
but flailed and sucked
at the burning
amazement of the air
and died
in the slow pouring off
of rainbows. Later
I opened his body and separated
the flesh from the bones
and ate him. Now the sea
is in me: I am the fish, the fish
glitters in me; we are
risen, tangled together, certain to fall
back to the sea. Out of pain,
and pain, and more pain
we feed this feverish plot, we are nourished
by the mystery.

EL PEZ

El primer pez
que cogí
no se estaba
quieto en el cubo
sino que se agitaba y boqueaba
en el ardiente
asombro del aire
y murió
en el lento drenaje
de arcoíris. Luego
le abrí el cuerpo y separé
la carne de las espinas
y me lo comí. Ahora el mar
está en mí: soy el pez, el pez
brilla en mí; se nos
saca, entremezclados, seguros de caer
de nuevo al mar. Con dolor
y dolor, y más dolor
nutrimos la trama febril, nos alimenta
el misterio.

HUMPBACKS

There is, all around us,
this country
of original fire.

You know what I mean.

The sky, after all, stops at nothing, so something
    has to be holding
our bodies
in its rich and timeless stables or else
we would fly away.

Off Stellwagen
off the Cape,
the humpbacks rise. Carrying their tonnage
    of barnacles and joy
they leap through the water, they nuzzle back under it
like children
at play.

They sing, too.
And not for any reason
you can't imagine.

BALLENAS JOROBADAS

Está, a nuestro alrededor,
este país
de fuego original.

Ya sabéis a lo que me refiero.

El cielo, después de todo, no se para ante nada, así que algo
        tiene que sostener
nuestros cuerpos
en sus densos e intemporales establos o si no
nos iríamos volando.

Frente a Stellwagen
frente al cabo,
las ballenas jorobadas salen. Llevando su tonelaje
de percebes y alegría
saltan en el agua, se zambullen de nuevo
como críos
en el recreo.

Cantan, también.
Y no por ninguna razón
que no se pueda imaginar.

Three of them
rise to the surface near the bow of the boat,
then dive
deeply, their huge scarred flukes
tipped to the air.

We wait, not knowing
just where it will happen; suddenly
they smash through the surface, someone begins
shouting for joy and you realize
it is yourself as they surge
upward and you see for the first time
how huge they are, as they breach,
and dive, and breach again
through the shining blue flowers
of the split water and you see them
for some unbelievable
part of a moment against the sky—
like nothing you've ever imagined—
like the myth of the fifth morning galloping
out of darkness, pouring
heavenward, spinning; then

they crash back under those black silks
and we all fall back
together into that wet fire, you
know what I mean.

I know a captain who has seen them
playing with seaweed, swimming
through the green islands, tossing
the slippery branches into the air.

I know a whale that will come to the boat whenever
she can, and nudge it gently along the bow
with her long flipper.

Tres de ellas
salen a la superficie cerca de la proa del barco,
luego bucean
hondo, sus enormes y cicatrizados trematodos
de punta en el aire.

Aguardamos, sin saber
justo dónde ocurrirá; de pronto
estallan en la superficie, alguien empieza
a gritar de alegría y te das cuenta
de que eres tú misma mientras
emergen y ves por primera vez
qué descomunales son, surgiendo
y buceando, y surgiendo de nuevo
a través de las brillantes flores azules
del agua dividida y las ves
durante una increíble
sección de un momento contra el cielo,
como nada que hubieras podido imaginar,
como el mito de la quinta mañana galopando
de entre la oscuridad, derramándose
hacia el firmamento, dando vueltas; luego

---

chocan bajo esas negras sedas
y todos nos derrumbamos
juntos en ese fuego húmedo, ya sabéis
a qué me refiero.

Conozco a un capitán que las ha visto
jugar con las algas, nadar
entre las islas verdes, tirar
las ramas resbaladizas al aire.

Conozco a una ballena que se acerca al barco siempre
que puede, y lo empuja suave en la proa
con su larga aleta.

I know several lives worth living.

⸺∞⸺

Listen, whatever it is you try
to do with your life, nothing will ever dazzle you
like the dreams of your body,

its spirit
longing to fly while the dead-weight bones

toss their dark mane and hurry
back into the fields of glittering fire

where everything,
even the great whale,
throbs with song.

Conozco muchas vidas dignas de vivir.

⸺◦◦◦⸺

Escucha, sea lo que sea lo que tratas
de hacer con tu vida, nada te deslumbrará
tanto como los sueños de tu cuerpo,

su espíritu
ansioso de volar mientras los huesos pesados

se sueltan la oscura melena y corren
de regreso a los campos del fuego centelleante

donde todo,
incluso la gran ballena,
palpita de canto.

A MEETING

She steps into the dark swamp
where the long wait ends.

The secret slippery package
drops to the weeds.

She leans her long neck and tongues it
between breaths slack with exhaustion

and after a while it rises and becomes a creature
like her, but much smaller.

So now there are two. And they walk together
like a dream under the trees.

In early June, at the edge of a field
thick with pink and yellow flowers

I meet them.
I can only stare.

She is the most beautiful woman
I have ever seen.

Her child leaps among the flowers,
the blue of the sky falls over me

like silk, the flowers burn, and I want
to live my life all over again, to begin again,

to be utterly
wild.

UN ENCUENTRO

Ella avanza hacia el oscuro pantano
donde la larga espera acaba.

El secreto y resbaladizo envío
cae entre la maleza.

Inclina su largo cuello y lo lame
entre resuellos débiles y exhaustos

y en unos momentos se levanta y se convierte en una criatura
como ella, pero mucho más pequeña.

Así que ahora hay dos. Y caminan juntas
como un sueño bajo los árboles.

A principios de junio, en el extremo de un campo
lleno de flores rosas y amarillas

me las encuentro.
Solo puedo mirar.

Ella es la mujer más bella
que jamás he visto.

Su cría salta entre las flores,
el azul del cielo se derrumba sobre mí

como la seda, las flores arden, y yo quiero
vivir mi vida otra vez, empezar de nuevo

para ser completamente
salvaje.

THE ROSES

One day in summer
when everything
has already been more than enough
the wild beds start
exploding open along the berm
of the sea; day after day
you sit near them; day after day
the honey keeps on coming
in the red cups and the bees
like amber drops roll
in the petals: there is no end,
believe me! to the inventions of summer,
to the happiness your body
is willing to bear.

LAS ROSAS

Un día en verano
cuando todo
ha sido más que suficiente
los lechos salvajes empiezan
a explotar a lo largo de la berma
del mar; día tras día
te sientas cerca; día tras día
la miel sigue llegando
en las copas rojas y las abejas
como gotas de ámbar ruedan
en los pétalos: no hay fin,
¡creedme! para los ingenios del verano,
para la felicidad que tu cuerpo
está deseando soportar.

BLACKBERRIES

I come down.
Come down the blacktop road from Red Rock.
A hot day.

Off the road in the hacked tangles
blackberries big as thumbs hang shining
in the shade. And a creek nearby: a dark
spit through wet stones. And a pool

like a stonesink if you know
where to climb for it among
the hillside ferns, where the thrush
naps in her nest of sticks and loam. I

come down from Red Rock, lips streaked
black, fingers purple, throat cool, shirt
full of fernfingers, head full of windy
whistling. It

takes all day.

MORAS

Bajo.
Bajo por la carretera de asfalto desde Red Rock.
Un día caluroso.

Frente a la carretera en las cortadas marañas
moras grandes como pulgares cuelgan brillantes
en la sombra. Y un arroyo cercano: un oscuro
escupitajo entre piedras húmedas. Y una poza

como una pila de piedra si sabes
dónde trepar para ella entre
los helechos de la ladera, donde el tordo
dormita en su nido de palos y marga. Yo

bajo de Red Rock, los labios estriados
de negro, dedos morados, garganta fría, camisa
llena de huellas de helecho, la cabeza llena de viento
silbante. Me

lleva todo el día.

TECUMSEH

I went down not long ago
to the Mad River, under the willows
I knelt and drank from that crumpled flow, call it
what madness you will, there's a sickness
worse than the risk of death and that's
forgetting what we should never forget.
Tecumseh lived here.
The wounds of the past
are ignored, but hang on
like the litter that snags among the yellow branches,
newspapers and plastic bags, after the rains.

Where are the Shawnee now?
Do you know? Or would you have to
write to Washington, and even then,
whatever they said,
would you believe it? Sometimes

I would like to paint my body red and go out into
the glittering snow
to die.

His name meant Shooting Star.
From Mad River country north to the border
he gathered the tribes
and armed them one more time. He vowed
to keep Ohio and it took him
over twenty years to fail.

After the bloody and final fighting, at Thames,
it was over, except
his body could not be found.
It was never found,
and you can do whatever you want with that, say

TECUMSEH

Bajé no hace mucho
al Mad River, bajo los sauces
me arrodillé y bebí de la corriente rugosa, llamadlo
la locura que queráis, hay una enfermedad
peor que el riesgo de muerte y es
olvidar lo que nunca deberíamos olvidar.
Tecumseh vivió aquí.
Las heridas del pasado
se ignoran, pero cuelgan
como la basura enganchada en las ramas amarillas,
periódicos y bolsas de plástico, tras las lluvias.

¿Dónde están los shawnee ahora?
¿Lo sabéis? ¿O tendréis
que escribir a Washington, y aun así,
digan lo que digan,
lo creeríais? A veces

quisiera pintar mi cuerpo de rojo y salir
a la nieve centelleante
a morir.

Su nombre significaba Estrella Fugaz.
Desde el norte de Mad River hasta la frontera
reunía a las tribus
y las armaba una vez más. Juró
conservar Ohio y le llevó
unos veinte años fracasar.

Tras la lucha final y sangrienta, en Thames,
se acabó, salvo
que su cuerpo no pudo encontrarse.
Nunca se encontró,
y haréis con eso lo que queráis, digamos

his people came in the black leaves of the night
and hauled him to a secret grave, or that
he turned into a little boy again, and leaped
into a birch canoe and went
rowing home down the rivers. Anyway,
this much I'm sure of: if we ever meet him, we'll know it,
he will still be
so angry.

que su gente penetró las negras hojas de la noche
y lo arrastró a una cueva secreta, o que
se volvió un niño otra vez, y saltó
a una canoa de abedul y se fue
remando río abajo. De todos modos,
de esto estoy segura: si alguna vez lo conocemos, lo sabremos,
él todavía estará
demasiado enfadado.

IN BLACKWATER WOODS

Look, the trees
are turning
their own bodies
into pillars

of light,
are giving off the rich
fragrance of cinnamon
and fulfillment,

the long tapers
of cattails
are bursting and floating away over
the blue shoulders

of the ponds,
and every pond,
no matter what its
name is, is

nameless now.
Every year
everything
I have ever learned

in my lifetime
leads back to this: the fires
and the black river of loss
whose other side

is salvation,
whose meaning
none of us will ever know.
To live in this world

EN LOS BOSQUES DE BLACKWATER

Mira, los árboles
están convirtiendo
sus propios cuerpos
en pilares

de luz,
están despidiendo la densa
fragancia de canela
y plenitud,

y los largos pábilos
de las totoras
estallan y se van flotando sobre
los hombros azules

de los estanques,
y cada estanque,
no importa
su nombre, es

anónimo ahora.
Cada año
todo
lo que he aprendido

en mi vida
regresa a esto: los fuegos
y el negro río de la pérdida
cuyo otro costado

es la salvación,
cuyo sentido
ninguno de nosotros sabrá nunca.
Para vivir en este mundo

you must be able
to do three things:
to love what is mortal;
to hold it

against your bones knowing
your own life depends on it;
and, when the time comes to let it go,
to let it go.

debes ser capaz
de hacer tres cosas:
amar lo que es mortal;
aguantarlo

contra tus huesos sabiendo
que tu propia vida depende de ello;
y, cuando llega la hora de dejarlo ir,
soltarlo.

DE

TRES RÍOS. PERIÓDICO DE POESÍA
(1980)

Y «TRES POEMAS PARA JAMES WRIGHT»
(1982)

AT BLACKWATER POND

At Blackwater Pond the tossed waters have settled
after a night of rain.
I dip my cupped hands. I drink
a long time. It tastes
like stone, leaves, fire. It falls cold
into my body, waking the bones. I hear them
deep inside me, whispering
oh what is that beautiful thing
that just happened?

EN EL ESTANQUE DE BLACKWATER

En el estanque de Blackwater las aguas revueltas se han calmado
tras una noche de lluvia.
Hundo las manos en cuenco. Bebo
un buen rato. Sabe
a piedra, hojas, fuego. Se vierte fría
en mi cuerpo, despertando a los huesos. Los oigo
en lo más hondo, susurrando
¿oh qué es esa bella cosa
que acaba de ocurrir?

THE RABBIT

Scatterghost,
it can't float away.
And the rain, everybody's brother,
won't help. And the wind all these days
flying like ten crazy sisters everywhere
can't seem to do a thing. No one but me,
and my hands like fire,
to lift him to a last burrow. I wait

days, while the body opens and begins
to boil. I remember

the leaping in the moonlight, and can't touch it,
wanting it miraculously to heal
and spring up
joyful. But finally

I do. And the day after I've shoveled
the earth over, in a field nearby

I find a small bird's nest lined pale
and silvery and the chicks—

are you listening, death?—warm in the rabbit's fur.

EL CONEJO

Fantasma desparramado,
no puede irse flotando.
Y la lluvia, el hermano de todos,
no ayudará. Y el viento estos días
volando como diez hermanas locas por doquier
no parece hacer nada. Nadie salvo yo,
y mis manos como el fuego,
puede llevarlo a una última madriguera. Aguardo

días, mientras el cuerpo se abre y empieza
a hervir. Recuerdo

los saltos a la luz de la luna, y no puedo tocarlo,
queriendo que se cure milagrosamente
y surja
jubiloso. Pero finalmente

lo hago. Y al día siguiente ya he tapado
el hoyo, en un campo cercano

encuentro un nido de pajarito forrado de blanco
y plata y los polluelos,

¿oyes, muerte?, calientes en la piel del conejo.

THREE POEMS FOR JAMES WRIGHT

1. Hearing of Your Illness

*I went out
from the news of your illness
like a broken bone*

*I spoke your name
to the sickle moon and saw her white wing
fall back toward the blackness, but she
rowed deep past that hesitation, and
kept rising.*

*Then I went down
to a black creek and alder grove
that is Ohio like nothing else is
and told them. There was an owl there,
sick of its hunger but still
trapped in it, unable to be anything else.
And the creek
tippled on down over some dark rocks
and the alders
breathed fast in their red blossoms.*

*Then I lay down in a rank and spring-sweet field.
Weeds sprouting in the darkness, and some
small creatures rustling about, living their lives
as they do, moment by moment.*

*I felt better, telling them about you.
They know what pain is, and they knew you,
and they would have stopped too, as I
was longing to do, everything, the hunger
and the flowing.*

TRES POEMAS PARA JAMES WRIGHT

1. Sabiendo de tu enfermedad

Salí
de la noticia de tu enfermedad
como un hueso roto

pronuncié tu nombre
a la hoz de la luna y vi su blanca ala
caerse hacia la oscuridad, pero ella
remaba en lo hondo más allá de ese titubeo, y
siguió alzándose.

Luego descendí
a un oscuro arroyo y a un alisal
que es Ohio como nada más lo es
y se lo conté. Había ahí un búho,
enfermo de hambre pero aún
atrapado, incapaz de ser nada más.
Y el arroyo
seguía embriagándose sobre oscuras rocas
y los alisos
resollaban fuerte con sus flores rojas.

Luego me eché en un campo fétido y dulce de primavera.
La maleza brotaba en la oscuridad, y algunas
criaturas crepitaban por ahí, viviendo sus vidas
como suelen, al momento.

Me sentí mejor, hablándoles de ti.
Saben lo que es el dolor, y supieron de ti,
y también ellos lo hubieran detenido todo, como yo
estaba deseando hacer, todo, el hambre
lo mismo que el flujo.

That they could not—
merely loved you and waited
to take you back

as a stone,
as a small quick Ohio creek,
as the beautiful pulse of everything,
meanwhile not missing one shred of their own

assignments of song
and muscle—
was what I learned there, so I

got up finally, with a grief
worthy of you, and went home.

2. Early Morning in Ohio

A late snowfall.
In the white morning the trains
whistle and bang in the freightyard,
shifting track, getting ready
to get on with it, to roll out
into the country again, to get
far away from here and closer
to somewhere else.

A mile away, leaving the house, I hear them
and stop, astonished.

Of course. I thought they would stop
when you did. I thought you'd never sicken
anyway, or, if you did, Ohio
would fall down too, barn
by bright barn, into

hillsides of pain: torn boards,
bent nails, shattered
windows. My old dog

Que no podían,
que simplemente te querían y esperaban
reclamarte

como a una piedra,
como un rápido arroyo de Ohio,
como el bello pulso de la totalidad,
sin perderse entre tanto ni una pizca de sus propios

deberes de canción
y músculo,
fue lo que ahí aprendí, así

que finalmente me levanté, con un dolor
digno de ti, y me fui a casa.

2. De mañana temprano en Ohio

Una nevada tardía.
En la blanca mañana los trenes
silban y estallan en la estación de carga,
cambiando de vía, preparándose
para seguir con lo suyo, rodando
por el país de nuevo, para alejarse
mucho de aquí y acercarse
a algún otro sitio.

A una milla, saliendo de casa, los oigo
y me detengo, atónita.

Por supuesto. Pensé que pararían
cuando tú lo hiciste. Pensé que de todos modos
nunca enfermarías o que, si lo hacías, Ohio
se derrumbaría también, granero
tras luminoso granero, en

laderas de dolor: tablones rotos,
clavos torcidos, ventanas
desquiciadas. Mi viejo perro,

who doesn't know yet he is only mortal
bounds limping away
through the weeds, and I don't do
anything to stop him.

I remember
what you said.

And think how somewhere in Tuscany
a small spider might even now
be stepping forth, testing
the silks of her web, the morning air,
the possibilities; maybe even, who knows,
singing a tiny song.

And if the whistling of the trains drags through me
like wire, well, I can hurt can't I? The white fields
burn or my eyes swim, whichever; anyway I whistle
to the old dog and when he comes finally

I fall to my knees in the glittering snow, I throw
my arms around him.

3. The Rose

I had a red rose to send you,
but it reeked of occasion, I thought,
so I didn't. Anyway
it was the time
the willows do what they do
every spring, so I cut some
down by a dark Ohio creek and was ready
to mail them to you when the news came
that nothing
could come to you
in time
anymore
ever.

que no sabe aún que es solo mortal,
salta renqueando
a través de la maleza, y no hago
nada para detenerlo.

Recuerdo
lo que dijiste.

Y piensa cómo en algún lugar de la Toscana
una pequeña araña puede aun ahora
estar avanzando, probando
las sedas para su red, el aire matutino,
las posibilidades; quizás incluso, quién sabe,
cantando una cancioncilla.

Y si el silbido de los trenes se prolonga a través de mí
como un cable, bueno, puedo hacer daño, ¿no? Los blancos campos
arden o mis ojos nadan, da igual; en cualquier caso le silbo
al perro viejo y cuando finalmente viene

me caigo de rodillas en la nieve centelleante, le echo
los brazos al cuello.

3. La rosa

Tenía una rosa roja para enviarte,
pero apestaba a motivo, pensé,
así que no lo hice. De todos modos
era el tiempo
en que los sauces hacen
lo de cada primavera, así que talé
algunos en un oscuro arroyo de Ohio y me disponía
a enviártelos por correo cuando la noticia llegó
de que nada
podía llegarte
a tiempo
nunca
jamás.

I put down the phone
and I thought I saw, on the floor of the room, suddenly,
a large box,
and I knew, the next thing I had to do,
was lift it
and I didn't know if I could.

Well, I did.
But don't call it anything
but what it was—the voice
of a small bird singing inside, Lord,
how it sang, and kept singing!
how it keeps singing!

in its deep
and miraculous
composure.

Colgué el teléfono
y creí ver, en el suelo de la estancia, de pronto,
una caja grande,
y supe que lo que debía hacer a continuación
era levantarla
y no sabía si podría.

Bueno, pues lo hice.
Pero no lo llaméis nada distinto
a lo que era; la voz
de un pajarillo cantando dentro, Dios,
¡cómo cantaba y seguía cantando!
¡cómo sigue cantando!

en su honda
y milagrosa
compostura.

DE

DOCE LUNAS
(1979)

SLEEPING IN THE FOREST

I thought the earth
remembered me, she
took me back so tenderly, arranging
her dark skirts, her pockets
full of lichens and seeds. I slept
as never before, a stone
on the riverbed, nothing
between me and the white fire of the stars
but my thoughts, and they floated
light as moths among the branches
of the perfect trees. All night
I heard the small kingdoms breathing
around me, the insects, and the birds
who do their work in the darkness. All night
I rose and fell, as if in water, grappling
with a luminous doom. By morning
I had vanished at least a dozen times
into something better.

DURMIENDO EN EL BOSQUE

Pensé que la tierra
me recordaba, me recuperó
con tanta ternura, arreglando
sus faldas oscuras, sus bolsillos
llenos de líquenes y semillas. Dormí
como nunca antes, una piedra
en el lecho del río, nada
entre yo y el blanco fuego de las estrellas
salvo mis pensamientos, y flotan
leves como polillas entre las ramas
de los árboles perfectos. Toda la noche
escuché los pequeños reinos respirando
a mi alrededor, los insectos, y los pájaros
que hacen su trabajo en la oscuridad. Toda la noche
me levanté y me caí, como en el agua, forcejeando
con una luminosa fatalidad. Por la mañana
me había fundido al menos una docena de veces
en algo mejor.

SNAKES IN WINTER

Deep in the woods,
under the sprawled upheavals of rocks,

dozens lie coiled together.
Touch them: they scarcely

breathe; they stare
out of such deep forgetfulness

that their eyes are like jewels—
and asleep, though they cannot close.

And in each mouth the forked tongue,
sensitive as an angel's ear,

lies like a drugged muscle.
With the fires of spring they will lash forth again

on their life of ribs!—
bodies like whips!

But now under the lids of the mute
succeeding snowfalls

they sleep in their cold cauldron: a flickering broth
six months below simmer.

SERPIENTES EN VERANO

En lo hondo del bosque,
bajo las desparramadas conmociones de las piedras,

docenas yacen ovilladas.
Tocadlas: apenas

respiran; miran
desde tal honda desmemoria

que sus ojos son como joyas;
y dormidos, aunque nos los puedan cerrar.

Y en cada boca la lengua bífida,
sensible como la oreja de un ángel,

se extiende como un músculo drogado.
¡Con los fuegos de la primavera azotarán de nuevo

su vida de nervaduras!;
¡cuerpos como látigos!

Pero ahora bajo los párpados de las mudas
y sucesivas nevadas

duermen en su frío caldero: un titilante caldo
seis meses a fuego muy bajo.

MUSIC LESSONS

Sometimes, in the middle of the lesson,
we exchanged places. She would gaze a moment at her
    hands
spread over the keys; then the small house with its knick-
    knacks,
its shut windows,

its photographs of her sons and the serious husband,
vanished as new shapes formed. Sound
became music, and music a white
scarp for the listener to climb

alone. I leaped rock over rock to the top
and found myself waiting, transformed,
and still she played, her eyes luminous and willful,
her pinned hair falling down—

forgetting me, the house, the neat green yard,
she fled in that lick of flame all tedious bonds:
supper, the duties of flesh and home,
the knife at the throat, the death in the metronome.

LECCIONES DE MÚSICA

A veces, en mitad de la lección,
cambiábamos de sitio. Se miraba un momento
    las manos
extendidas sobre el teclado; luego la casita con sus cachi-
    vaches,
sus ventanas cerradas,

las fotografías de sus hijos y el marido serio,
esfumados como nuevas figuras formadas. El sonido
devino música, y la música un blanco
escarpe para ser trepado a solas

por el oyente. Salté de roca en roca a lo alto
y me vi a mí misma esperando, transformada,
y aun así ella tocaba, sus ojos luminosos y obstinados,
su pelo con horquillas cayéndose;

olvidándose de mí, la casa, el pulcro patio verde,
se libró con esa lengua de fuego de todos los vínculos tediosos:
cena, los deberes de la carne y el hogar,
el cuchillo en la garganta, la muerte en el metrónomo.

ENTERING THE KINGDOM

The crows see me.
They stretch their glossy necks
In the tallest branches
Of green trees. I am
Possibly dangerous, I am
Entering the kingdom.

The dream of my life
Is to lie down by a slow river
And stare at the light in the trees—
To learn something by being nothing
A little while but the rich
Lens of attention.

But the crows puff their feathers and cry
Between me and the sun,
And I should go now.
They know me for what I am.
No dreamer,
No eater of leaves.

ENTRANDO EN EL REINO

Los cuervos me ven.
Estiran sus lustrosos cuellos
en las ramas más altas
de los árboles verdes. Soy
seguramente peligrosa, estoy
entrando en el reino.

El sueño de mi vida
es echarme junto a un río lento
y contemplar la luz de los árboles;
aprender algo sin ser nada
por un tiempecito salvo
las lentes de la atención.

Mas los cuervos erizan sus plumas y graznan
entre yo y el sol,
y yo debo seguir adelante ya.
Me conocen por lo que soy.
Ninguna soñadora,
Ninguna herbívora.

THE NIGHT TRAVELER

Passing by, he could be anybody:
A thief, a tradesman, a doctor
On his way to a worried house.
But when he stops at your gate,
Under the room where you lie half-asleep,
You know it is not just anyone—
It is the Night Traveler.

You lean your arms on the sill
And stare down. But all you can see
Are bits of wilderness attached to him—
Twigs, loam and leaves,
Vines and blossoms. Among these
You feel his eyes, and his hands
Lifting something in the air.

He has a gift for you, but it has no name.
It is windy and woolly.
He holds it in the moonlight, and it sings
Like a newborn beast,
Like a child at Christmas,
Like your own heart as it tumbles
In love's green bed.
You take it, and he is gone.

All night—and all your life, if you are willing—
It will nuzzle your face, cold-nosed,
Like a small white wolf;
It will curl in your palm

Like a hard blue stone;
It will liquefy into a cold pool
Which, when you dive into it,
Will hold you like a mossy jaw.
A bath of light. An answer.

EL VIAJERO NOCTURNO

De paso, él podría ser cualquiera:
un ladrón, un comerciante, un médico
de camino a una casa con problemas.
Pero cuando se detiene en tu puerta,
bajo el cuarto donde estás medio dormida,
sabes que no es solo uno más;
es el viajero nocturno.

Apoyas los brazos en el alféizar
y miras hacia abajo. Pero solo puedes ver
pedazos de tierra salvaje adheridas a él;
ramitas, marga y hojas,
enredaderas y flores. Entre estas
sientes sus ojos, y sus manos
levantando algo en el aire.

Tiene un regalo para ti, pero sin nombre.
Es ventoso y lanudo.
Lo sostiene a la luz de la luna, y canta
como una bestia recién nacida,
como un niño en Navidad,
como tu propio corazón al rodar
en el lecho verde del amor.
Lo coges, y ya no está.

Toda la noche, y toda la vida, si estás dispuesta,
te hocicará la cara, con la nariz fría,
como un lobito;
se enroscará en tu palma

como una dura piedra azul;
se licuará en una fría poza
que, cuando te zambullas en ella,
te sostendrá como una musgosa quijada.
Un baño de luz. Una respuesta.

BEAVER MOON–THE SUICIDE OF A FRIEND

When somewhere life
breaks like a pane of glass,
and from every direction casual
voices are bringing you the news,
you say: I should have known.
You say: I should have been aware.
That last Friday he looked
so ill, like an old mountain-climber
lost on the white trails, listening
to the ice breaking upward, under
his worn-out shoes. You say:
I heard rumors of trouble, but after all
we all have that. You say:
what could I have done? and you go
with the rest, to bury him.
That night, you turn in your bed
to watch the moon rise, and once more
see what a small coin it is
against the darkness, and how everything else
is a mystery, and you know
nothing at all except
the moonlight is beautiful—
white rivers running together
along the bare boughs of the trees—
and somewhere, for someone, life
is becoming moment by moment
unbearable.

Cuando en alguna parte la vida
se rompe como una hoja de cristal,
y desde todas las direcciones voces
azarosas te traen la noticia,
dices: debería haberlo sabido.
Dices: debería haber sido consciente.
El viernes pasado parecía
tan enfermo, como un viejo alpinista
perdido en las blancas rutas, oyendo
cómo el hielo se rompe al subir, bajo
sus zapatos gastados. Dices:
oí rumores de problemas, pero en fin
todos los tenemos. Dices:
¿qué podría haber hecho yo? y te vas
con los demás, a enterrarle.
Esa noche, te vuelves en la cama
para mirar salir la luna, y una vez más
ver qué moneda tan pequeña es
contra la oscuridad, y cómo todo lo demás
es un misterio, y no sabes
nada más salvo
que la luz de la luna es bella,
ríos blancos fluyendo juntos
por las ramas desnudas de los árboles,
y que en alguna parte, para alguien, la vida
se está volviendo poco a poco
insoportable.

LAST DAYS

Things are
   changing; things are starting to
      spin, snap, fly off into
         the blue sleeve of the long
           afternoon. Oh and ooh
come whistling out of the perished mouth
   of the grass, as things
turn soft, boil back
   into substance and hue. As everything,
      forgetting its own enchantment, whispers:
         I too love oblivion why not it is full
           of second chances. Now,
hiss the bright curls of the leaves. Now!
   booms the muscle of the wind.

ÚLTIMOS DÍAS

Las cosas están
  cambiando; están empezando
    a dar vueltas, a quebrarse y desprenderse
      hacia la manga azul del largo
        atardecer. *Oh* y *ooh*
vienen silbando de la boca arruinada
  de la yerba, mientras las cosas
se vuelven tiernas, hirviendo de vuelta
  a la sustancia y el tinte. Mientras todo,
    olvidando su propio encanto, susurra:
      yo amo también el olvido por qué no está lleno
        de segundas oportunidades. *Ahora*,
sopla los luminosos rizos de las hojas. *¡Ahora!*
  explota el músculo del viento.

THE BLACK SNAKE

*When the black snake
flashed onto the morning road,
and the truck could not swerve—
death, that is how it happens.*

*Now he lies looped and useless
as an old bicycle tire.
I stop the car
and carry him into the bushes.*

*He is as cool and gleaming
as a braided whip, he is as beautiful and quiet
as a dead brother.
I leave him under the leaves*

*and drive on, thinking
about death: its suddenness,
its terrible weight,
its certain coming. Yet under*

*reason burns a brighter fire, which the bones
have always preferred.
It is the story of endless good fortune.
It says to oblivion: not me!*

*It is the light at the center of every cell.
It is what sent the snake coiling and flowing forward
happily all spring through the green leaves before
he came to the road.*

LA SERPIENTE NEGRA

Cuando la negra serpiente
resplandeció en la carretera matutina,
y el camión no pudo girar;
la *muerte*, así es como ocurre.

Ahora yace enrollada e inútil
como una vieja llanta de bicicleta.
Paro el coche
y me la llevo a los matorrales.

Está tan fría y refulgente
como un látigo trenzado, tan bella y serena
como un hermano muerto.
La dejo entre las hojas

y sigo conduciendo, pensando
sobre la *muerte*: su brusquedad,
su terrible peso,
su segura llegada. Mas bajo

la razón arde un fuego más potente, que los huesos
siempre han preferido.
Es la historia de la infinita buena ventura.
Le dice al olvido: ¡yo no!

Es la luz en el centro de cada célula.
Es lo que envió a la serpiente enrollándose y fluyendo
felizmente toda la primavera a través de las hojas verdes antes
de que llegara a la carretera.

THE TRURO BEAR

There's a bear in the Truro woods.
People have seen it—three or four,
or two, or one. I think
of the thickness of the serious woods
around the dark bowls of the Truro ponds;
I think of the blueberry fields, the blackberry tangles,
the cranberry bogs. And the sky
with its new moon, its familiar star-trails,
burns down like a brand-new heaven,
while everywhere I look on the scratchy hillsides
shadows seem to grow shoulders. Surely
a beast might be clever, be lucky, move quietly
through the woods for years, learning to stay away
from roads and houses. Common sense mutters:
it can't be true, it must be somebody's
runaway dog. But the seed
has been planted, and when has happiness ever
required much evidence to begin
its leaf-green breathing?

EL OSO DE TRURO

Hay un oso en los bosques de Truro.
La gente lo ha visto; tres o cuatro,
o dos, o uno. Pienso
en la espesura de los bosques serios
en torno a los oscuros cuencos de los estanques de Truro;
pienso en los campos de moras, las zarzas,
las ciénagas de arándanos. Y el cielo,
con su luna nueva, sus familiares rastros astrales,
arde en descenso como si fuera novísimo,
mientras allá a donde miro las sombras
de las rugosas laderas parecen echar hombros. Sin duda
una bestia podría ser inteligente, afortunada, moverse lenta
a través de los bosques durante años, aprendiendo a alejarse
de las carreteras y las casas. El sentido común susurra:
no puede ser verdad, debe ser el perro fugitivo
de alguien. Pero la semilla
se ha plantado, ¿y cuándo ha necesitado
la felicidad pruebas para dar inicio
a su resuello de hoja verde?

MUSSELS

In the riprap,
   in the cool caves,
      in the dim and salt-refreshed
      recesses, they cling
in dark clusters,
   in barnacled fistfuls,
      in the dampness that never
      leaves, in the deeps
of high tide, in the slow
   washing away of the water
   in which they feed,
      in which the blue shells
open a little, and the orange bodies
make a sound,
   not loud,
      not unmusical, as they take
nourishment, as the ocean
   enters their bodies. At low tide
   I am on the riprap, clattering
      with boots and a pail,
rock over rock; I choose
   the crevice, I reach
      forward into the dampness,
      my hands feeling everywhere
for the best, the biggest. Even before
   I decide which to take,
      which to twist from the wet rocks,
      which to devour,
they, who have no eyes to see with,
   see me, like a shadow,
      bending forward. Together
      they make a sound,
not loud,
   not unmusical, as they lean
      into the rocks, away
      from my grasping fingers.

MEJILLONES

En la escollera,
   en las cuevas frías,
      en las tenues cavidades
        salinas, se aferran
en oscuros racimos,
   en racimos como de percebes,
      en la humedad que nunca
        cede, en las profundidades
de la alta marea, en el lento
   enjuague del agua
      de la que se alimentan,
        en la que las azules conchas
se abren un poco, y los cuerpos naranja
   emiten un sonido,
      no muy alto,
        no sin música, mientras
se nutren cuando el océano
   penetra sus cuerpos. Con marea baja
      estoy en la escollera, haciendo ruido
      con botas y un cubo,
roca tras roca; elijo
   la grieta, llego
      hasta la humedad,
        mis manos buscan en todas partes
el mejor, el más grande. Incluso antes
   de decidir cuál coger,
      cuál arrancar de las rocas húmedas,
      cuál devorar,
ellos, que no tienen ojos con que mirar,
   me ven, como una sombra,
      agachándome. Juntos
      emiten un sonido,
no muy alto,
   no sin música, al apoyarse
      en las rocas, lejos
        de mis dedos codiciosos.

SNOW MOON–BLACK BEAR GIVES BIRTH

It was not quite spring, it was
the gray flux before.

Out of the black wave of sleep she turned,
enormous beast,

and welcomed the little ones, blind pink islands
no bigger than shoes. She washed them;

she nibbled them with teeth like white tusks;
  she curled down
beside them like a horizon.

They snuggled. Each knew what it was:
an original, formed

in the whirlwind, with no recognitions between
itself and the first steams

of creation. Together they nuzzled
her huge flank until she spilled over,

and they pummeled and pulled her tough nipples, and she
  gave them
the rich river.

LUNA DE NIEVE. OSA NEGRA DA A LUZ

No era aún primavera sino
el gris caudal previo.

De la negra ola del sueño se volvió ella,
bestia descomunal,

y recibió a los pequeños, ciegas islas rosas
no más grandes que zapatos. Los limpió;

los mordisqueó con dientes como blancos colmillos;
    los arremolinó
en torno como un horizonte.

Se acurrucaron. Cada uno sabía lo que era:
un original, formado

en el remolino, sin identificaciones entre
ellos mismos y los primeros ímpetus

de la creación. Juntos hociquearon
su enorme costado hasta que ella se despatarró,

y ellos sobaron y apretaron sus pezones duros, y ella
    les dio
el río abundante.

STRAWBERRY MOON

1.

My great-aunt Elizabeth Fortune
stood under the honey locust trees,
the white moon over her and a young man near.
The blossoms fell down like white feathers,
the grass was warm as a bed, and the young man
full of promises, and the face of the moon
a white fire.

Later,
when the young man went away and came back with a
    bride,
Elizabeth
climbed into the attic.

2.

Three women came in the night
to wash the blood away,
and burn the sheets,
and take away the child.

Was it a boy or girl?
No one remembers.

3.

Elizabeth Fortune was not seen again
for forty years
Meals were sent up,
laundry exchanged.

LUNA DE FRESA

1.

Mi tía abuela Elizabeth Fortune
estaba bajo los algarrobos de miel,
la blanca luna arriba y un joven cerca.
Las flores se caían como blancas plumas,
la hierba estaba caliente como una cama y el joven
lleno de promesas, y la cara de la luna
un fuego blanco.

Más tarde,
cuando el joven se fue y regresó con una
    novia,
Elizabeth
trepó al ático.

2.

Las mujeres llegaron de noche
para limpiar la sangre,
y quemar las sábanas,
y llevarse a la criatura.

¿Era un niño o una niña?
Nadie lo recuerda.

3.

Elizabeth Fortune no volvió a ser vista
durante cuarenta años.
Se le enviaba comida arriba,
se le cambiaba la ropa sucia.

It was considered a solution
more proper than shame
showing itself to the village.

4.

Finally, name by name, the downstairs died
or moved away,
and she had to come down,
so she did.

At sixty-one, she took in boarders,

washed their dishes,
made their beds,
spoke whatever had to be spoken,
and no more.

5.

I asked my mother:
what happened to the man? She answered:
Nothing.
They had three children.
He worked in the boatyard.

I asked my mother: did they ever meet again?
No, she said,
though sometimes he would come
to the house to visit.
Elizabeth, of course, stayed upstairs.

Se consideraba una solución
más adecuada que la vergüenza
exhibida en el pueblo.

4.

Finalmente, nombre tras nombre, los de abajo murieron
o se mudaron,
y ella tuvo que bajar,
así que lo hizo.

A los sesenta y uno, tuvo huéspedes,

lavaba sus platos,
hacía sus camas,
hablaba lo que había que hablar,
y punto.

5.

Le pregunté a mi madre:
¿qué le ocurrió al hombre? Ella contestó:
Nada.
Tuvieron tres hijos.
Él trabajaba en el astillero.

Le pregunté a mi madre: ¿se volvieron a ver?
No, dijo ella,
aunque él a veces solía venir
a la casa de visita.
Elizabeth, por supuesto, se quedaba arriba.

6.

Now the women are gathering
in smoke-filled rooms,
rough as politicians,
scrappy as club fighters.
And should anyone be surprised

if sometimes, when the white moon rises,
women want to lash out
with a cutting edge?

6.

Ahora las mujeres se reúnen
en estancias llenas de humo,
rudas como políticos,
peleonas como boxeadores.
¿Y por qué habría de sorprendernos

si a veces, cuando la luna blanca sale,
las mujeres quieren repartir golpes
con un filo cortante?

PINK MOON–THE POND

You think it will never happen again.
Then, one night in April,
the tribes wake trilling.
You walk down to the shore.
Your coming stills them,
but little by little the silence lifts
until song is everywhere
and your soul rises from your bones
and strides out over the water.
It is a crazy thing to do–
for no one can live like that,
floating around in the darkness
over the gauzy water.
Left on the shore your bones
keep shouting come back!
But your soul won't listen;
in the distance it is unfolding
like a pair of wings, it is sparking
like hot wires. So,
like a good friend,
you decide to follow.
You step off the shore
and plummet to your knees–
you slog forward to your thighs
and sink to your cheekbones–
and now you are caught
by the cold chains of the water–
you are vanishing while around you
the frogs continue to sing, driving
their music upward through your own throat,
not even noticing
you are something else.
And that's when it happens–
you see everything
through their eyes,

LUNA ROSA. EL ESTANQUE

Crees que nunca volverá a ocurrir.
Luego, una noche de abril,
las tribus se despiertan trinando.
Bajas hasta la orilla.
Tu proximidad las calma,
pero poco a poco el silencio sube
hasta que la canción está en todas partes
y tu alma se levanta de tus huesos
y avanza a zancadas sobre el agua.
Es una locura hacerlo;
pues nadie puede vivir así,
flotando por ahí en la oscuridad
sobre el agua cristalina.
Abandonados en la orilla tus huesos
siguen gritando *¡regresa!*
pero tu alma no escucha;
a lo lejos se está desplegando
como un par de alas, chisporroteando
como un puente de cables. Así que,
como una buena amiga,
decides seguir.
Te adentras en la orilla
y te hincas de rodillas,
te vences hacia tus muslos
y he hundes hasta los pómulos,
y ahora te ves atrapada
por las frías cadenas del agua,
te estás desvaneciendo mientras alrededor
las ranas siguen cantando, elevando
su música hacia tu propia garganta,
sin tan siquiera darse cuenta
de que tú eres otra cosa.
Y ahí es cuando ocurre;
tú lo ves todo
a través de sus ojos,

their joy, their necessity;
you wear their webbed fingers;
your throat swells.
And that's when you know
you will live whether you will or not,
one way or another,
because everything is everything else,
one long muscle.
It's no more mysterious than that.
So you relax, you don't fight it anymore,
the darkness coming down
called water,
called spring,
called the green leaf, called
a woman's body
as it turns into mud and leaves,
as it beats in its cage of water,
as it turns like a lonely spindle
in the moonlight, as it says
yes.

su júbilo, su necesidad;
llevas sus dedos palmeados,
tu garganta se hincha.
Y entonces es cuando sabes
que vivirás te guste o no,
de un modo u otro,
porque todo es todo lo demás,
un largo músculo.
No es más misterioso que eso.
Así que te relajas, no lo combates más,
la oscuridad descendiendo
llamada agua,
llamada primavera,
llamada la verde hoja, llamada
un cuerpo de mujer
cuando se vuelve fango y hojas,
cuando late en su jaula de agua,
cuando gira como un solitario huso
a la luz de la luna, cuando dice
sí.

AUNT LEAF

Needing one, I invented her—
the great-great-aunt dark as hickory
called Shining-Leaf, or Drifting-Cloud
or The-Beauty-of-the-Night.

Dear aunt, I'd call into the leaves,
and she'd rise up, like an old log in a pool,
and whisper in a language only the two of us knew
the word that meant follow,

and we'd travel
cheerful as birds
out of the dusty town and into the trees
where she would change us both into something quicker—
two foxes with black feet,
two snakes green as ribbons,
two shimmering fish—
and all day we'd travel.

At day's end she'd leave me back at my own door
with the rest of my family,
who were kind, but solid as wood
and rarely wandered. While she,
old twist of feathers and birch bark,
would walk in circles wide as rain and then
float back

scattering the rags of twilight
on fluttering moth wings;

or she'd slouch from the barn like a gray opossum;
or she'd hang in the milky moonlight
burning like a medallion,

this bone dream,
this friend I had to have,
this old woman made out of leaves.

TÍA HOJA

Como necesitaba una, la inventé;
la tía tatarabuela oscura como el pacano
llamada Hoja-Reluciente o Nube-Errante
o La-Belleza-de-la-Noche.

Querida tía, llamaba entre las hojas,
y ella se levantaba, como un viejo tronco en una poza,
y susurraba en un lenguaje que solo los dos conocíamos
la palabra que significaba *sígueme*,

y viajábamos
alegres como pájaros
de la ciudad polvorienta hacia los árboles
donde nos cambiaba a las dos por algo más veloz,
dos zorros con patas negras,
dos serpientes verdes como cintas,
dos peces titilantes;
y viajábamos todo el día.

Al final del día me dejaba en casa en mi propia puerta
con el resto de mi familia,
que eran amables, pero sólidos como madera
y rara vez erraban. Mientras que ella,
vieja torsión de plumas y corteza de abedul,
caminaba en círculos ancha como la lluvia y luego
flotaba de regreso

esparciendo los harapos del crepúsculo
en aleteantes alas de polilla;

o se encorvaba en el granero como una gris zarigüeya;
o se colgaba en la lechosa luz de luna
ardiendo como un medallón,

este sueño óseo,
esta amiga que debía tener,
esta anciana hecha de hojas.

FARM COUNTRY

I have sharpened my knives, I have
Put on the heavy apron.

Maybe you think life is chicken soup, served
In blue willow-pattern bowls.

I have put on my boots and opened
The kitchen door and stepped out

Into the sunshine. I have crossed the lawn,
I have entered

The hen house.

ZONA AGRÍCOLA

He afilado mis cuchillos, me he puesto
el pesado mandil.

Quizá creáis que la vida es sopa de pollo, servida
en cuencos azules de estilo chino.

Me he puesto las botas y he abierto
la puerta de la cocina y he salido

a la luz del sol. He cruzado el césped,
he entrado

en el gallinero.

THE LAMPS

Eight o'clock, no later,
You light the lamps,

The big one by the large window,
The small one on your desk.

They are not to see by—
It is still twilight out over the sand,

The scrub oaks and cranberries.
Even the small birds have not settled

For sleep yet, out of the reach
Of prowling foxes. No,

You light the lamps because
You are alone in your small house

And the wicks sputtering gold
Are like two visitors with good stories

They will tell slowly, in soft voices,
While the air outside turns quietly

A grainy and luminous blue.
You wish it would never change—

But of course the darkness keeps
Its appointment. Each evening,

An inscrutable presence, it has the final word
Outside every door.

LAS LÁMPARAS

Ocho en punto, no más tarde,
enciendes las lámparas,

la grande junto al ventanal,
la pequeña en tu escritorio.

No son para ver;
aún hay crepúsculo sobre la arena,

los encinillos y los arándanos.
Incluso los pajarillos no se han posado

para dormir aún, fuera del alcance
de los zorros acechantes. No,

enciendes las lámparas porque
estás sola en tu casita

y las mechas esputando oro
son como dos visitas con buenas historias

que cuentan poco a poco, con voz suave,
mientras afuera el aire se vuelve lento

de un azul granuloso y lumínico.
Deseas que nunca cambie;

pero por supuesto la oscuridad llega
a su cita. Cada atardecer,

una presencia inescrutable tiene la última palabra
fuera de cada puerta.

DE

EL RÍO ESTIX, OHIO
(1972)

He danced in feathers, with paint across his nose.
Thump, thump went the drum, and bumped our blood,
And sent a strange vibration through the mind.
White Eagle, he was called, or Mr. White,

And he strutted for money now, in schoolrooms built
On Ohio's plains, surrounded by the graves
Of all of our fathers, but more of his than ours.
Our teachers called it Extracurricular.

We called it fun. And as for Mr. White,
Changed back to a shabby salesman's suit, he called it
Nothing at all as he packed his drums, and drove,
Tires screeching, out of the schoolyard into the night.

SABIENDO DE LOS INDIOS

Bailaba con plumas y pintura en la nariz.
Bum, bum hizo el tambor y nos dio en la sangre,
y envió una rara vibración a través de la mente.
Blanca Águila, se llamaba, o Sr. Blanco,

y se pavoneaba por dinero ahora, en aulas construidas
en las llanuras de Ohio, rodeadas por las tumbas
de todos nuestros padres, pero más suyos que nuestros.
Nuestros profesores lo llamaban Extracurricular.

Nosotros, diversión. En cuanto al Sr. Blanco,
se ponía luego un desastrado traje de vendedor, decía
de nada mientras recogía sus tambores y conducía,
rechinando las llantas, del patio de la escuela hacia la noche.

GOING TO WALDEN

It isn't very far as highways lie.
I might be back by nightfall, having seen
The rough pines, and the stones, and the clear water.
Friends argue that I might be wiser for it.
They do not hear that far-off Yankee whisper:
How dull we grow from hurrying here and there!

Many have gone, and think me half a fool
To miss a day away in the cool country.
Maybe. But in a book I read and cherish,
Going to Walden is not so easy a thing
As a green visit. It is the slow and difficult
Trick of living, and finding it where you are.

YENDO A WALDEN

No está tan lejos como dicen las autopistas.
Podría estar de vuelta al anochecer, habiendo visto
los pinos duros, y las piedras, y el agua cristalina.
Los amigos dicen que podría volverme así más sabia.
No oyen ese distante susurro yanki:
¡qué insulsos nos volvemos yendo de un lugar para otro!

Muchos han ido y me creen medio loca
por perder un día en el frío campo.
Quizás. Pero en un libro que leo y aprecio,
ir a Walden no es algo tan fácil
como una visita natural. Es el lento y difícil
ardid de vivir, y hallarlo allá donde estés.

NIGHT FLIGHT

Traveling at thirty thousand feet, we see
How much of earth still lies in wilderness,
Till terminals occur like miracles
To civilize the paralyzing dark.

Buckled for landing to a tilting chair,
I think: if miracle or accident
Should send us on across the upper air,
How many miles, or nights, or years to go
Before the mind, with its huge ego paling,
Before the heart, all expectation spent,
Should read the meaning of the scene below?

But now already the loved ones gather
Under the dome of welcome, as we glide
Over the final jutting mountainside,
Across the suburbs tangled in their lights,

And settled softly on the earth once more
Rise in the fierce assumption of our lives—
Discarding smoothly, as we disembark,
All thoughts that held us wiser for a moment
Up there alone, in the impartial dark.

VUELO NOCTURNO

Volando a tres mil pies, vemos
cuánta tierra aún se conserva virgen,
hasta que las terminales aparecen como milagros
para civilizar la oscuridad paralizante.

Abrochada para el aterrizaje a una silla vibrante,
pienso: si el milagro o el accidente
nos mandara a través de aire superior,
¿cuántas millas, o noches, o años para ir
antes de la mente, con su enorme estaca de ego,
antes del corazón, pasada toda expectación,
deberían leer el significado de la escena inferior?

Pero ya los seres queridos se reúnen
bajo la cúpula de la bienvenida, mientras nos deslizamos
por el saliente final de la ladera,
a través de los suburbios enmarañados de luces,

y posados suavemente en la tierra una vez más
nos levantamos con la feroz asunción de nuestras vidas,
desechando con suavidad, al desembarcar,
todos los pensamientos que nos hicieron sabios un instante
allá arriba solos, en la oscuridad imparcial.

DE

NINGÚN VIAJE Y
OTROS POEMAS

(1963-1965)

NO VOYAGE

I wake earlier, now that the birds have come
And sing in the unfailing trees.
On a cot by an open window
I lie like land used up, while spring unfolds.

Now of all voyagers I remember, who among them
Did not board ship with grief among their maps?—
Till it seemed men never go somewhere, they only leave
Wherever they are, when the dying begins.

For myself, I find my wanting life
Implores no novelty and no disguise of distance;
Where, in what country, might I put down these thoughts,
Who still am citizen of this fallen city?

On a cot by an open window, I lie and remember
While the birds in the trees sing of the circle of time.
Let the dying go on, and let me, if I can,
Inherit from disaster before I move.

O, I go to see the great ships ride from harbor,
And my wounds leap with impatience; yet I turn back
To sort the weeping ruins of my house:
Here or nowhere I will make peace with the fact.

NIGÚN VIAJE

Me levanto pronto, ahora que los pájaros han llegado
y cantan en los árboles constantes.
En un catre junto a una ventana abierta
me echo como tierra baldía, mientras surge la primavera.

De todos los viajeros que recuerdo, ¿quién entre ellos
no embarcó el dolor con sus mapas?
Hasta que se vio que los hombres nunca se van, solo salen
de allá donde están, cuando el morir empieza.

En cuanto a mí, creo que mi vida anhelante
no implora novedad alguna ni disfraz de distancia;
¿dónde, en qué país, podría deponer estos pensamientos,
yo que soy aún ciudadana de esta ciudad caída?

En un catre junto a una ventana abierta, me echo y recuerdo
mientras cantan los pájaros en los árboles el círculo del tiempo.
Dejad que los moribundos sigan, y dejadme, si puedo,
heredar del desastre mientras avanzo.

Oh, voy a ver los grandes barcos zarpar del puerto,
y mis heridas brincan con impaciencia; mas me vuelvo
para organizar las ruinas sollozantes de mi casa:
aquí o en ninguna parte haré las paces con la cuestión.

JACK

The wagons stand
And rust, and glitter sometimes in the moon,
Since we have lost dominion of the fields.
No more great clattering Jack,
His thick mane filled with chaff and wind,
Will let us lead him from the easy barns;
No more sweet gentle Jack
Will let us strap him to his leather bondage
And help us tow the weight of summer home.

The days
Are easier now, and we have time for thought,
Idling in corners of our weedy land.
But now we learn, as season follows season
And no one plants upon these hills,
How poor a gift is freedom to the spirit
That loved the labor. Now, like Jack,
We stand turned out into eternal Sunday,
And look through moonlight at the silenced wagons.

Yet we have lives to balance our regret,
Can turn to other things.
Now in the moonlight we can move away,
While he is left staring upon the stark
Arrangement of the wagons leaning earthward:
The simple blood that cannot name its lack,
But knows the world has fallen out of reason,
That it is autumn, and no laborer comes.

JACK

Los carros resisten
y se oxidan, y brillan a veces bajo la luna,
puesto que hemos perdido el control de los campos.
Ya no más un gran estruendo, Jack,
su gruesa melena llena de paja y viento,
nos dejará llevarle desde los cómodos graneros;
ya no más el dulce y amable Jack
nos dejará atarlo a su correa de cuero
y nos ayudará a remolcar el peso de la casa de verano.

Los días
son ahora más fáciles, y tenemos tiempo para pensar,
vagando por rincones de nuestra tierra herbosa.
Pero ahora sabemos, cuando ruedan las estaciones
y nadie planta en estas colinas,
qué dádiva tan pobre es la libertad para el espíritu
que amaba la faena. Ahora, como Jack,
nos vemos convertidos en domingo eterno,
y miramos a través de la luz de la luna a los carros silenciados.

Mas tenemos vidas para equilibrar nuestro pesar,
podemos volvernos otras cosas.
Ahora bajo la luz de la luna podemos avanzar,
mientras él se queda mirando en la desolada
disposición de los carros inclinado hacia la tierra:
la simple sangre que no puede nombrar su carencia,
pero sabe que el mundo ha perdido la razón,
que es otoño y ningún labriego llega.

BEYOND THE SNOW BELT

Over the local stations, one by one,
Announcers list disasters like dark poems
That always happen in the skull of winter.
But once again the storm has passed us by:
Lovely and moderate, the snow lies down
While shouting children hurry back to play,
And scarved and smiling citizens once more
Sweep down their easy paths of pride and welcome.

And what else might we do? Let us be truthful.
Two counties north the storm has taken lives.
Two counties north, to us, is far away,—
A land of trees, a wing upon a map,
A wild place never visited,—so we
Forget with ease each far mortality.

Peacefully from our frozen yards we watch
Our children running on the mild white hills.
This is the landscape that we understand,—
And till the principle of things takes root,
How shall examples move us from our calm?
I do not say that it is not a fault.
I only say, except as we have loved,
All news arrives as from a distant land.

MÁS ALLÁ DEL CINTURÓN DE NIEVE

En las estaciones locales, uno por uno,
los pregoneros enumeran desastres como oscuros poemas
que siempre ocurren en la calavera del invierno.
Pero una vez más la tormenta nos ha pasado de largo:
preciosa y moderada, la nieve yace
mientras niños gritones vuelven de prisa a jugar,
y ciudadanos sonrientes con bufanda una vez más
van barriendo sus cómodos caminos de orgullo y bienvenida.

¿Y qué otra cosa podríamos hacer? Seamos honestos.
En dos condados al norte la tormenta se ha cobrado vidas.
Dos condados al norte, para nosotros, es muy lejos,
una tierra de árboles, un ala sobre un mapa,
un lugar salvaje nunca visitado, así que
olvidamos rápido cada lejana mortalidad.

Pacíficamente desde nuestros helados patios miramos
cómo nuestros niños corren en las dulces colinas blancas.
Este es el paisaje que entendemos,
y hasta que el principio de las cosas enraíce,
¿cómo podrán los ejemplos sacarnos de nuestra calma?
No digo que no sea un defecto.
Tan solo digo que, salvo nuestra forma de amar,
todas las noticias llegan como de una tierra lejana.

THE SWIMMING LESSON

Feeling the icy kick, the endless waves
Reaching around my life, I moved my arms
And coughed, and in the end saw land.

Somebody, I suppose,
Remembering the medieval maxim,
Had tossed me in,
Had wanted me to learn to swim,

Not knowing that none of us, who ever came back
From that long lonely fall and frenzied rising,
Ever learned anything at all
About swimming, but only
How to put off, one by one,
Dreams and pity, love and grace,—
How to survive in any place.

LA CLASE DE NATACIÓN

Sintiendo el puntapié helado, las olas infinitas
rodeando mi vida, moví los brazos
y tosí, y al final divisé la tierra.

Alguien, supongo,
recordando la máxima medieval,
me había arrojado ahí,
queriendo que aprendiera a nadar,

sin saber que ninguno de nosotros, que siempre regresamos
de ese largo y solitario caerse y del frenético alzarse,
nunca aprendimos nada en absoluto
sobre natación, mas solo
cómo postergar, uno tras otro,
sueños y pena, amor y gracia;
cómo sobrevivir en cualquier sitio.

ON WINTER'S MARGIN

On winter's margin, see the small birds now
With half-forged memories come flocking home
To gardens famous for their charity.
The green globe's broken; vines like tangled veins
Hang at the entrance to the silent wood.

With half a loaf, I am the prince of crumbs;
By time snow's down, the birds amassed will sing
Like children for their sire to walk abroad!
But what I love, is the gray stubborn hawk
Who floats alone beyond the frozen vines;
And what I dream of are the patient deer
Who stand on legs like reeds and drink the wind;–

They are what saves the world: who choose to grow
Thin to a starting point beyond this squalor.

EN EL MARGEN DEL INVIERNO

En el margen del invierno, ved ahora a los pajarillos
con recuerdos medio forjados regresar en bandada
a jardines célebres por su caridad.
El verde del globo roto; enredaderas como venas trenzadas
cuelgan en la entrada a un bosque silencioso.

Con media hogaza, soy el príncipe de las migas;
¡cuando la nieve haya caído, los pájaros reunidos cantarán
como niños para que su progenitor se marche al extranjero!
Pero lo que yo amo, es el terco halcón gris
que flota solo más allá de las heladas enredaderas;
y con lo que yo sueño es con los ciervos pacientes
que andan con patas como juncos y se beben el viento;

ellos son lo que salva al mundo: los que eligen crecer
disminuir a partir de un de un punto más allá de esta miseria.

THE RETURN

The deed took all my heart.
I did not think of you,
Not till the thing was done.
I put my sword away,
And then no more the cold
And perfect fury ran
Along my narrow bones,
And then no more the black
And dripping corridors
Held anywhere the shape
That I had come to slay.
Then, for the first time,
I saw in the cave's belly
The dark and clotted webs,
The green and sucking pools,
The rank and crumbling walls,
The maze of passages.

And I thought then
Of the far earth,
Of the spring sun
And the slow wind,
And a young girl.
And I looked then
At the white thread.

Hunting the minotaur
I was no common man
And had no need of love.
I trailed the shining thread
Behind me, for a vow,
And did not think of you.
It lay there, like a sign,
Coiled on the bull's great hoof
And back into the world.

EL REGRESO

El hecho se llevó todo mi corazón.
No pensé en ti,
no hasta que la cosa se consumó.
Aparté mi espada
y entonces ya no más la fría
y perfecta furia corría
a lo largo de mis estrechos huesos,
y ya no más los negros
y goteantes corredores
soportaban en ninguna parte la forma
que yo había venido a matar.
Luego, por primera vez,
vi en el vientre de la cueva
las oscuras y coaguladas redes,
las verdes y succionadoras pozas,
los podridos y caídos muros,
el laberinto de pasajes.

Y pensé entonces
en la lejana tierra,
en el sol de primavera
y el viento lento,
y en una chica joven.
Y miré entonces
el blanco hilo.

Persiguiendo al minotauro
no era un hombre cualquiera.
Y no tenía necesidad de amar.
Seguí la pista del hilo brillante
detrás de mí, por una promesa,
y no pensé en ti.
Estaba ahí, como un signo,
ovillado en la gran pezuña del toro
y de regreso al mundo.

Half blind with weariness
I touched the thread and wept.
O, it was frail as air.

And I turned then
With the white spool
Through the cold rocks,
Through the black rocks,
Through the long webs,
And the mist fell,
And the webs clung,
And the rocks tumbled,
And the earth shook.

And the thread held.

Medio ciego de cansancio
toqué el hilo y lloré.
Oh, era frágil como el aire.

Y me volví entonces
con el blanco ovillo
a través de las frías piedras,
a través de las negras piedras,
a través de las largas redes,
y la niebla cayó,
y las redes se ciñeron,
y las piedras se cayeron,
y la tierra tembló.

Y el hilo aguantó.

MORNING IN A NEW LAND

In trees still dripping night some nameless birds
Woke, shook out their arrowy wings, and sang,
Slowly, like finches sifting through a dream.
The pink sun fell, like glass, into the fields.
Two chestnuts, and a dapple gray,
Their shoulders wet with light, their dark hair streaming,
Climbed the hill. The last mist fell away,

And under the trees, beyond time's brittle drift,
I stood like Adam in his lonely garden
On that first morning, shaken out of sleep,
Rubbing his eyes, listening, parting the leaves,
Like tissue on some vast, incredible gift.

MAÑANA EN UNA NUEVA TIERRA

En árboles goteando noche ciertos pájaros anónimos
se despiertan, sacuden sus alas en flecha, y cantan,
lentos, como pinzones cerniéndose en un sueño.
El sol rosado cayó, cual cristal, en los campos.
Dos castaños, y un tordo gris,
los hombros húmedos de luz, su cabello oscuro fluyendo,
trepaban la colina. La última niebla se disipaba,

y bajo los árboles, más allá de la frágil deriva del tiempo,
yo estaba como Adán en su jardín solitario
en esa primera mañana, desperezada del sueño,
frotándole los ojos, escuchando, apartando las hojas,
como un tejido en algún vasto, increíble don.

AGRADECIMIENTOS

Agradecemos el permiso para reimprimir las siguientes obras:

Poemas de *Felicity (Alegría)* de Mary Oliver (Penguin Press). Copyright © 2015, Mary Oliver. Reproducido con permiso de Charlotte Sheedy Literary Agency.

Poemas de *Blue Horses (Caballos azules)* de Mary Oliver (Penguin Press). Copyright © 2014, Mary Oliver. Reproducido con permiso de Charlotte Sheedy Literary Agency.

«Benjamin, Who Came from Who Knows Where» («Benjamin, que llegó quién sabe de dónde»), «Bazougey» («Bazougey») y «The Poetry Teacher» («La profesora de poesía») de *Dog Songs (Canciones de perro)* de Mary Oliver (Penguin Press). Copyright © 2013, Mary Oliver. Reproducido con permiso de Charlotte Sheedy Literary Agency.
Devociones está ordenado por fecha de publicación, pero en el caso de *Dog Songs (Canciones de perro)*, un volumen que recoge muchos poemas anteriores, valía la pena hacer una pequeña travesura para permitir que todos los perros estuvieran juntos. Poemas publicados originalmente en otros lugares: «The Storm» («La tormenta») de *Winter Hours*, «Percy (One)» («Percy [Uno]») y «Little Dog's Rhapsody in the Night (Percy Three)» («La rapsodia del perrito en la noche [Percy Tres]») de *New and Selected Poems: Volume Two (Poemas nuevos y reunidos. Volumen dos)*, «Percy (Nine)» («Percy [Nueve]») de *Red Bird* («Pájaro rojo»), «The Dog Has Run Off Again» («El perro se ha escapado otra vez») de *West Wind (Viento del oeste)*, «Her Grave» («Su tumba») de *New and Selected Poems: Volume One (Poemas nuevos y reunidos. Volumen uno)* y «The First Time Percy Came Back» («La primera vez que Percy volvió») de *A Thousand Mornings (Un millar de mañanas)*.

Poemas de *A Thousand Mornings (Un millar de mañanas)* de Mary Oliver (Penguin Press). Copyright © 2012, Mary Oliver. Reproducido con permiso de Charlotte Sheedy Literary Agency.

Poemas de *Swan (Cisne)* de Mary Oliver. Copyright © 2010, Mary Oliver. Reimpreso con permiso de Beacon Press.

ÍNDICE DE PRIMEROS VERSOS EN INGLÉS

ÍNDICE DE PRIMEROS VERSOS EN ESPAÑOL

De acuerdo, ninguno puede
escribir una sinfonía,
o un diccionario, 421
¿De dónde viene este frío?, 33
De noche, 215
De paso, él podría ser
cualquiera, 679
De pronto, 595
Descendiendo, 539
Después de que el mar racheado,
175
Dónde está, 443
¿Dónde vivo? Si no tuviera
dirección, como tanta gente,
155
Dondequiera que esté, el mundo
viene tras de mí, 313
Durante años, cada mañana,
bebía, 185
Durante todo el tiempo, 207

El hecho se llevó todo mi
corazón, 729
El mar puede hacer locuras,
o estar en calma, 111
El martín pescador surge de la
ola negra, 551
El primer pez, 633
El sapo verde y escurridizo, 47
El sueño llega despacio. Luego
despierto, 105
Ella avanza hacia el oscuro
pantano, 641
En alguna parte, 525
En árboles goteando noche
ciertos pájaros anónimos,
733
En Blackwater, 271
En cada corazón hay un cobarde
y un desidioso, 533
En el estanque de Blackwater las

aguas revueltas se han
calmado, 657
En el margen del invierno, ved
ahora a los pajarillos, 727
En el país del norte ya es
primavera y hay, 279
En el sótano, 339
En la escollera, 689
«En la medida en que seamos
capaces, 223
En la playa, al alba, 131
En las afueras de Jerusalén, 233
En las estaciones locales, uno
por uno, 723
En lo hondo del bosque, 673
En los arcenes, 469
En los campos, 477
En pleno otoño, 269
En Singapur, en el aeropuerto,
543
En verdad, vivimos con
misterios demasiado
maravillosos, 163
Entro en la pintura de los cuatro
caballos azules, 55
Era pronto, 139
¿Es el alma sólida, como el
hierro?, 519
Es posible, supongo, que alguna
vez, 309
Esa preciosa bestezuela, un
poema, 37
Está, a nuestro alrededor, 635
Está esta forma, negra como la
entrada a una cueva, 511
Esta mañana, 447
Esta mañana los huevos del
cardenal, 25
Esta mañana los solidagos llevan
todos, 311
Esta mañana los verdes puños de

ÍNDICE

DE *CABALLOS AZULES*
(2014)

DE *CISNE*
(2010)

DE *EVIDENCIA*
(2009)

DE *SED*
(2006)

DE *EL RÍO ESTIX, OHIO*
(1972)

ÚLTIMOS TÍTULOS PUBLICADOS EN ESTA COLECCIÓN